财务管理(微课版)

艾洪娟　陆红霞　主　编

吉文丽　王青梅
李双双　王柏清　副主编

清华大学出版社
北　京

内容简介

本书根据岗位对财务人员财务管理知识与能力的要求，结合会计行业职业资格标准，以典型的工作任务为依托，遵循高职学生的认知特点，构建知识体系。全书共由十个项目构成，具体有：认识财务管理、资金时间价值和风险价值的计算、筹集资金的管理、项目投资的管理、证券投资的管理、营运资金的管理、收益分配的管理、财务预测与预算、财务控制、财务分析。

本书既可作为高职高专院校经济类及其他专业的财务管理教材，也可作为各类成人院校及企业职工的培训教材，还可作为在职工作人员丰富财务管理知识与提高技能的自学用书。

图书在版编目(CIP)数据

财务管理：微课版/艾洪娟，陆红霞主编. —北京：清华大学出版社，2021.1
ISBN 978-7-302-57065-3

Ⅰ. ①财… Ⅱ. ①艾… ②陆… Ⅲ. ①财务管理—高等职业教育—教材 Ⅳ. ①F275

中国版本图书馆 CIP 数据核字(2020)第 251145 号

责任编辑：梁媛媛
封面设计：刘孝琼
责任校对：吴春华
责任印制：刘海龙
出版发行：清华大学出版社
网　　址：http://www.tup.com.cn, http://www.wqbook.com
地　　址：北京清华大学学研大厦 A 座　　邮　　编：100084
社 总 机：010-62770175　　邮　　购：010-62786544
投稿与读者服务：010-62776969, c-service@tup.tsinghua.edu.cn
质量反馈：010-62772015, zhiliang@tup.tsinghua.edu.cn
课件下载：http://www.tup.com.cn, 010-62791865
印 装 者：北京鑫海金澳胶印有限公司
经　　销：全国新华书店
开　　本：185mm×260mm　　**印　张**：15　　**字　数**：365 千字
版　　次：2021 年 1 月第 1 版　　**印　次**：2021 年 1 月第 1 次印刷
定　　价：42.00 元

产品编号：086777-01

前　言

在现代企业管理中，财务管理是一项涉及面广、综合性和制约性都很强的系统工程，它是通过价值形态对资金运动进行决策、计划和控制的综合性管理，是企业管理的核心内容。本书根据高职教育的人才培养目标、教学大纲及该课程教学的实际状况编写而成。全书在参考大量有关著作和文献的基础上，按照企业财务管理活动的一般规律和理论与实践紧密结合的原则，结合会计行业职业资格标准，以典型的工作任务为依托，遵循高职学生的认知特点，构建知识体系。全书共由十个项目构成，每个项目下均设有相应的任务，通过各个任务对财务管理工作进行描述。每个项目通过案例导入来激发学生的学习兴趣与求知欲；通过实例分析法引导学生掌握财务管理基本方法与技能，突出了高职学生的实操性；结合全国会计师专业技术资格考试标准，以筹资、投资、收益分配为主要内容贯穿全文，体现了内容的职业性；每个项目均附有项目知识检测，对学生的学习效果进行检验，体现了“教学做”合一的职教特色。

本书既可作为高职高专院校经济类及其他专业的财务管理课程教材，也可作为各类成人院校及企业职工的培训教材，还可作为在职工作人员提高财务管理知识与技能的自学用书。

本书由新疆农业职业技术学院艾洪娟、新疆农业职业技术学院陆红霞任主编，艾洪娟负责全书的整体结构设计、总纂、部分项目编写及定稿工作；新疆农业职业技术学院吉文丽、新疆农业职业技术学院王青梅、北京科技大学天津学院李双双、四川文化产业职业学院王柏清任副主编，协助修改初稿和定稿；任婕、赵丹也参加了本书的编写。本书具体编写分工如下：艾洪娟编写项目一、三、五、六、七、八、九；陆红霞编写项目二、四、十；吉文丽协助编写项目二、三；王青梅协助编写项目四、五；李双双协助编写项目六、十；王柏清协助编写项目八、九；任婕参与编写项目三，赵丹参与编写项目七。

本书在编写过程中得到了各位编写人员所在院校的大力支持，以及相关企业、财务公司的热情协助，在此一并致谢。

由于作者水平有限，书中难免存在不足之处，敬请广大读者批评指正。

编　者

目　　录

项目一 认识财务管理

【能力目标】

- 解释财务管理的内容。
- 识别不同财务管理目标的优劣。

【知识目标】

- 理解财务管理的含义和内容。
- 掌握财务管理的目标。
- 分析财务管理的环境及其影响因素。

案例导入

20 世纪 90 年代，是山东白酒的狂欢时代。一条条耳熟能详的广告语至今还让人回味：“喝孔府宴酒，做天下文章”“孔府家酒，让人想家”“兰陵美酒郁金香……”，还有“永远的绿色，永远的秦池”。下面就让我们一起来回首秦池酒的发展历程。1990 年 3 月，山东省潍坊市临朐县秦池酒厂注册成立。在成立之初的三年时间里，它只是山东无数个不景气的小酒厂之一，每年白酒产量一万吨左右，产品从来没出过潍坊市。1993 年，姬长孔来到秦池担任经营厂长。1994 年，秦池以沈阳为突破口，在东北、华北和西北地区实行滚动式销售，年度销售额突破 1 亿元。1995 年 11 月 8 日，秦池以 6 666 万元获得中央电视台新闻联播后 5 秒黄金标版，成为第二届标王。1996 年，秦池的销售额从上一年的 3.2 亿元猛增至 9.5 亿元，被评为中国明星企业。同年 11 月 8 日，在中央电视台的第三届广告段位招标会上，秦池以 3.2 亿元的天价夺为标王，这一数字相当于 1995 年秦池全年利润的 6 倍多，比竞标的第二位整整高出 1 亿元。1996 年后，秦池确定了“永远的秦池，永远的绿色”的形象宣传主题。当年年底秦池的灌装生产线从 5 条增加至 47 条，“秦池特曲”荣获当年白酒行业的唯一绿色食品认证。1997 年 1 月，秦池被评为中国企业形象最佳单位。同月，北京《经济参考报》的一则关于秦池白酒用川酒勾兑的系列新闻报道被国内无数家报刊转载。当年，秦池的营业额下降到 6.5 亿元。1998 年 3 月，姬长孔黯然离开秦池，调入北京某部委任职。当年秦池年度销售额仅 3 亿元。2000 年 7 月，据《法制日报》报道，一家金属酒瓶帽的供应商指控秦池酒厂拖欠 300 万元货款，地区中级人民法院判决秦池败诉，并裁定拍卖“秦池”注册商标。

秦池酒的失败是目前国内众多企业财务管理现状的真实写照：不重视、不懂得财务管理，只凭感觉、凭经验做出判断和决策，最终纷纷走向消亡。

思考：

(1) 什么是财务管理？为什么要进行财务管理？

(2) 财务管理的内容与目标是什么？

任务导图

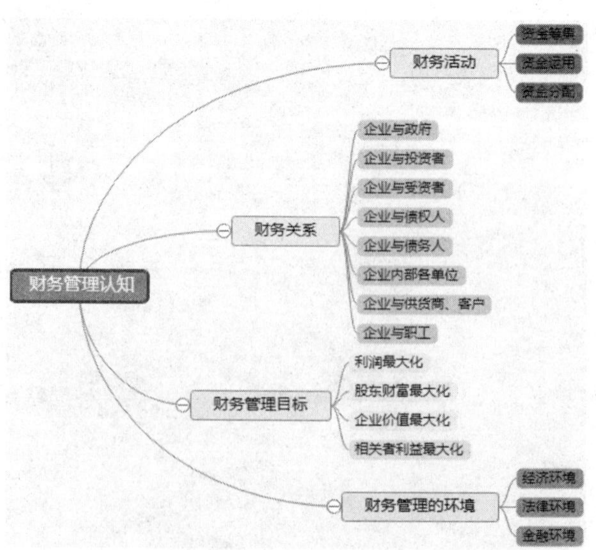

理论认知

任务一　财务管理概述

一、财务管理的描述

(一)财务管理

财务管理是企业组织财务活动，处理财务关系，以实现企业价值最大化的一项经济管理工作。企业财务管理的主要目的，就是以最少的资金占用和消耗，获得最大的经济利益，并使企业保持良好的财务状况。

企业财务就是企业在再生产过程中的资金运动，即有关资金的筹集、资金的运用和资金的分配等方面的活动，这些活动也称为财务活动。资金是企业在再生产过程中财产物资的货币表现。企业在生产经营过程中，解决所需的资金应通过哪些渠道、需要筹集多少、筹集资金的最佳时间，筹集的资金怎样使用、具体运用到哪些方面、运用多少、什么时间用，以及资金运用后获得的收益如何进行分配等问题时，必然会与有关各方面发生一定的经济关系，这些经济关系称为财务关系。因此，企业财务是指企业在再生产过程中的资金运动以及与有关方面发生的财务关系。

财务管理作为企业经营管理的重要组成部分，其实质是利用价值形式组织、监督和调节企业财务活动，处理企业与各方面的财务关系，是现代企业管理的核心工作，在企业管理中占有重要地位。

【思考 1-1】财务管理与会计有什么区别和联系？

【解析】二者的主要区别有三点，即职能作用不同、目的和结论不同、影响其结果的因素不同。

二者存在着内在联系：一是会计是财务管理的基础，财务管理离不开会计；二是财务管理与会计在机构和岗位设置上有交叉现象，在内容上没有明确的界限，单位在机构、岗位的设置上，除不相容职务以外，财务管理与会计岗位可以重叠。同样，财务管理人员必须懂会计工作，能熟练分析和运用相关会计信息资料。

(二)财务活动

企业的财务活动是指企业生产经营过程中的资金运动。而资金运动是企业资金从货币资金开始，依次转化为储备资金、生产资金、成品资金形态，最后又回到货币资金形态的过程。企业财务活动具体表现为资金的筹集、资金的运用和资金的分配等一系列行为。

1. 资金筹集

资金筹集可简称筹资，是指企业为了满足投资和用资的需要，筹措和集中所需资金的过程，如发行股票、发行债券、取得借款等都属于筹资。企业从各种渠道以不同的方式筹集资金，是资金运用的起点。

可供企业选择的资金来源(筹资渠道)有许多，但就其途径而言不外乎以下两个：一是所有者权益资金，或称权益资金，包括投资者投入资金，如企业资本金和资本公积金，以及企业在生产经营中形成的积累，如盈余公积和未分配利润；二是负债资金，是由负债形成的，如向银行借款、发行债券、应付款项等。企业从投资者、债权人那里筹集的资金一般是货币形态，也可以是实物形态和无形资产形态。

2. 资金运用

资金运用就是把通过不同渠道筹集的资金，投放于生产经营的各项资产及其营运的过程。筹资的目的是为了使用，以获取最大的经济利益；否则，筹资就失去了意义。

企业为了进行生产经营活动，一方面要购建房屋、建筑物、生产设备、运输工具等固定资产；另一方面要使用货币资金购入原材料、低值易耗品、包装物和支付各种费用，投放到流动资产上。此外，企业还可以购买或创立无形资产，形成无形资产投资；也可以用现金购买股票、债券的形式进行对外投资，以取得投资收益或取得对其他单位的控制权。

3. 资金分配

资金分配通常是指对企业所取得的投资成果进行的分配。投资成果在数量上表现为取得的各种收入扣除发生的各种成本费用后的差额，即获得的利润。

企业在投资活动中形成的利润总额是由营业利润、投资净收益和营业外收入等内容构成的。利润总额首先要按规定向国家缴纳所得税，税后利润要提取公益金和公积金，用于扩大积累、弥补亏损和职工集体福利设施等方面的需要，其余作为投资收益分配给投资者或暂时留存企业或作为投资者的追加投资。随着分配过程的进行，企业用于归还借款、收益分配的资金，则从企业的资金运动过程中退出。

资金的筹集、运用和分配三个方面的财务活动是相互联系、相互依存的有机整体，它们构成了企业财务活动的完整过程，同时也是财务管理的基本内容。

【思考 1-2】企业财务活动具体表现为(　　)一系列活动。

A. 筹集、使用和收回　　B. 使用、耗费和分配

C. 使用、收回和分配　　D. 筹集、运用和分配

【解析】正确答案是 D。

(三)财务关系

企业在生产经营过程中，由于资金的筹集、资金的运用和资金的分配等财务活动，使企业与有关方面发生了广泛的经济联系，如与政府、投资者、受资者、债权人、债务人、企业内部各部门、职工和供货商与客户的经济联系。这种在企业财务活动过程中与有关各方面所发生的经济利益关系，称为企业财务关系。企业同各方面的财务关系可以概括为以下几方面。

1. 企业与政府之间的财务关系

企业与政府之间的财务关系，是指企业依法向国家税务机关缴纳各种税款所形成的经济利益关系。国家各级政府部门以社会管理者的身份向企业征收的有关税金，如流转税、所得税和其他各种税款，是国家各级政府财政收入的主要来源。及时、足额纳税是每个生产经营者对国家应尽的义务，企业必须认真执行。这种企业与政府之间的财务关系，体现着一种缴纳税款与征收税款的财务关系。

2. 企业与投资者之间的财务关系

企业与投资者之间的财务关系，是指企业投资者向企业投入资金，企业向其投资者支付投资报酬所形成的经济利益关系。根据《中华人民共和国公司法》等有关法规的规定，企业从事生产经营活动必须筹集资本金，资金的投资者成为企业所有者。企业的所有者主要包括国家、法人和个人。所有者对企业投资后，有权参与企业经营管理，参加利润分配；同时，所有者应当对企业的生产经营活动承担经济责任。一般来说，所有者出资的多少，决定了其对企业承担责任以及对企业享有的权力和利益的大小。这种企业与投资者之间的财务关系，体现着所有权的性质，反映了受资与投资的关系。

3. 企业与受资者之间的财务关系

企业与受资者之间的财务关系，是指企业以购买股票或直接投资的形式向其他企业(受资者)投资，受资者按照规定分配给企业投资报酬所形成的经济利益关系。企业向其他单位投资，应按规定履行出资义务，并依据出资的份额参与受资企业的管理和利润分配。这种企业与受资者之间的财务关系，体现着所有权性质，反映了投资与受资的关系。

4. 企业与债权人之间的财务关系

企业与债权人之间的财务关系，是指企业向债权人借入资金，并按规定按时归还借款本金和支付借款利息所形成的经济利益关系。企业从事生产经营活动，除了向投资者筹集资本金外，往往还要向债权人筹集部分资金，如从银行和非银行金融机构取得借款，从企业债券投资者取得借入资金，从商品和劳务的供应单位获得商业信用等。企业使用债权人的资金，必须按照约定按时还本付息。这种企业与债权人之间的财务关系，在性质上属于债务债权关系。

5. 企业与债务人之间的财务关系

企业与债务人之间的财务关系，是指企业购买其他企业发行的债券或者向商品、劳务求购单位提供商业信用所形成的经济利益关系。企业用资金购买债券后，有权向债务人按规定时间收回本金，并按约定利息率收取利息。企业以赊销商品的方式向购货方提供商业信用后，有权按信用条件规定的日期，向债务人收取账款。这种企业与债务人之间的财务关系，体现着债权债务关系。

6. 企业内部各单位之间的财务关系

企业内部各单位之间的财务关系，是指企业内部各单位之间在生产经营活动过程中，相互提供商品或劳务所形成的经济利益关系。在实行内部经营责任制和经济核算制的条件下，企业的供、产、销各个部门以及各个生产单位之间相互提供商品或劳务都要进行计价结算，以明确相互间的经济责任。这种企业内部各单位之间的财务关系，体现着企业内部各单位之间的经济利益关系。

7. 企业与职工之间的财务关系

企业与职工之间的财务关系，是指企业根据按劳分配的原则在向职工支付劳动报酬过程中所形成的经济利益关系。职工是企业的劳动者，企业要将生产经营中取得的部分收入，根据每个职工提供的劳动数量和质量，向职工支付工资、津贴和奖金，并按规定提取公益金等。这种企业与职工之间的财务关系，体现着企业和职工在劳动成果上的分配关系。

8. 企业与供货商、企业与客户之间的财务关系

企业与供货商、企业与客户之间的财务关系，主要是指企业购买供货商的商品或接受其服务，以及企业向客户销售商品或提供服务过程中形成的经济关系。

企业在生产经营活动中，正确地认识和处理好与各有关方面的财务关系，可以更好地把握和完善企业与各方面的经济利益关系，从而为企业的形象、信誉和发展奠定良好的基础；反之，若企业对财务关系的重要性认识不足，将会使企业的生产经营活动陷入被动境地。

【思考 1-3】在下列经济活动中，能够体现企业与投资者之间财务关系的是(　　)。

A. 企业向职工支付工资　　B. 企业向其他企业支付货款

C. 企业向国家税务机关缴纳税款　　D. 某企业向国有资产投资公司支付股利

【解析】正确答案是 D。A 体现的是企业与职工之间的财务关系；B 体现的是企业与其他企业之间的财务关系；C 体现的是企业与国家之间的财务关系。

二、财务管理的内容

与企业财务活动相对应，财务管理的内容主要包括筹资管理、投资管理、资金营运管理和利润分配管理。

(一)筹资管理

筹资管理是企业财务管理的首要环节，是企业投资活动的基础。企业在筹资时，不仅要考虑满足企业生产经营活动对资金的需要，而且还要考虑和决策筹资的时机、筹资的渠道和筹资的方式，以降低筹资的代价和筹资的风险。

(二)投资管理

投资是企业财务管理的重要环节，投资决策的成败，对企业未来经营成败具有根本性的影响。企业在投资过程中，必须考虑投资规模；同时，还要通过选择投资方向和投资方式，合理安排投资结构，以求降低投资风险，提高投资效益。

(三)资金营运管理

企业应对营运过程中占用的资金进行有效的管理，如固定资产、流动资产、无形资产等的管理。在一定时期内资金周转越快，相同数量的资金就能生产出更多的产品，取得更多的收入。资金营运管理的目的是合理使用资金，加速资金周转，提高资金使用效果。

(四)利润分配管理

利润分配管理就是要解决企业取得的利润，按国家规定上缴企业所得税后，有多少要留在企业作为再投资之用，有多少要分配给投资者，即合理确定利润支付率。

三、财务管理的环节

财务管理的环节是指财务管理所包含的各个工作阶段，如图 1-1 所示。

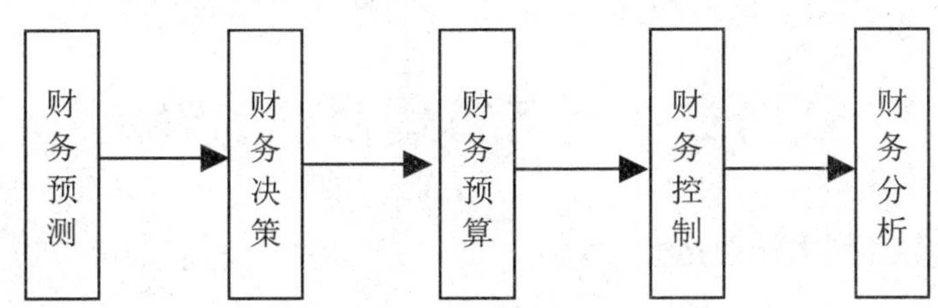

图 1-1　财务管理的基本环节

(一)财务预测

财务预测就是要以全局观念，根据企业整体战略目标和规划，结合对未来宏观、微观形势的预测，来建立企业财务的战略目标和规划。企业战略目标的实现需要确定与之相匹配的企业的财务战略目标，因此财务战略目标是企业战略目标的具体体现。财务战略规划也就是企业整体战略规划的具体化。

在财务战略的指导下，企业财务人员要根据财务活动的历史资料，考虑现实的要求和条件，对企业未来的财务成果做出科学的预计和测算。其作用在于：测算各项生产经营方案的经济效益，为财务决策提供可靠依据；预计财务收支变化情况，以确定经营目标；测定各项定额和标准，为编制计划、分解计划指标服务。

(二)财务决策

财务决策是指财务人员在财务管理目标的总体要求下，采用专门的方法，从多个备选方案中筛选出最佳方案。它是财务管理的核心。

(三)财务预算

财务预算是指以财务预测提供的信息和财务决策确立的方案为依据，运用科学的技术手段和数学方法，对目标进行综合评价，制定主要计划指标，拟订增产节约的措施，协调各项计划指标。它是财务预测和财务决策的具体化，是组织和控制企业财务活动的依据。

(四)财务控制

财务控制是指在财务管理的过程中，利用有关信息和特定手段，对企业的财务活动加以影响或调节，防止超支、浪费和损失的发生，以保证财务预算的实现。

(五)财务分析

财务分析主要是根据财务报表等有关资料，运用特定方法，对企业的财务活动过程及其结果进行分析和评价的一项工作。财务分析既是对已完成的财务活动的总结，也是财务预测的前提，在财务管理的循环中起着承上启下的作用。

在财务分析的基础上建立的经营业绩评价体系是企业建立激励机制和发挥激励作用的

依据和前提，而激励机制的有效性又是企业目标实现的动力和保证。一般来说，经营业绩评价体系应该是一个以财务指标为基础，并包括非财务指标的完整体系。非财务指标主要包括企业的战略驱动因素，如客户关系、学习和成长能力、内部经营过程等。一个完善的业绩评价体系应该力求达到内部与外部的平衡和长期与短期的平衡。

任务二　财务管理目标的确定

一、财务管理目标的描述

财务管理目标又称理财目标，是指企业进行财务活动所要达到的最终目的。它是企业财务活动的出发点和归宿，决定着企业财务管理的方向。由于财务管理是企业管理的一个组成部分，所以财务管理的目标取决于企业管理的总目标。企业作为营利性的经济组织，其最终目的就是盈利。在激烈的市场竞争中，企业只有生存下去才可能获利，而只有不断发展才能求得生存。因此，企业管理的目标可以概括为生存、发展、获利三个方面。确定合理的财务管理目标，对优化理财行为、改善经营管理、提高经济效益具有重要的意义。

关于企业的财务管理目标的表达，有以下四种主要观点。

(一)利润最大化

这种观点认为：利润代表了企业新创造的财富，利润越多，说明企业的财富增加得越多，越符合企业的目标。它也有以下缺陷：一是利润最大化没有考虑取得利润的时间，忽略了货币时间价值这一重要因素。例如，今年获利 100 万元同明年获利 100 万元是不等值的，若不考虑货币时间价值的影响，就不能正确判断哪种获利方式更符合企业目标。二是利润最大化没有考虑获得利润与投入资本之间的关系。例如，两个企业同样都是获利 100 万元，但一个企业投入资本 500 万元，另一个企业投入资本 600 万元，若不将利润与投入资本联系起来分析，也不能正确判断哪种获利方式更符合企业目标。三是利润最大化容易使企业忽略风险。例如，两个企业都投资 500 万元，本年获利均为 100 万元，一个企业获利全部转化为现款，另一个企业获利全部是应收账款，而这极有可能产生坏账并带来坏账损失。若不考虑风险大小，也不能正确判断哪种获利方式更符合企业目标。四是利润最大化往往会使企业财务决策产生过多的短期行为。只追求眼前利润最大化，而不顾企业的长远发展，使企业缺乏后劲，忽视新产品开发、人才开发、生产安全、生活福利设施和技术装备水平等。

(二)股东财富最大化

这种观点认为：企业财务管理应以实现股东财富最大化为目标。在上市公司，股东财富是由其所拥有的股票数量和股票市场价格两方面决定的。在股票数量一定时，股票价格达到最高，股东财富也就达到最大化。

【思考 1-4】以股东财富最大化作为企业财务管理的目标，有什么优缺点？

【解析】其优点是：考虑了风险因素，因为通常股价会对风险做出较为敏感的反应；在一定程度上能避免企业短期行为；对上市公司而言，股东财富最大化的目标比较容易量化，便于考核和奖惩。

其缺点是：通常只适用于上市公司，非上市公司难以应用，且股价受众多因素影响，特别是企业外部的因素，有些还可能是非正常因素。股价不能完全准确地反映企业财务管理状况。它强调更多的是股东的利益，而对其他相关者的利益重视不够。

(三)企业价值最大化

这种观点认为：企业价值(也称股东财富)最大化是财务管理的目标。企业价值最大化是指企业通过合理的生产经营，采用最佳的财务决策，在考虑货币时间价值和风险价值的条件下，使企业价值达到最大化。投资者建立企业，其目的在于创造尽可能多的财富。这种财富首先表现为企业价值。企业价值是其未来现金流量的现值，在资本市场上表现为交换价格，通俗地说是指企业本身值多少钱。企业财富的多少不是仅凭某一时期的利润的大小来衡量的，而是要把企业整体看作一种商品，通过市场评价来确定企业值多少钱，这就是企业价值。在对企业进行评价时，看重的不是企业已获得的利润水平，而是企业潜在的获利能力。

【思考 1-5】以企业价值最大化作为财务管理的目标，有什么优缺点？

【解析】其优点主要表现在：①该目标考虑了资金的时间价值和风险机制，有利于统筹安排长短期规划、合理选择投资方案、有效筹措资金、合理制定股利政策等；②该目标反映了对企业资产保值增值的要求，从某种意义上来说，股东财富越多，企业市场价值就越大，追求股东财富最大化的结果可促使企业资产保值或增值；③该目标有利于克服管理上的片面性和短期行为；④该目标有利于社会资源合理配置，即引导社会资源流向企业价值最大化或股东财富最大化的企业或行业。

其缺点主要表现在：①尽管对于股票上市企业来说，股票价格的变动在一定程度上揭示了企业价值的变化，但是股价是受多种因素影响的结果，特别是在资本市场效率低下的情况下，股票价格很难反映企业所有者权益的价值；②对于非股票上市企业，只有对企业进行专门的评估才能真正确定其价值。

【思考 1-6】企业的价值是否等于其账面资产的总价值？

【解析】企业的价值不等于其账面资产总价值。理由是，许多资产的账面价值都是按历史成本计价的，不能代表市场价值，更有商誉等无形资产在账面上也不能反映出来。因此，企业价值应通过市场评价来决定，其价值不等于账面资产的总价值。

(四)相关者利益最大化

这种观点认为：企业财务管理的目标应该是相关者利益最大化。因为，在市场经济中，企业的理财主体更加细化和多元化。股东作为企业所有者，在企业中拥有最高的权力，并承担着最大的义务和风险，但是债权人、员工、企业经营者、客户、供应商和政府也为企业承担着风险。因此，企业的利益相关者不仅包括股东，还包括债权人、企业经营者、客户、供应商、员工、政府等。在确定企业财务管理目标时，不能忽视这些相关利益群体的利益。

【思考 1-7】以相关者利益最大化作为财务管理的目标，有什么优缺点？

【解析】其优点主要表现在：①有利于企业长期稳定发展。注重企业在发展过程中考虑并满足各利益相关者的利益关系，避免只站在股东的角度进行投资可能导致的一系列问题。②体现了合作共赢的价值理念，有利于实现企业经济效益和社会效益的统一。③这一目标本身是一个多元化、多层次的目标体系，较好地兼顾了各利益主体的利益。

其缺点主要是：利益相关性难以计量，不易操作，且相关者利益本身具有相互竞争性而难以实现利益最大化。

上述利润最大化、股东财富最大化、企业价值最大化和相关者利益最大化等财务管理目标，都以股东财富最大化为基础。因为企业的创立和发展都必须以股东的投入为基础，离开了股东的投入，企业就不复存在了。在企业的日常经营活动中，作为所有者的股东在企业中承担着最大的义务和风险，也应享有最高的报酬。当然，以股东财富最大化为核心和基础，还应该考虑利益相关者的利益。因此，在强调公司承担应尽的社会责任的前提下，应当允许企业以股东财富最大化为目标。

二、财务管理目标的协调

将企业价值最大化目标作为企业财务管理目标的首要任务就是要协调相关利益群体的关系，化解他们之间的利益冲突。

(一)所有者与经营者的矛盾与协调

企业经营者一般不拥有占支配权地位的股权，他们只是所有者的代理人，所有者期望经营者代表他们的利益工作，实现所有者财富最大化；而经营者则有其自身的利益考虑。对经营者来讲，他们所得到的利益来自所有者。因而，经营者和所有者的主要矛盾就是经营者希望在提高企业价值和股东财富的同时，能更多地增加享受成本；而所有者和股东则希望以较小的享受成本支出带来更高的企业价值或股东财富。为了解决这一矛盾，应采取让经营者的报酬与绩效相联系的办法，并辅之以一定的监督措施。

(1) 解聘。所有者对经营者予以监督，如果经营者未能使企业价值达到最大化，就解聘经营者，经营者害怕被解聘而被迫实现财务管理目标。

(2) 接收。如果经营者经营决策失误、经营不利，未能采取一切有效措施使企业价值提高，该企业就可能被其他企业强行接收或吞并，相应经营者也会被解聘。为此，经营者为了避免这种接收，必须采取一切措施提高股东财富和企业价值。

(3) 激励。即将经营者的报酬与其绩效挂钩，以使经营者自觉采取能提高股东财富和企业价值的措施。激励通常有以下两种基本方式：①“股票期权”方式。即允许经营者以约定的价格购买一定数量的本企业股票，股票的市场价格高于约定价格的部分就是经营者所得的报酬。②“绩效股”方式。即企业运用每股收益、资产收益率等指标来评价经营者的业绩，视其业绩大小给予经营者数量不等的股票作为报酬。

(二)所有者与债权人的矛盾与协调

所有者有可能要求经营者改变举债资金的原定用途，将其用于风险更高的项目，这会增大偿债的风险。若成功，额外的利润就会被所有者独享；若失败，债权人与所有者共同负担由此而造成的损失。所有者也可能未征得现有债权人同意，而要求经营者发行新债券或举借新债，致使旧债券的价值降低。为协调所有者与债权人的上述矛盾，通常可采用以下方式。

(1) 限制性借款。在借款合同中加入某些限制性条款，如规定借款的用途、借款的担保条款和借款的信用条件等。

(2) 收回借款或停止借款。当债权人发现企业有侵蚀其债权价值的意图时，采取收回债权和不给予企业增加放款。

【思考 1-8】下列各项中，不能协调所有者与债权人之间矛盾的方式是(　　)。

A. 股票期权　　B. 债权人通过合同实施限制性借款

C. 债权人停止借款　　D. 债权人收回借款

【解析】正确答案是 A。

任务三　财务管理环境的分析

财务管理是在一定的环境中进行的，必然受到环境的影响。财务管理环境是指企业在财务管理过程中所面对的各种客观条件或因素。环境对财务管理的影响是多方面的，归纳起来主要包括以下三个方面。

一、经济环境的分析

财务活动是经济活动的组成部分，经济环境是财务管理的重要环境。经济环境一般包括经济体制、经济周期、经济政策、通货膨胀和市场竞争。

(一)经济体制

在计划经济体制下，国家统筹企业资本，统一投资，统负盈亏，企业利润统一上缴，亏损全部由国家补贴，企业无独立的理财权。因此，财务管理活动的内容比较单一，财务管理方法也比较简单。在市场经济体制下，企业成为“自主经营、自负盈亏”的经济实体，拥有独立的理财权。企业可以从其自身需要出发，合理确定资本需要量，然后到市场上筹集资本，再把筹集到的资本投放到高效益的项目上获取更大的收益，最后将收益根据需要和可能进行分配。因此，财务管理活动的内容比较丰富，方法也复杂多样。

(二)经济周期

经济的周期性波动对财务管理有着重要的影响。在不同的发展时期，企业的生产规模、销售能力、获利能力以及由此而产生的资本需求都会出现重大差异。例如，在萧条阶段，企业产量和销售量下降，投资锐减，企业应建立投资标准，保持市场份额，压缩管理费用，裁减雇员；在衰退阶段，企业应停止扩张，出售多余设备，停产不利产品；在繁荣阶段，企业应扩充厂房设备，增加劳动力。财务人员必须预测经济变化情况，适当调整财务政策。

【思考 1-9】在经济繁荣期，不应选择的财务管理策略是(　　)。

A. 扩充厂房设备　　B. 继续建立存货

C. 裁减雇员　　D. 提高产品价格

【解析】正确答案是 C。在复苏期和繁荣期，企业应增加厂房，建立存货，引入新产品，增加劳动力，实行长期租赁，为“负债经营”提供条件。

(三)经济政策

经济政策是国家进行宏观经济调控的重要手段。国家的产业政策、金融政策、财税政策，对企业的筹资活动、投资活动和分配活动都会产生重要影响。例如，金融政策中的货币发行量、信贷规模会影响企业的资本结构和投资项目的选择；价格政策会影响资本的投向、投资回收期及预期收益等。财务管理人员应当深刻领会国家的经济政策，研究经济政策的调整对财务管理活动可能造成的影响。

(四)通货膨胀

通货膨胀不仅对消费者不利，对企业财务活动的影响更为严重。大规模的通货膨胀会引起资本占用的迅速增加；通货膨胀会引起利率的上升，增加企业的筹资成本；通货膨胀时期有价证券价格的不断下降，会给投资带来较大的困难；通货膨胀会引起利润的虚增，造成企业的资本流失。

为减轻通货膨胀对企业造成的不利影响，财务人员应采取措施予以防范。在通货膨胀初期，货币面临着贬值的风险，这时企业进行投资可以避免风险，实现资本保值；与客户应签订长期购货合同，以减少物价上涨造成的损失；取得长期负债，保持资本成本的稳定。在通货膨胀持续期，企业可以采用比较严格的信用条件，减少企业的债权；调整财务政策，防止和减少企业资本流失等。

(五)市场竞争

企业的一切生产经营活动都发生在一定的市场环境中，财务管理行为的选择在很大程度上取决于企业的市场环境。不了解企业所处的市场环境，就不可能深入地了解企业的运行状态，也就很难做出科学的财务决策。

企业所处的市场环境通常包括以下四种：完全垄断市场、完全竞争市场、不完全竞争市场和寡头垄断市场。不同的市场环境对财务管理有不同的影响。①处于完全垄断市场的企业，销售一般都不成问题，价格波动不大，利润稳中有升，经营风险较小，企业可运用较多的债务资本。②处于完全竞争市场的企业，销售价格完全由市场来决定，企业利润随价格波动而波动，企业不宜过多地采用负债方式去筹集资本。③处于不完全竞争市场和寡头垄断市场的企业，关键是要使企业的产品具有优势、具有特色、具有品牌效应，这就要求在研究与开发上投入大量资本，研制出新的优势产品，做好售后服务，并给予优惠的信用条件。

二、法律环境的分析

市场经济是以法律规范和市场规则为特征的经济制度。企业是市场经济的载体，企业的财务活动应遵守各种法律、法规。企业财务管理中涉及的法律、法规主要包括以下四方面。

(一)企业组织法

企业组织法主要包括公司法、外资企业法、中外合资经营企业法、破产法、合伙企业法、个人独资企业法等。企业的组织运行和理财活动，必须依法进行。

(二)税收法规

税种的设置、税率的高低、征收范围、减免规定、优惠政策等必然影响企业的财务管理活动。影响企业财务管理的税收法规主要包括：税收征收管理法、个人所得税法、企业所得税法、增值税暂行条例、消费税暂行条例等。企业的财务决策都直接或间接受到税收法规的影响。财务管理人员应当精通税法，自觉按照税法的规定开展经营活动和财务管理活动。

(三)证券法规

证券法规定了证券上市规则和交易规则，其中涉及许多财务方面的要求。证券法对企业财务管理的影响主要表现在企业内部财务制度如何体现这些要求，企业如何根据这些要求来规范自身财务行为。一般来讲，这些要求可以作为企业财务制度的内容，以促进企业按上市公司的标准来强化企业的财务管理。

(四)财务法规

财务法规主要包括会计法、企业会计准则、企业财务通则和企业会计制度等。财务法规是规范企业财务活动、协调企业财务关系的行为准则。财务管理人员应认真领会并贯彻财务法规，确保企业财务活动规范、合法。

三、金融环境的分析

企业筹资、投资活动是在一定的环境约束下进行的，这一环境称为金融环境，主要包括金融市场和金融工具。金融环境是企业财务管理的重要环境。它不仅为企业筹资和投资提供了场所和方式，而且促进了资本的合理流动和优化配置。

(一)金融市场

金融市场是实现货币借贷和资本融通、办理各种票据和有价证券交易活动的场所。金融市场可分为资金市场、外汇市场和黄金市场。与企业财务最为密切的是资金市场，一般可分为短期资金市场和长期资金市场。

1. 短期资金市场

短期资金市场又称货币市场，是指进行融资期限在一年以内的资金交易活动的场所。短期资金市场可分为以下三种。

(1) 短期债券市场。主要是发行和转让一年期以内的企业债券和国库券的市场。

(2) 票据贴现市场。即商业汇票的贴现市场，商业汇票的持有者在汇票到期前需用资金时，可凭汇票到金融机构申请贴现，取得短期资金的融通。

(3) 可转让大额定期存单市场。即银行向单位和个人发行的大额定期存单。持有人可依法转让交易，以取得短期资金融通。

2. 长期资金市场

长期资金市场是指进行融资期限在一年以上的资金交易活动的场所。长期资金市场可分为以下两种。

(1) 长期借贷市场。即取得一年期以上贷款的市场。

(2) 长期证券市场。即取得一年期以上长期债券和股票的市场。长期债券是企业为筹集长期资金而发行的债券，有一定期限，到期还本付息。发行股票是股份公司筹集长期资金的手段，可供企业长期使用，无须归还。

长期证券市场可分为一级市场和二级市场。一级市场又称为发行市场，其活动围绕有价证券的发行而展开。参加者主要是发行人和认购人，中介人作为包销者或受托人参与活动。二级市场又称为流通市场，其活动围绕有价证券的转让流通而展开。流通市场上各种证券的转让流通，仅仅是为投资人和筹资人提供融资便利，并不能直接为筹资人筹集新的资本。

(二)金融工具

金融工具是能够证明债权债务关系或所有权关系并据以进行货币资金交易的合法凭证，它对于交易双方所应承担的义务与享有的权利均具有法律效力。金融工具一般具有期限性、流动性、风险性和收益性四个基本特征。金融工具若按期限不同可分为货币市场工具和资本市场工具，前者主要有商业票据、国库券(国债)、可转让大额定期存单、回购协议等；后者主要是股票和债券等。

金融工具是金融市场的交易对象。资本供求者对借贷资本数量、期限和利率的多样化的要求，决定了金融市场上金融工具的多样化，而多样化的金融工具不仅满足了资本供求者的不同需要，而且也由此形成了金融市场的各类子市场。

【思考 1-10】下列属于资本市场工具的有哪些？(　　)

A. 国库券　　　　B. 债券

C. 商业票据　　　　D. 大额定期存单

【解析】正确答案是B。A、C、D属于货币市场工具。

【思考 1-11】金融环境对企业财务管理有什么影响？

【解析】金融环境决定着企业的融资方式、融资渠道和资金的成本；同时，金融市场中各种资金的利率、价格，对企业生产和经营成果起调节和控制作用。

项目知识检测

一、单项选择题

1. 资金的运动过程，包括资金的筹集、资金的运用和资金的(　　)。

A. 分配　　　　B. 耗费

C. 流动　　　　D. 增值

2. 企业筹措和集中资金的财务活动是指(　　)。

A. 分配活动　　　　B. 投资活动

C. 决策活动　　　　D. 筹资活动

3. 以企业价值最大化作为财务管理目标存在的问题是(　　)。

A. 没有考虑资金的时间价值　　B. 没有考虑投资的风险价值
C. 企业的价值难以评定　　D. 容易引起企业的短期行为

4. 企业价值最大化目标的不足之处是(　　)。
A. 没有考虑资金的时间价值　　B. 没有考虑投资的风险
C. 不能反映企业潜在的获利能力　　D. 不能直接反映企业当前的获利水平

5. 下列各财务管理目标中，不能克服短期行为的有(　　)。
A. 利润最大化　　B. 股东财富最大化
C. 企业价值最大化　　D. 相关者利益最大化

6. 下列各项中，不能协调所有者与债权人之间矛盾的方式是(　　)。
A. 企业被强行接收或吞并　　B. 债权人通过合同实施限制性借款
C. 债权人停止借款　　D. 债权人收回借款

7. 根据相关者利益最大化财务管理目标理论，承担最大风险并可能获得最大报酬的是(　　)。
A. 股东　　B. 债权人
C. 经营者　　D. 供应商

8. 假定甲公司向乙公司赊销产品，并持有丙公司债券和丁公司的股票，且向戊公司支付公司债利息。假定不考虑其他条件，从甲公司的角度来看，下列各项中属于本企业与债权人之间财务关系的是(　　)。
A. 甲公司与乙公司之间的关系　　B. 甲公司与丙公司之间的关系
C. 甲公司与丁公司之间的关系　　D. 甲公司与戊公司之间的关系

9. 某公司董事会召开公司战略发展讨论会，拟将企业价值最大化作为财务管理目标，下列理由中，难以成立的是(　　)。
A. 有利于规避企业短期行为　　B. 有利于量化考核和评价
C. 有利于持续提升企业获利能力　　D. 有利于均衡风险与报酬的关系

10. 某上市公司针对经常出现中小股东质询管理层的情况，拟采取措施协调所有者与经营者的矛盾。下列各项中，不能实现上述目的的是(　　)。
A. 强化内部人控制　　B. 解聘总经理
C. 加强对经营者的监督　　D. 将经营者的报酬与其绩效挂钩

二、多项选择题

1. 企业财务管理的主要内容包括(　　)。
A. 筹资管理　　B. 投资管理
C. 资金营运管理　　D. 利润分配管理

2. 企业财务管理的基本环节主要包含(　　)阶段。
A. 财务规划和预测　　B. 财务决策、财务预算
C. 财务控制　　D. 财务分析

3. 企业财务管理环境包括(　　)。
A. 经济环境　　B. 法律环境
C. 税法　　D. 金融环境

4. 下列各项中，可用来协调企业债权人与所有者之间矛盾的方法有(　　)。

A. 规定借款用途　　B. 规定借款的信用条件

C. 要求提供借款担保　　D. 收回借款或不再借款

5. 能够用来协调所有者与经营者之间矛盾的措施有(　　)。

A. 激励　　B. 批评

C. 解聘　　D. 接受

6. 下列各项中，属于企业筹资引起的财务活动的有(　　)。

A. 偿还借款　　B. 购买机器设备

C. 支付股票股利　　D. 提取盈余公积

7. 下列各项中，属于企业财务管理金融环境内容的有(　　)。

A. 利息率　　B. 公司法

C. 金融工具　　D. 税收法规

8. 企业财务活动主要包括(　　)。

A. 筹资活动　　B. 投资活动

C. 分配活动　　D. 生产经营活动

9. 下列各项中，不符合企业相关者利益最大化财务管理目标要求的有(　　)。

A. 强调股东的首要地位　　B. 强调债权人的首要地位

C. 强调员工的首要地位　　D. 强调经营者的首要地位

10. 以利润最大化为企业财务管理目标，存在的缺点有(　　)。

A. 没有考虑资金的时间价值　　B. 不能反映利润与投入资本的关系

C. 没有考虑投资风险价值　　D. 可能导致企业短期行为

三、判断题

1. 企业财务关系是指企业与外部各单位的财务关系。(　　)

2. 企业与政府的财务关系表现为投资与分配的关系。(　　)

3. 以企业价值最大化作为财务管理目标，有利于社会资源的合理配置。(　　)

4. 财务管理环境是指对企业财务活动和财务管理产生影响作用的企业各种外部条件的统称。(　　)

5. 购买国债虽然违约风险小，也几乎没有破产风险，但仍会面临利息率风险和购买力风险。(　　)

6. 就上市公司而言，将股东财富最大化作为财务管理目标的缺点之一是不容易被量化。(　　)

7. 从财务管理的角度来看，企业价值所体现的资产的价值既不是其成本价值，也不是其现时的会计收益。(　　)

8. 企业价值最大化目标强调的是企业的预计创造的未来现金流量现值最大。(　　)

9. 采用股票期权方式，是协调所有者与债权人利益冲突的方法之一。(　　)

10. 甲、乙两企业均投入1 000万元的资本，本年获利均为200万元，则两企业本年的收益水平相同。(　　)

四、任务训练

承接本项目的案例导入，纵观秦池酒的发展历程，并通过搜集网络资源，完成以下任务，形成文字性分析报告。

1. 分析秦池酒业的财务管理目标。
2. 分析秦池酒业的财务管理环境，找出该企业失败的原因。

(扫一扫，获取相关微课视频)

认识财务管理

财务管理目标

项目二 资金时间价值和风险价值的计算

【能力目标】

- 正确计算资金时间价值，尤其是复利现值和年金现值。
- 正确计算风险报酬率。

【知识目标】

- 理解资金时间价值与风险报酬的含义。
- 掌握资金时间价值的计算方法。
- 掌握风险价值的计量方法。

案例导入

A 公司从甲公司购入 200 万元原材料，甲公司提供以下两种付款方式。

(1) 在 20 天内 A 公司一次性支付货款，则 A 公司可以享受 1%的折扣优惠，也就是 A 公司仅需支付 198 万元。

(2) A 公司分 5 个月支付货款 200 万元，每月月末支付 40 万元。

思考：

(1) 如果你是 A 公司的财务人员，你会选择哪种付款方式(同期银行年利率 2%)。

(2) 什么是资金时间价值？如何计量资金时间价值？

任务导图

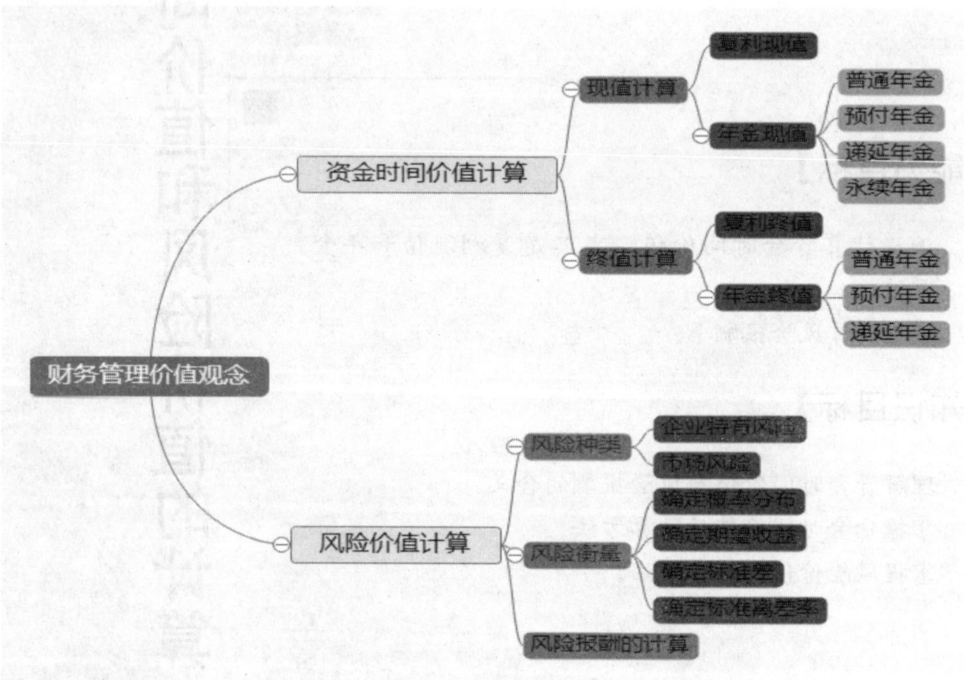

理论认知

任务一　资金时间价值的定义、表示方式和计算

一、资金时间价值的定义和表示方式

(一)资金时间价值的定义

资金时间价值是指资金随着时间的推移而发生的增值，即资金在不同时点上的不同价值。如果银行存款利率为 2%，将 100 元存入银行，一年后，可从银行取得 102 元，增值 2

元，就是资金时间价值，或者叫作利息。

资金之所以具有时间价值，是因为资金持有者将资金用于了投资，资金必须经历一定时间的投资和再投资，才会产生时间价值。资金时间价值的实质是资金周转使用后的增值额。如果不存在风险和通货膨胀，投资收益就是资金的时间价值。由于企业投资至少要取得社会平均利润率，因此，资金的时间价值通常是指没有风险和没有通货膨胀条件下的社会平均资金利润率。

【思考 2-1】学习了资金时间价值后，小张同学认为银行的利息就是资金的时间价值，小张的想法正确吗？

【解析】不正确。二者计算方法相同，但内涵不同。一般的利息除了包括资金时间价值因素以外，还包括风险价值和通货膨胀因素。而资金时间价值是指没有风险和没有通货膨胀条件下的社会平均资金利润率。通货膨胀率很低时，政府债券的利率可用来表示资金时间价值。

(二)资金时间价值的表示方式

资金时间价值有两种表示方式：一是绝对数，即资金在周转使用中的增加额，即利息；二是相对数，即增加额占投入资金的比例，即利率。通常人们习惯用相对数来表示资金时间价值。

二、资金时间价值的计算

(一)单利与复利

资金时间价值的计算方法一般采用复利方法。复利是在单利基础上产生的，因此要想了解复利计算方法，首先要了解单利计算方法。

单利又称单利计息，是指按本金计算利息，在贷款期限内获得的利息均不加入本金重复计算利息，每期利息相等。

复利，就是按照一定的期限和利率，将本金所产生的利息转化为本金，同原来的本金一起作为计算下期利息的一种计息方法。在这种计息方法下，既要计算本金的利息，又要计算利息的利息，即所谓“利滚利”。

【思考 2-2】现将 100 元存入银行，假设银行年利率为 2%，2 年后，单利计算的利息是多少？若复利计算，利息是多少？

【解析】2 年后，单利计算利息为：100×2%×2=4(元)。复利计算利息为：100×2%+(100+100×2%)×2%=4.04(元)。

(二)一次(收)付款项终值和现值的计算

一次(收)付款项是指在某一特定时点上一次支付(或收取)，经过一段时间后再相应地一次性收取(或支付)的款项，如在银行存入 10 000 元，定期一年，年利率为 10%，一年后取出 11 000 元，即为一次(收)付款项。

资金时间价值的计算涉及两个重要的概念，即现值和终值。

现值(present value)又称本金，是指资金现在的价值，也是未来某一时点上的一定量资金折算到现在的价值。

终值(future value)又称将来值，是指现在的一定量资金在未来某一时点上的价值量，通常称本利和。

子任务一　单、复利终值和现值的计算

1. 单利终值的计算

单利终值即按单利计算的本金及利息之和。其计算公式为

$$F = P \cdot (1+i \cdot n)$$

式中：F 为终值，即第 n 年末的价值；P 为现值，即本金，又称期初金额；i 为利率；n 为计息期数，常以年为单位。

【任务演练 2-1】某人存入银行 10 000 元，存期 3 年，年利率为 2%，在单利计息条件下，3 年后的本利为多少钱?

【解析】年后的终值为：10 000×(1+2%×3)=10 600(元)。

2. 单利现值的计算

单利现值是指在单利计息条件下，将来年份收到或付出的某笔资金折算到现在的价值。在已知利率和终值的情况下，单利现值可用上述终值计算公式倒求，即由终值求现值，也叫贴现。其计算公式为

$$P = F \div (1+i \cdot n)$$

【任务演练 2-2】某人希望 3 年后从银行取出 10 000 元，若银行年利率为 2% ，在单利计息条件下，现在应存入多少钱?

【解析】现在应存入银行的款项为：10 000 ÷ (1+2%×3)=9 433.96(元)。

3. 复利终值和现值的计算

1)　复利终值的计算

复利终值是指一定量资金按复利计算若干期的本利和。其计算公式为

$$F = P \cdot (1+i)^n = P \cdot (F/P, i, n)$$

式中：F 为终值，即第 n 年末的价值；P 为现值，即本金；i 为利率；n 为计息期数；$(1+i)^n$ 称为复利终值系数，记作$(F/P, i, n)$。

复利终值系数可以直接查阅 “复利终值系数表”(见附表一)获得。

【任务演练 2-3】某人将 10 000 元现金存入银行，若存款利率为 2%，3 年后可取出多少钱?

【解析】查复利终值系数表，$(F/P,2\%,3)$=1.061 2，则 $F=P \cdot (F/P,2\%,3)$=10 000×1.061 2=10 612 元。即 3 年后可取出 10 612 元。

2)　复利现值的计算

复利现值是复利终值的对称概念，是指未来一定时间的特定资金按复利计算的现在价值，或者说是为了取得将来一定的本利和，现在所需要的本金。根据复利终值计算公式，推导复利现值的计算公式为

$$P=F\div(1+i)^n=F\times\frac{1}{(1+i)^n}=F\cdot(P/F,i,n)$$

式中：$\frac{1}{(1+i)^n}$ 称为复利现值系数，记作$(P/F, i, n)$。

复利现值系数可以直接查阅“复利现值系数表”(见附表二)获得。

【任务演练 2-4】某人希望 3 年后从银行取出 10 000 元，若银行年利率为 2%，现在应存入多少钱?

【解析】查复利现值系数表，$(P/F,2\%,3)=0.942\ 3$，$P=F\cdot(P/F,2\%,3)=10\ 000\times0.942\ 3=9\ 423$(元)。即现在应存入 9 423 元。

【任务训练】

有位家长希望 5 年后从银行取出 20 000 元作为孩子的教育基金，若银行年利率为 3%，那么现在应存入多少钱？(按复利计算)

子任务二　年金终值和年金现值的计算

年金(annuity)是指在一定期间内每期等额收付的系列款项，通常以符号 A 表示，如折旧、定期支付的租金、保险费、养老金、分期付款赊购、分期偿还贷款等。

年金按其收付款的次数和时间可分为普通年金、预付年金、递延年金及永续年金。

1. 普通年金终值和现值的计算

普通年金又称后付年金，是指发生在每期期末的等额收付款项。普通年金的计算有终值和现值两种。

1)　普通年金终值的计算

普通年金终值是指一定时期内每期期末等额收付款项的复利终值之和。犹如零存整取的本利和。

普通年金终值可以用复利终值推导计算，如果用 A 表示每年收付的等额款项，即年金，i 表示利率，n 表示期数，F 表示普通年金终值，则普通年金终值推导计算过程如图 2-1 所示。

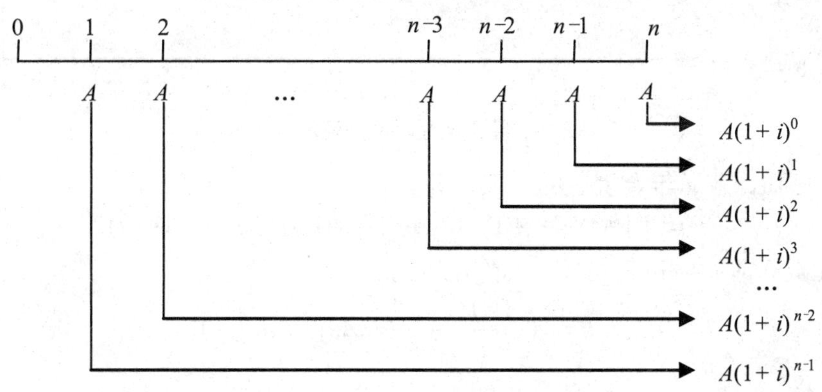

图 2-1　普通年金终值推导计算示意图

由图 2-1 可知，普通年金终值的一般计算公式为

$$F=A(1+i)^0+A(1+i)^1+A(1+i)^2+A(1+i)^3+\cdots+A(1+i)^{n-2}+A(1+i)^{n-1}$$

根据等比数列前 n 项和公式，上式简化后为

$$F=A\cdot\frac{(1+i)^n-1}{i}=A\cdot(F/A,i,n)$$

式中：$\frac{(1+i)^n-1}{i}$ 称为普通年金终值系数，记作$(F/A, i, n)$，可以直接查阅“年金终值系数表”(见附表三)获得。

上式中，如果已知终值 F，求年金 A，这就是偿债基金，即为使年金终值达到既定金额每年应支付的年金数额。

【任务演练 2-5】某公司 5 年内每年年末向银行贷款 100 万元，贷款年利率为 5%，该公司 5 年后应付本息的总额是多少？

【解析】查年金终值系数表，$(F/A,5\%,5)=4.329\,5$，则 $F=A\cdot(F/A,5\%,5)=100\times4.329\,5=432.95$ 万元。5 年后应还本息总额为 432.95 万元。

【思考 2-3】某公司计划于 5 年后一次还清所欠债务 100 万元，假定银行利息率为 3%，则从现在起应每年年末等额存入银行多少钱？

【解析】查年金终值系数表，$(F/A,3\%, 5)=5.309\,1$，由于 $F= A\cdot(F/A,3\%, 5)=100$，则 $A=100\div(F/A,3\%, 5)=100\div5.309\,1=18.835\,6$(万元)，即每年应存 18.835 6 万元。

2)　普通年金现值的计算

普通年金现值是指一定时期内每期期末等额收付款项的复利现值之和。通常表现为每年等额投资收益的现值总和。如果用 P 表示普通年金现值，其推导计算过程如图 2-2 所示。

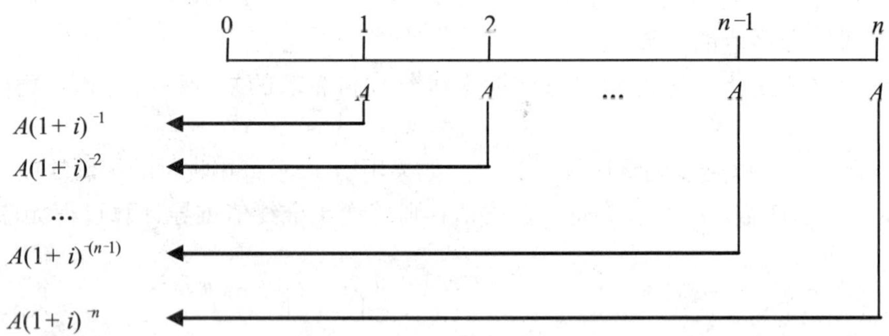

图 2-2　普通年金现值计算示意图

由图 2-2 可知，普通年金现值的一般计算公式为

$$P=A(1+i)^{-1}+A(1+i)^{-2}+\cdots+A(1+i)^{-(n-1)}+A(1+i)^{-n}$$

根据等比数列前 n 项和公式，上式简化后为

$$P=A\cdot\frac{1-(1+i)^{-n}}{i}=A\cdot(P/A,i,n)$$

式中：$\frac{1-(1+i)^{-n}}{i}$ 称为普通年金现值系数，记作$(P/A, i, n)$，可以直接查阅“年金现值系数表”(见附表四)获得。

上式中，如果已知现值 P，求年金 A，即为年资本回收额，是指在一定的年限内等额回收初始投资成本或清偿所欠债务的价值指标。

【任务演练 2-6】某企业租入一台设备，每年年末需要支付租金 100 万元，年折现率为 10%，5 年内应支付的租金总额的现值是多少？

【解析】查年金现值系数表，$(P/A,10\%,5)=3.790\ 8$，$P=100\times(P/A,10\%,5)=100\times3.790\ 8=379.08$ 万元。即 5 年内支付租金总额的现值为 379.08 万元。

【思考 2-4】某企业计划投资某项目，该项目需投入资金 1 000 万元，项目寿命为 8 年，若投资报酬率为 8%，要想在 8 年内全部收回投资，每年年末应收回的金额为多少？

【解析】查年金现值系数表，$(P/A,8\%,8)=5.746\ 6$，则 $P=A\cdot(P/A,8\%,8)=1\ 000$，则 $A=1\ 000\div(P/A,8\%,8)=1\ 000\div5.746\ 6=174.015\ 9$(万元)。即每年年末应收回 174.015 9 万元。

2. 预付年金终值和现值的计算

预付年金又称先付年金，是指发生在每期期初的等额收付款项。与普通年金的区别仅在于付款时间的不同，它是在每期期初收付款项。预付年金的计算有终值和现值两种。

1)　预付年金终值的计算

预付年金终值是指一定时期内每期期初等额收付款项的复利终值之和。

在一定的期限内，预付年金与普通年金的付款次数相同，但由于付款时间不同，预付年金终值比普通年金终值多计算一期利息。因此，在普通年金终值基础上乘以$(1+i)$即为预付年金终值。其计算公式为

$$F=A\cdot(F/A,i,n)\cdot(1+i)$$

【任务演练 2-7】某人计划每年年初在银行存入 10 000 元，连续存入 5 年，假设银行存款利率为 3%，则第 5 年年末一次取得的本息总额是多少？

【解析】查普通年金终值系数表，$(F/A,3\%,5)=5.309\ 1$，则 $F=A\times(F/A,i,n)\times(1+i)=A\times(F/A,3\%,5)\times(1+3\%)=10\ 000\times5.309\ 1\times(1+3\%)=54\ 683.73$(元)。即第 5 年年末一次取得本息额为 54 683.73 万元。

2)　预付年金现值的计算

预付年金现值是指一定时期内每期期初等额收付款项的复利现值之和。

在一定期限内，由于预付年金现值与普通年金现值期限相同，但其收付款时间不同，预付年金现值比普通年金现值少贴现一期。因此，在普通年金现值基础上乘以$(1+i)$，便可求出预付年金现值。其计算公式为

$$P=A\cdot(P/A,i,n)\cdot(1+i)$$

【任务演练 2-8】某公司租用设备一台，每年年初支付租金 5 万元，租期为 6 年，假设年利率为 3%，该公司相当于现在一次性支付多少现金？

【解析】查普通年金现值系数表，$(P/A,3\%,6)=5.417\ 2$，则 $P=A\times(P/A,i,n)\times(1+i)=5\times(P/A,3\%,6)\times(1+3\%)=5\times5.417\ 2\times(1+3\%)=27.898\ 6$(万元)。

3. 递延年金终值和现值的计算

递延年金是普通年金的特殊形式，是指第一次收付款发生的时间不在第一期末，而是间隔若干期后才发生的系列等额收付款项。

如果用 m 表示递延期数，n 为年金期数，i 为利率，则递延年金的形式如图 2-3 所示。

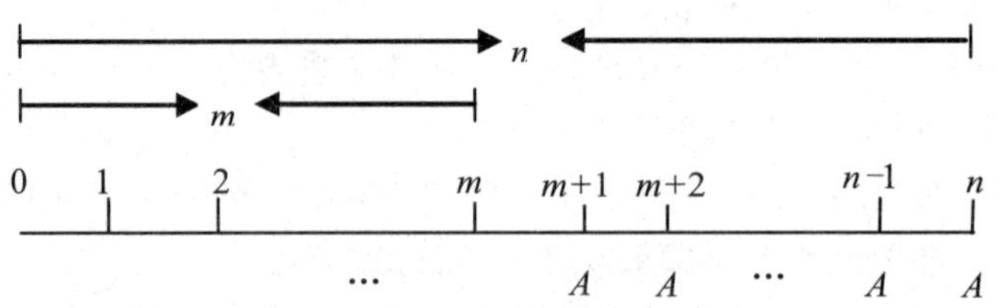

图 2-3　递延年金示意图

从图 2-3 中可见，前 m 期没有收付款发生，为递延期数，而后面 $n-m$ 期为每期末发生收入或支出等额款项的年金项数。

1)　递延年金终值的计算

由图 2-3 可知，递延年金的终值大小与递延期无关，故计算方法和普通年金终值相同。其计算公式为

$$F = A \cdot (F/A, i, n-m)$$

2)　递延年金现值的计算

递延年金现值的计算有两种方法。

方法一，先计算出全部 n 期的后付年金现值，然后减去前 m 期的后付年金现值。其计算公式为

$$P = A \cdot (P/A, i, n) - A \cdot (P/A, i, m)$$

方法二：先将递延年金视为 $n-m$ 期的普通年金，按普通年金现值法求出在第 $n-m$ 期期初(第 m 期期末)时的现值，然后按复利折现到第一期期初的现值。其计算公式为

$$P = A \cdot (P/A, i, n-m) \cdot (P/F, i, m)$$

【任务演练 2-9】某公司融资租赁一台设备，协议中约定从第 4 年年末开始，连续 6 年每年年末支付租金 5 600 元，若年利率为 10%，则相当于现在一次性支付的金额是多少？

【解析】$P = 5\,600 \times [(P/A, 10\%, 9) - (P/A, 10\%, 3)]$

$= 5\,600 \times (5.759 - 2.486\,9) = 18\,324$(元)

或　$P = 5\,600 \times (P/A, 10\%, 9-3)(P/F, 10\%, 3)$

$= 5\,600 \times 4.355\,3 \times 0.751\,3 = 18\,324$(元)

4. 永续年金现值的计算

永续年金是指无限期等额收付的特种年金。永续年金无终止时间，故无终值。例如，公司发行的优先股，有固定的股利而无到期日，其股利可视为永续年金。永续年金现值的计算公式也是通过普通年金现值的计算推导的。

普通年金现值公式：$P = A \cdot \dfrac{1-(1+i)^{-n}}{i}$，当 $n \to \infty$ 时，分子趋于 1，可推导出永续年金现值的计算公式为：$P = A/i$。

【任务演练 2-10】某高校计划建立一项永久性奖学金，每年计划颁发 10 000 万元奖金，若利息率为 5%，则现在应当存入多少钱？

【解析】$P=A/i=10\ 000\div5\%=200\ 000$(元)

【任务训练】

(1) A 企业计划投资一项目，该项目需投入资金 850 万元，项目寿命为 10 年，若投资报酬率为 7%，要想在 10 年内全部收回投资，每年年末应收回的金额为多少？

(2) B 公司租用机器设备一台，每年年初支付租金 4 万元，租期为 5 年，假设年利率为 5%，该公司相当于现在一次性支付多少现金？

(3) F 公司融资租赁一台机器设备，协议中规定，从第 3 年年末开始，连续 5 年每年年末支付租金 6 500 元，若年利率为 8%，则相当于现在一次性支付的金额是多少？

任务二　风险的含义、分类及风险价值的计算

一、风险的含义

风险是指对企业目标产生负面影响的事件发生的可能性。从财务管理的角度来说，风险也就是企业在各项财务活动过程中，由于各种难以预料或者无法控制的因素作用，使企业的实际收益与预计收益发生的背离，从而蒙受经济损失的可能性。例如，企业开发一种新产品，如果销路好，则可能盈利，如果销路不好，则可能亏损，这种投资结果的不确定性，即为风险。

二、风险的分类及风险与收益的关系

(一)风险的分类

从个别投资主体的角度来看，风险分为企业特有风险和市场风险两类。

1. 企业特有风险

企业特有风险是指只影响个别企业的一些因素，它是由某个企业的特有事件造成的，如工人罢工、新产品开发失败、管理不善等。这类风险可以通过多元化投资组合来分散或消除，因此又称为可分散风险或非系统风险。

企业特有风险又分为经营风险和财务风险。

1) 经营风险

经营风险是指因生产经营方面的原因给企业盈利带来的不确定性。例如，原材料价格变动、市场份额变化、生产成本变化等，使得企业的收益变得不确定。经营风险是不可避免的。

2) 财务风险

财务风险是指由于举债而给企业财务成果带来的不确定性。如借款过多可能到期无法偿还的风险。财务风险是可避免的，如果企业不举债，则企业就没有财务风险。

2. 市场风险

市场风险是指那些影响整个市场的风险因素的风险，如战争、通货膨胀、经济衰退、

税收政策等。市场风险对任何企业来说都是不可避免的，这类风险不能通过多元化投资组合来分散或消除，因此市场风险也称为不可分散风险或系统风险。

(二)风险与收益的关系

风险是现代企业财务管理环境的一个重要特征，在企业财务管理的每个环节都不可避免地要面对风险。一般来说，未来事件的持续时间越长，涉及的未知因素越多或人们对其把握越小，则风险程度就越大。冒风险就要得到额外的收益，否则就不值得去冒险。风险和收益的关系十分密切，要取得收益就会有风险；想要的收益越高，风险就越大。

三、风险价值的计算

子任务一　风险的衡量

风险是不可避免的，正视风险并将风险程度予以量化，进行较为准确的衡量，是企业财务管理中的一项重要工作。风险与概率直接相关，并由此与期望值、标准差、标准离差率等发生联系，对风险进行衡量时应着重考虑这几个方面的因素。通常按以下步骤衡量风险。

1. 确定概率分布

在现实生活中，某一事件在完全相同的条件下可能发生也可能不发生，既可能出现这种结果又可能出现那种结果，我们称这类事件为随机事件。概率就是用百分数或小数来表示随机事件发生可能性及出现某种结果可能性大小的数值。通常，把必然发生的事件的概率定为1，把不可能发生的事件的概率定为0，而一般随机事件的概率是介于0与1之间的一个数。概率越大，表示该事件发生的可能性越大。通常用 P_i 表示出现第 i 种结果的相应概率。概率分布必须满足以下两个条件。

(1) 所有的概率都在0与1之间，即 $0 \leqslant P_i \leqslant 1$；

(2) 所有概率之和应等于1，即 $\sum_{i=1}^{n} P_i = 1$。

2. 确定期望收益

期望收益是某一方案各种可能的收益，以其相应的概率为权数进行加权平均所得到的数值，也称预期收益，它是反映随机变量取值的平均化。一般用 K 表示，其计算公式如下。

$$\overline{K} = \sum_{i=1}^{n} P_i K_i$$

式中：K 为预期收益期望值；P_i 为第 i 种可能结果的概率；K_i 为第 i 种可能结果的收益；n 为可能结果的个数。

【任务演练 2-11】 A公司现有甲、乙两个投资方案，经预测，两个方案可能实现的投资收益及概率分布如表2-1所示。试计算两个方案的期望值。

表 2-1 甲、乙两个投资方案情况一览表

经济情况	甲方案投资收益/万元	概率/%	乙方案投资收益/万元	概率/%
繁荣	1 000	0.25	900	0.30
正常	800	0.50	800	0.50
衰退	600	0.25	700	0.20

【解析】$K_{甲}=1\ 000\times0.25+800\times0.5+600\times0.25=800$(万元)

$K_{乙}=900\times0.3+800\times0.5+700\times0.2=810$(万元)

3. 确定标准差

标准差也叫均方差，是反映各种概率下的报酬偏离期望值的综合差异，是反映离散程度的一种量度，通常以符号σ表示。标准差的计算公式为

$$\sigma=\sqrt{\sum_{i=1}^{n}(K_i-\bar{K})^2\cdot P_i}$$

【任务演练 2-12】承任务演练 2-11，试计算甲、乙两个方案的标准差。

【解析】$\sigma_{甲}=\sqrt{(1\ 000-800)^2\times0.25+(800-800)^2\times0.5+(600-800)^2\times0.25}=141.42$

$\sigma_{乙}=\sqrt{(900-810)^2\times0.3+(800-810)^2\times0.5+(700-810)^2\times0.2}=70$

【思考 2-5】标准差与风险有什么关系？

【解析】标准差反映不同概率下报酬或报酬率偏离期望值的程度；标准差越大，表明离散程度越大，风险越大；标准差越小，表明离散程度越小，风险也就越小。

值得注意的是，标准差的大小会因期望值的不同而发生变化，只能用于期望值相同时不同方案的决策。如果各方案期望值不同，标准差指标就失去了可比基础。为克服这一缺陷，当各方案期望值不同时，通过计算各方案标准离差率来进行比较。

4. 确定标准离差率

标准离差率是标准差与期望值的比值，用于期望值不同的各投资项目风险程度的评价，通常用符号V表示。其计算公式为

$$V=\frac{\sigma}{\bar{K}}\times100\%$$

标准离差率越大，表明离散程度越大，风险越大；反之，标准离差率越小，风险越小。无论备选方案期望收益是否相同，均可采用标准离差率来衡量风险，进行决策。

【任务演练 2-13】承任务演练 2-12，试计算甲、乙两个方案的标准离差率。

【解析】$V_{甲}=141.42\div800=17.68\%$

$V_{乙}=70\div810\times100\%=8.64\%$

可见方案甲的风险大于方案乙。

【思考 2-6】如何运用标准差与标准离差率对投资方案进行选择？

【解析】对于单个方案，如果期望值相同，可以根据标准差进行比较，同时设定可接受的标准差最高限值，低于最高限值的可以考虑选择。如果期望值不同，通过标准离差率

进行比较。对于多方案择优，一般准则应是选择高收益低风险的方案，即选择标准差最低、期望值最高的方案。但是，高收益往往伴随着高风险，低收益方案的风险程度往往也较低。因此，对于投资方案选择，不仅要权衡期望值与风险，而且要根据决策者对待风险的态度而定。喜欢冒险的人可能选择高风险高收益的方案，谨慎的人可能选择低风险低收益的方案。

子任务二　风险报酬的计算

1. 风险报酬的含义

企业进行投资活动会取得一定的投资报酬。一般而言，投资报酬包括两部分：一是资金的时间价值；二是风险价值。其中资金的时间价值前已述及，它是在没有风险和通货膨胀条件下的社会平均利润率；而投资风险价值则是指由于冒风险进行投资而获得的额外报酬，又称为投资风险收益或投资风险报酬。

投资的风险报酬有两种表示方式：一种是绝对数，即风险报酬额，是指由于因冒风险进行投资而获得的超过时间价值的额外报酬；另一种是相对数，即风险报酬率，是指额外报酬占原投资额的百分比。通常用风险报酬率来表示风险报酬。

2. 风险报酬的计量

标准离差率仅反映一个投资项目的风险程度，并未反映真正的风险报酬，要将其换算为风险报酬率，通常用 R_r 来表示，但必须借助于一个转换系数——风险价值系数(b)。风险报酬率的计算公式为

$$R_r=b\cdot V$$

式中：R_r 为风险报酬率；b 为风险价值系数；V 为标准离差率。

可见，事先不确定风险价值系数就无法将标准离差率转化为风险报酬率。风险价值系数的确定可采用统计回归方法对历史数据进行分析并得出估计值，也可结合管理人员的经验分析判断而得出。

风险价值系数(b)取决于投资者对风险的偏好。对风险的态度越是回避，要求的补偿也就越高，因而要求的风险报酬就越高，所以风险价值系数(b)的值也就越大；反之，如果对风险的容忍程度越高，则说明风险承受能力越强，那么要求的风险补偿也就没那么高，所以风险价值系数(b)的取值就会越小。

3. 投资报酬率的计量

投资报酬率由无风险报酬率和风险报酬率组成，其中无风险报酬率(通常用 R_f 表示)是纯粹利率与通货膨胀补偿率之和。通常，把国家发行的公债或国库券的利率称为无风险报酬率。

【任务训练】

乙公司有 A、B 两个投资项目，计划投资均为 1 000 万元，其收益及概率分布情况如表 2-2 所示。

表 2-2　A、B 两个投资项目情况一览表

经济情况	概　率	A 项目投资收益	B 项目投资收益
好	0.20	400	600
一般	0.60	200	200
差	0.20	100	-100

要求：

(1) 分别计算 A、B 两个项目的期望值。

(2) 分别计算 A、B 两个项目期望值的标准差。

(3) 判断 A、B 两个投资项目的优劣。

项目知识检测

一、单项选择题

1. 从财务角度来看，风险主要是指(　　)。

A. 生产经营风险　　B. 不可分散的市场风险

C. 国家政策变动　　D. 实际收益与预计收益发生的背离

2. 将未来某一时点上的一定量资金折算到现在的价值，称为(　　)。

A. 终值　　B. 年金　　C. 现值　　D. 预付年金

3. 发生在每期期末的等额收付款项，称为(　　)。

A. 终值　　B. 年金　　C. 现值　　D. 预付年金

4. 某企业 5 年后可获得一笔资金 1 000 万元，如果按 8%的复利计息，相当于现在获得资金(　　)万元。

A. 1 469.3　　B. 680.6　　C. 676.8　　D. 3 992.7

5. 若以 10%的年利率借得 10 000 元，投资于某个寿命 10 年的项目，每年至少收回(　　)元现金，该项目才有利可图。

A. 627.47　　B. 385.5　　C. 614.5　　D. 162.74

6. 某企业为满足今后 3 年每年年末投资 5 万元的需要，若年利率为 10%，现在应存入银行(　　)万元。

A. 6.66　　B. 3.76　　C. 16.55　　D. 12.43

7. 某企业拟在 5 年后购置 10 000 元的设备，若银行利率为 10%，则企业现在应存入(　　)元。

A. 16 105　　B. 6 209　　C. 1 638　　D. 2 638

8. 在年金现值已知的情况下，直接计算年金所利用的系数是(　　)。

A. 复利现值系数　　B. 复利终值系数

C. 年金终值系数　　D. 年金现值系数

9. 一定时间内每期期初等额收付款项是(　　)。

A. 永续年金　　B. 普通年金
C. 预付年金　　D. 递延年金

10. 甲方案的标准差为1.56，乙方案的标准差为1.06，如果两个方案的期望值不相等，则它们的风险关系是(　　)。

A. 甲大于乙　　B. 乙大于甲
C. 无法判断　　D. 甲等于乙

二、多项选择题

1. 资金时间价值通常是指(　　)条件下的社会平均资金利润率。

A. 无风险　　B. 市场风险
C. 无通货膨胀　　D. 经营风险

2. 下列通常表现为年金形式的有(　　)。

A. 保险费　B. 折旧　C. 分期付款　D. 零存整取定期存款

3. 下列可使用普通年金终值系数表的有(　　)。

A. 已知现值求终值　　B. 已知终值求年金
C. 已知现值求年金　　D. 已知年金求终值

4. 下列说法中，正确的有(　　)。

A. 标准差越大，风险越大　　B. 标准差越小，风险越大
C. 标准离差率越小，风险越小　　D. 标准离差率越大，风险越大

5. 用于衡量风险大小的指标有(　　)。

A. 期望值　B. 概率分布　C. 标准差　D. 标准离差率

6. 如果不考虑通货膨胀因素，投资者进行风险投资所要求或期望的投资报酬率便是(　　)之和。

A. 资金时间价值　　B. 风险报酬率
C. 利润　　D. 通货膨胀率

7. 投资报酬率的构成要素有(　　)。

A. 资金的时间价值　　B. 风险价值系数
C. 通货膨胀率　　D. 风险程度

8. 下列年金中，可计算终值与现值的有(　　)。

A. 普通年金　　B. 预付年金
C. 永续年金　　D. 递延年金

9. 下列关于递延年金的说法正确的有(　　)。

A. 第一期没有收付额　　B. 其终值大小与递延期长短有关
C. 计算终值的方法与普通年金相同　　D. 计算现值的方法与普通年金不同

10. 下列关于风险衡量的说法中，正确的有(　　)。

A. 期望值相等的多个方案，标准差越小，风险越小
B. 无论期望值是否相同，多个方案比较时，选择标准差小的方案
C. 当风险报酬率大于预测风险收益率时，说明方案可行
D. 当风险报酬率小于预测风险收益率时，说明方案可行

三、判断题

1. 在利率和计息期数相同的条件下，复利现值系数与复利终值系数互为倒数。 (　　)
2. 在现值和利率一定的条件下，计息期数越多，则复利终值越小。 (　　)
3. 计算偿债基金系数，可根据年金现值系数的倒数确定。 (　　)
4. 资金时间价值的计算与利息计算相同，因此资金时间价值就是利率。 (　　)
5. 通常把国家发行的公债或国库券的利率称为无风险报酬率。 (　　)
6. 随着折现率的提高，未来某一款项的现值将逐渐增加。 (　　)
7. 现值和终值是一定量货币资本在前后两个不同时点上对应的价值，其差额即为货币的时间价值。 (　　)
8. 在现值和利率一定的情况下，计息的基数越少，则复利终值越大。 (　　)
9. 概率必须符合两个条件：一是所有的概率值都不大于 1，二是所有结果的概率之和应等于 1。 (　　)
10. 对于多个投资方案而言，无论各方案的期望值是否相同，标准离差率最大的方案一定是风险最大的方案。 (　　)

四、实务操作题

1. 甲企业年初投资 100 万元生产一种新产品，预计每年年末可取得 10 万元的净收益，投资年限为 8 年，年利率为 5%。试计算：

(1) 该投资项目年收益的现值和终值；

(2) 年初投资额的终值。

2. 甲企业 2012 年年初投资一项目，预计从 2014—2019 年每年年末可获得净收益 10 万元，年利率为 10%。试计算该投资项目年净收益的终值和现值。

3. 李某购商品房，首付 10 万元，余款有两种方式可供选择：一是每年年末支付 2 万元，连续支付 10 年；二是 10 年后一次性支付 30 万元。若年利率为 10%，李某选择哪种付款方式更为有利？

4. 乙公司在今后 5 年中每年年末投资 10 万元，若年利率为 10%，为满足今后 5 年每年年末投资资金的需要，现在应向银行一次性存入多少资金？

5. 张某为留存其女儿四年大学期间的学费，提前一年在银行存款 3 万元。若年利率为 8%，试计算：大学四年期间，张某每年年初可从银行等额支取的款项。

6. 王某欲在某大学建立一项永久性的奖学基金，计划每年从银行提取 10 万元作为奖学金，若年利率为 10%，则现在王某应向银行存入的款额为多少？

7. 北方公司拟开发两种新产品：一是开发纯净水(以 A 表示)，二是开发消渴啤酒(以 B 表示)。有关市场预测资料如表 2-3 所示。

要求：

(1) 对两产品开发方案的收益与风险予以计量；

(2) 进行方案评价。

8. A 公司有甲、乙两个投资项目，计划投资额均为 1 000 万元，其收益率及概率分布如表 2-4 所示。

表 2-3　两种新产品市场预测情况一览表

单位：万元

市场情况	预计开发纯净水年利润	概　率	预计开发消渴啤酒年利润	概　率
好	300	0.60	360	0.50
一般	120	0.20	170	0.20
差	−20	0.20	−50	0.30

表 2-4　甲、乙两个投资项目市场预测情况一览表

市场情况	概　率	甲项目收益率/%	乙项目收益率/%
好	0.2	20	30
一般	0.6	10	10
差	0.2	5	−10

要求：

(1) 分别计算甲、乙两个项目收益率的期望值；

(2) 分别计算甲、乙两个项目收益率的标准差；

(3) 比较甲、乙两个投资项目风险的大小；

(4) 如果无风险收益率为 5%，甲项目的风险价值系数为 10%，请计算甲项目投资的风险收益率。

五、任务训练

承接本项目的案例导入，请结合本项任务进行相关计算，选出适合的付款方式，并说明理由。

(扫一扫，获取相关微课视频)

复利　　普通年金终值与偿债基金

普通年金现值

预付年金　　递延年金　　永续年金

项目三

筹集资金的管理

【能力目标】

- ◆ 正确计算个别资金成本、综合资金成本。
- ◆ 正确计算经营杠杆、财务杠杆和复合杠杆。
- ◆ 正确进行筹资决策。

【知识目标】

- ◆ 掌握权益资金和负债资金筹集的方法和优缺点。
- ◆ 掌握资金成本的概念和个别资金成本的计算及其综合资金成本的概念和计算方法。
- ◆ 掌握经营杠杆、财务杠杆和复合杠杆的内涵和计算。
- ◆ 掌握最佳资本结构的确定方法。
- ◆ 了解筹资的方式与渠道。

案例导入

某股份制企业A共有普通股400万股，每股10元，没有负债。由于产品市场行情看好，准备扩大经营规模，经过该公司董事会研究，商定了三个筹资方案。

方案一：发行股票600万股，每股10元，共6 000万元。

方案二：发行股票300万股，债券3 000万元，债券利率为8%。

方案三：发行债券6 000万元。

思考：

(1) 你认为哪个方案更好？选择筹资方案应考虑哪些因素？

(2) 企业筹资的方法有哪些？

任务导图

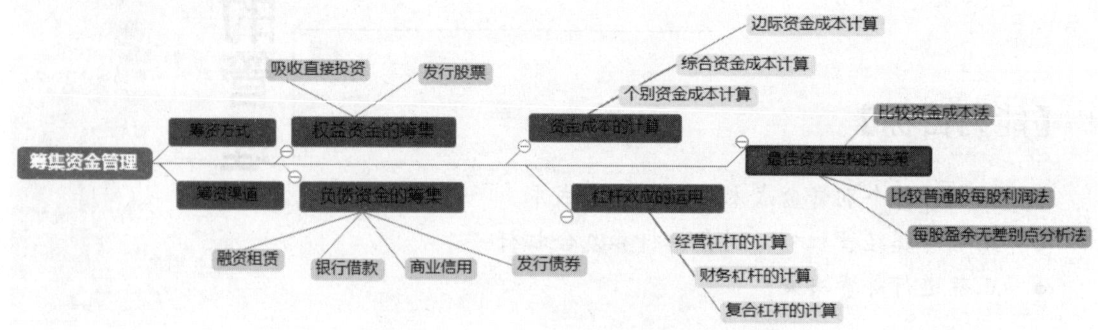

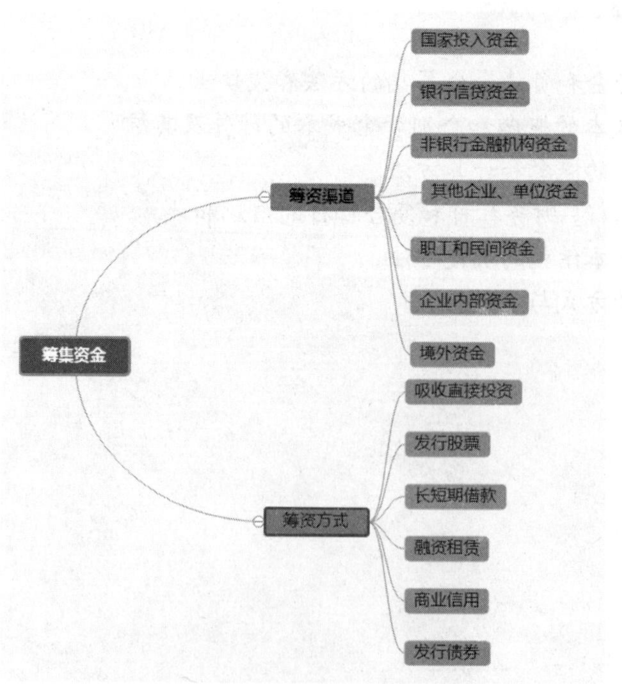

理论认知

任务一　筹资概述

一、筹资目的

筹资是指企业根据其生产经营、对外投资及调整资本结构等活动对资金的需要，选择适当的方式，取得所需要的资金的行为。

资金是企业生存与发展的“血液”。筹集资金是企业财务管理的起点。做好企业筹资管理，不仅可降低资金成本、保障企业正常运营，而且还能降低企业财务风险，提高企业经济效益。

企业筹资的基本目的是满足其生存和发展的需要。具体来说，其目的包括以下三个方面。

(一)满足生产经营的需要

企业是以营利为目的的经济实体，企业只有通过生产经营才能盈利，而拥有一定数量的资金是维持企业正常生产经营的重要前提和必要保障。为满足生产经营的需要而进行的筹资，是企业筹资的最基本的动机。

(二)偿债的需要

负债运营是现代企业的明显特征之一。适度的负债规模可以降低企业资金成本，增加企业利润空间；但同时，也增加了企业财务风险。为避免财务危机甚至破产的风险，企业被迫举债还债。

(三)调整资本结构的目的

资本结构主要是指权益资本与借入资本之间的比例关系。资本结构的调整，涉及筹资风险与资金成本的调整，是企业筹资决策的主要内容。企业为降低资金成本，优化资本结构，可以适当增加负债。

二、筹资要求

(一)合理确定资金需要量

企业筹集的资金是有偿的，资金的筹集并非越多越好，应当适度。因此，企业筹资时，必须预先合理确定资金的需要量，以需定筹。

(二)及时取得资金

资金具有时间价值，同等的资金，在不同时点上具有不同的价值。企业筹集资金应当根据资金投放使用时间来合理安排，做到筹资和用资在时间上衔接。既要避免资金过早到位造成闲置，又要避免资金滞后影响企业生产经营的正常运行。

(三)慎重选择筹资渠道

不同资金来源的资金成本不同，取得资金的难易度也不同。企业在筹集资金时，一方面要遵守国家的有关法规，选择合法的筹资渠道；另一方面，要注意筹资成本，力求选择有利的筹资渠道，降低资金成本，提高筹资效益。

(四)优化资本结构

企业负债过多，会增加以后偿债压力，提高财务风险；负债过低，会错失“借鸡生蛋”的良机。因此，在筹资过程中，应当合理安排借入资金的比例，力求选择最佳的资本结构。

三、筹资渠道与方式

(一)筹资渠道

筹资渠道是指企业取得资金的来源。目前，企业筹集资金主要有以下渠道。

1. 国家投入资金

国家投入资金即国家以财政拨款形式对企业投入的资金，是国有企业的主要资金来源。

2. 银行信贷资金

银行信贷资金即银行对企业的各种贷款。它包括商业性银行贷款和政策性银行贷款，是企业重要的资金来源。

3. 非银行金融机构资金

非银行金融机构资金即各种从事金融业务的非银行机构以各种方式向企业提供的资金，非银行金融机构如信托投资公司、租赁公司、保险公司等。

4. 其他企业、单位资金

其他企业、单位资金是指由于企业、单位之间的相互投资和商业信用的存在，使其他企业、单位的资金成为本企业资金的重要来源。

5. 职工和民间资金

职工和民间资金是指职工和城乡居民的闲置资金，可以对企业进行投资。

6. 企业内部资金

企业内部资金即企业在经营过程中形成的内部资金，如资本公积金、提取的盈余公积、计提折旧、未分配利润等形成的资金。

7. 境外资金

境外资金即我国境外投资者以及我国香港、澳门和台湾地区投资者投入的资金，是外商投资企业的重要资金来源。

(二)筹资方式

筹资方式是指企业取得资金的具体形式。企业筹资方式主要有吸收直接投资、发行股票、长短期借款、发行债券、融资租赁和商业信用等。

【思考 3-1】筹资渠道与筹资方式有什么关系？

【解析】筹资渠道反映资金的来源，属于客观范畴，即筹资渠道的多少企业无法左右，它与国家宏观政策等相关。筹资方式反映企业如何取得资金，即资金在企业的具体形式，属于主观范畴，可以由企业来选择。如企业可以通过吸收直接投资、发行股票或发行债券的方式取得来自职工和民间的闲散资金。二者之间的对应关系如表 3-1 所示。

表 3-1　筹资渠道与筹资方式的对应关系一览表

筹资方式 筹资渠道	吸收直接投资	发行股票	长短期借款	发行债券	融资租赁	商业信用
国家投入资金	√	√				
银行信贷资金			√			
非银行金融机构资金	√	√	√	√	√	
其他企业、单位资金	√	√		√		√
职工和民间资金	√	√		√		
企业内部资金	√	√				
境外资金	√	√	√	√	√	√

四、筹资的类型

企业从不同筹资渠道和用不同筹资方式筹集的资金，形成不同类型的筹资组合，按不同的标准，可以分为不同的类型。分类标准主要有以下两种。

(一)按资金使用期限的长短不同分类

按资金使用期限长短不同，可以将企业筹集的资金分为短期资金与长期资金两种。

短期资金是指使用期限在 1 年以内的资金。它主要通过短期借款、商业信用等方式筹集，其还款压力比长期资金大，财务风险较高。

长期资金是指使用期限在 1 年以上的资金。它主要用于厂房、设备更新等，通过发行股票、发行债券等方式来筹集。其资金成本高于短期资金，但可以长期被企业稳定地占用，对降低经营风险与短期财务风险有益。

(二)按资金的来源渠道不同分类

按照资金的来源渠道不同，可以将企业筹集的资金分为权益资金和负债资金。

权益资金也称自有资金，是企业依法筹集并长期拥有(如企业投资者投入)的资本、留存收益等。它主要通过发行股票、吸收直接投资、内部积累等方式筹集，一般不用还本，财务风险小，但资金成本较高。

负债资金又称借入资金，是企业依法筹集并依约使用、按期偿还的资金，通过举借银行借款、发行债券等方式筹集。相对于权益资金而言，其资金成本较低，但财务风险较高。

如果将权益资金和负债资金合理组合使用，既可降低成本，又可降低财务风险，取得最佳筹资效益。

任务二　资金筹集的分析

准确把握权益资金和负债资金筹集的方式及优缺点，能根据企业实际情况做出准确的判断和分析。

子任务一　权益资金的筹集分析

企业无论在设立时还是运营中，都必须拥有一定规模的权益资金。权益资金的筹资方式主要有吸收直接投资和发行股票等。

(一)吸收直接投资

吸收直接投资是指企业以合同、协议等形式直接吸收投资人的资金，形成企业自有资金的一种筹资方式。它是企业筹集自有资金的重要方式。吸收直接投资的核心是资本金制度，即国家对有关资本筹集、管理和核算以及所有者权利和义务等所做出的法律规范。

1. 吸收直接投资的渠道

企业吸收直接投资的渠道有以下几条。

(1) 吸收国家投资。即有权代表国家投资的政府部门或者机构以国有资产投入企业形成的国家资本金。

(2) 吸收法人投资。即企业以外的其他企业、事业单位以其可支配的资产投入企业形成的法人资本金。

(3) 吸收个人投资。即城乡居民或本企业内部职工以其个人合法财产投入企业形成的个人资本金。

(4) 吸收外商投资。即外国投资者或我国港澳台地区投资者的资金投入企业形成的外商资本金。

2. 吸收直接投资的方式

企业吸收直接投资的方式有以下几种。

(1) 现金投资。即直接吸收现金或银行存款的投资，是企业最乐于接受的一种方式。有了现金，企业便可获取其他物质资源。

(2) 实物投资。即以房屋、建筑物、设备等固定资产和原材料、商品等流动资产所进行的投资。实物投资应符合以下条件：①为企业生产、经营、科研等活动所需；②技术性能良好；③作价公平合理。实物作价方法应按国家有关规定执行。

(3) 工业产权投资。即以商标权、专利权、专有技术等无形资产所进行的投资。工业产权投资应符合以下条件：①有助于研究和开发新的高科技产品；②有助于生产适销对路的高科技产品；③有助于改进产品质量，提高生产效率；④有助于大幅度降低各种消耗；⑤作价比较合理。

由于工业产权具有时效性，风险较大，企业接受工业产权投资，应当特别谨慎。

(4) 土地使用权投资。即土地使用权人依法用土地使用权所进行的投资。土地使用权投资应符合以下条件：①符合企业生产、经营、科研等活动所需；②交通、地理条件适宜；③作价公平合理。

3. 吸收直接投资的程序

企业吸收直接投资的程序如图 3-1 所示。

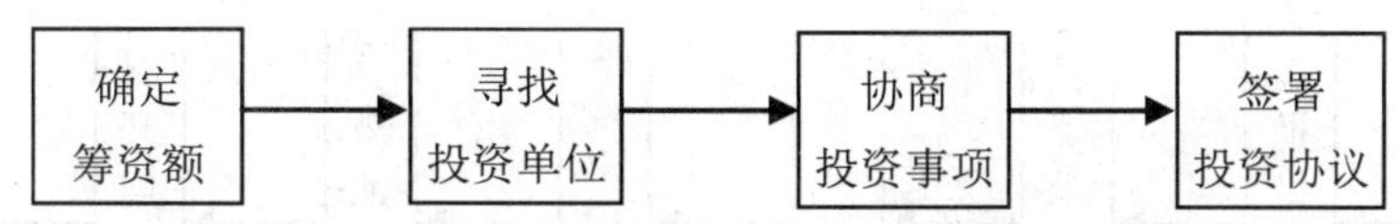

图 3-1　企业吸收直接投资程序示意图

【思考 3-2】吸收直接投资筹资有什么优缺点？

【解析】其优点有：一是壮大企业实力，有利于增强企业信誉；二是直接获取投资者的先进设备和先进技术，有利于尽快形成生产能力；三是根据企业经营状况决定是否向投资者支付报酬，不存在还本付息的压力，有利于降低财务风险；四是有助于企业之间强强联合，优势互补。

其缺点有：一是向投资者支付的报酬较高，造成资金成本较高；二是投资者拥有经营权，容易分散企业控制权；三是吸收直接投资的筹资范围较小，而且不便于转让。

(二)发行普通股票

1. 股票的分类

(1)　按股东权利和义务的不同，股票可以分为普通股股票(简称普通股)和优先股股票(简称优先股)。普通股是股份公司依法发行的具有管理权、股利不固定的股票。优先股是股份公司依法发行的具有一定优先权的股票。这种优先权体现在股利分配和分取剩余财产权利上。

(2)　按股票票面是否记名，股票可以分为记名股票和无记名股票。记名股票是在股票上载有股东的姓名或名称并将其记入公司股东名册的一种股票。记名股票的转让、继承必须办理过户手续。无记名股票是指在股票上不记载股东的姓名或名称的股票。凡持有无记名股票者，都可成为公司股东。无记名股票的转让、继承无须办理过户手续，交付即发生效力。

(3)　按发行对象和上市地区不同，股票可以分为 A 股、B 股、H 股和 N 股等。在我国内地上市交易的股票主要有 A 股和 B 股。A 股是以人民币标明票面金额并以人民币认购和交易的股票。B 股是以人民币标明票面金额并以外币认购和交易的股票。H 股是指在中国香港上市的股票，N 股是指在纽约上市的股票。

2. 股票的发行

股票的发行实行公开、公平、公正的原则，必须同股同权、同股同利。同次发行的股票，每股的发行条件和价格应当相同。任何单位或者个人所认购的股份，每股应当支付相同的金额。

股票发行价格可以按票面金额，也可以超过票面金额，但不得低于票面金额。以超过票面金额为股票发行价格的，须经国务院证券管理部门批准。以超过票面金额发行股票所得溢价款列入公司资本公积金。

3. 股票的发行程序

我国对公开发行股票有严格的法律规定程序。其基本程序如图 3-2 所示。

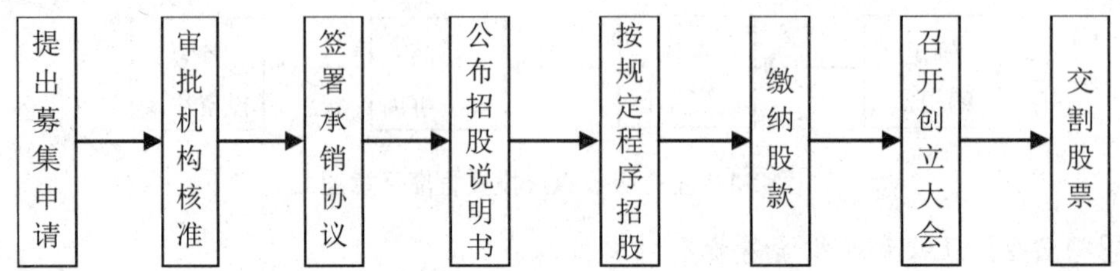

图 3-2 股票发行程序示意图

【思考 3-3】普通股票筹资有什么优缺点?

【解析】其优点有：普通股没有固定的利率负担，筹措的资本具有永久性，无须还本付息，能减少股份公司的风险；普通股筹资能增加公司自有资金比重，增加公司信誉度；发行普通股筹措的资金使用的限制较少，能增强公司经营的灵活性。

其缺点有：普通股股利须从税后利润中开支，不能税前支付，没有抵税作用，因而资金成本高；新股东的增加，还会分散和削弱公司的控制权。

(三)发行优先股

优先股既具有普通股的某些特征，又与债券有相似之处。优先股的股利率是固定的，其股利分配在普通股之前，股东拥有优先分配权。当企业清算时，优先股的剩余财产请求权位于债权人之后，但位于普通股之前，即所谓的优先分配剩余财产权。具有优先分配权和优先分配剩余财产权。

【思考 3-4】优先股筹资有什么优缺点?

【解析】其优点有：没有固定的到期日，不用偿还本金，财务风险小；股利支付率虽然固定，但无约定性。当公司财务状况不佳时，也可暂不支付；可以增加公司的信誉。

其缺点有：资金成本高；优先股与普通股相比，限制条款多；股息固定支付，负担较重。

(四)留存收益筹资

留存收益是指企业的盈余公积、未分配利润等。实质上是投资者对企业的再投资，没有筹资活动和筹资费用，但受企业盈利多少和企业分配政策的影响。

子任务二 负债资金的筹集分析

负债筹资方式主要包括银行借款、发行债券、商业信用和融资租赁等方式。

(一)银行借款

银行借款是企业为解决资金需要而向银行等金融机构借入的款项，是目前企业筹集资金的主要方式。

1. 银行借款的种类

(1) 按借款期限长短不同，银行借款可以分为短期借款和长期借款。短期借款是企业向银行等金融机构借入的，期限在 1 年以内(含 1 年)的借款。长期借款是指借款期限在 1 年以上的借款。

(2) 按借款有无担保，银行借款可以分为信用借款和担保借款。信用借款是指以借款人的信誉为依据而获得的借款，企业取得这种借款，无须以财产作抵押。担保借款是指以一定的财产作抵押或以一定的保证人作担保为条件所取得的借款。

(3) 按借款用途不同，银行借款可以分为基本建设借款、专项借款和流动资金借款。基本建设借款是指企业为新建、改建、扩建等基本建设项目需要而借入的款项。专项借款是指企业为专门用途而向银行申请借入的款项，如科研开发、大修理借款等。流动资金借款是指企业为满足流动资金的需求而向银行申请借入的款项，如生产周转借款、结算借款等。

2. 银行借款的程序

银行借款的基本程序如图 3-3 所示。

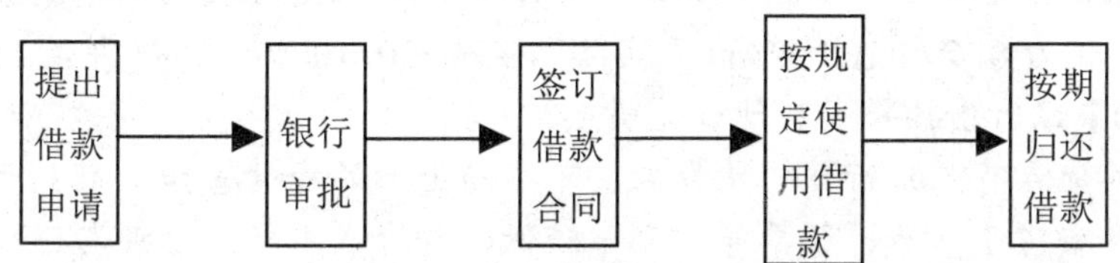

图 3-3　银行借款的基本程序示意图

3. 银行借款的信用条件

银行借款的信用条件有以下三种。

(1) 信用额度。信用额度是借款企业与银行在协议中规定的借款最高限额。在信用额度内，企业可以随时按需要向银行借款。信用额度的有效期限通常为一年，但也可以延期一年。

(2) 周转信用协议。周转信用协议是金融机构与企业签订的一种正式的最高限额的借款协议。在协议有效期内，只要企业的借款总额未超过协议规定的最高限额，金融机构必须满足企业提出的借款要求，对周转信用协议承担法律义务，而借款企业必须就借款限额未使用部分向金融机构支付承诺费。

【任务演练 3-1】某企业与银行商定的周转信用协议额度为 200 万元，承诺费率为 2%，该企业本年度内实际借款额为 160 万元。该企业应向银行支付多少承诺费用？

【解析】应支付的承诺费=(200−160)×2%=0.8(万元)

(3) 补偿性余额。补偿性余额是银行要求借款企业在银行中保留一定数额的存款余额，约为借款的 10%～20%，其目的是降低银行贷款风险，但它提高了借款的实际利率，加重了借款企业的利息负担。

【任务演练 3-2】某企业按年利率 6%向银行贷款 100 万元，银行要求企业保留 15%的补偿性余额。试计算企业实际可动用的借款额及借款的实际利率。

【解析】企业实际可动用的借款额=100−100×15%=85(万元)

企业实际借款利率=100×6%÷85=7.06%

4. 银行借款利息的支付方式

(1) 收款法。又称利随本清法，即借款利息在借款到期时一次性支付。采用这种方法支付利息，借款的名义利率(约定利率)与实际利率相符。

(2) 贴现法。采用该法时，银行在向企业发放贷款时，预先从本金中扣除借款利息，将剩余部分发放给企业，而到期时，借款企业则须偿还全部本金。这种利息支付方式，可以减少银行贷款的风险，但企业借款的实际利率高于名义利率。

(3) 加息法。即企业分期偿还贷款，银行仍按照贷款总额和名义利率计算利息。采用该方法时，实际利率是名义利率的两倍。

【任务演练 3-3】某企业按年利率 6%向银行贷款 100 万元，借款期限为 1 年。试分别用上述三种利息支付方式计算应支付的利息。

【解析】采用收款法时，企业实际利率=100×6%÷100=6%

采用贴现法时，企业实际利率=100×6%÷(100−100×6%)=6.38%

采用加息法时，若企业分月平均归还借款本息，企业实际使用的借款额只有 50 万元(100÷2)，但年息仍为 6 万元(100×6%)，则实际利率=6÷50×100%=12%，即是名义利率的 2 倍。

【思考 3-5】银行借款筹资有什么优缺点?

【解析】其优点有：银行作为债权人，不参与企业的经营管理，有利于保障企业的控制权；借款利率相对于债券、股票等，利率较低，筹资成本低；企业与银行直接洽谈借款事宜，协商借款条款，灵活性强；借款利息费用固定，具有财务杠杆作用。

其缺点有：银行借款金额有限，筹资数量受限；银行为降低贷款风险，往往对企业提出许多不利的限制性条款；定期付息，到期还本，企业财务压力和财务风险较大。

(二)发行债券

债券是指企业依照法定程序发行、约定在一定期限还本付息的有价证券。

1. 债券的种类

债券常用分类方式有以下两种。

(1) 按债券是否记名，可以分为记名债券和无记名债券。记名债券是指在债券上记载债权人姓名或名称的债券。无记名债券是指在债券上不记载债权人姓名或名称的债券。记名债券转让时，转让人须在债券上背书；无记名债券转让时，交付债券即发生转让的法律效力。

(2) 按债券是否可转换为股票，可以分为可转换债券与不可转换债券。可转换债券是指可以转换成公司股票的债券。可转换债券在发行时规定了转换为公司股票的条件与办法，当条件具备时，债券持有人拥有将公司债券转换为公司股票的选择权。不可转换债券是指不能转换为公司股票的债券。凡在发行时未作转换约定的，均为不可转换公司债券。

2. 债券的发行条件

我国《公司法》规定，公开发行公司债券的，应当符合下列条件。

(1) 股份有限公司的净资产不低于人民币 3 000 万元，有限责任公司的净资产不低于人民币 6 000 万元。

(2) 累计债券余额不超过公司净资产的 40%。

(3) 最近 3 年平均可分配利润足以支付公司债券 1 年的利息。

(4) 筹集的资金投向符合国家产业政策。

(5) 债券的利率不超过国务院限定的利率水平。

(6) 国务院规定的其他条件。

公开发行公司债券筹集的资金，必须用于核准的用途，不得用于弥补亏损和非生产性支出。上市公司发行可转换为股票的公司债券，除应当符合上述条件外，还应当符合关于公开发行股票的条件，并报国务院证券监督管理机构核准。

【思考 3-6】甲股份有限公司 2017 年 2 月获准发行 3 年期公司债券 8 000 万元，1 年期公司债券 4 000 万元。2019 年 5 月，该公司鉴于到期债券已偿还且具备再次发行公司债券的条件，拟再次发行公司债券。经审计，该公司净资产额为 3 亿元。该公司此次发行公司债券额最多是多少？

【解析】最多为 4 000 万元。公司累计债券余额不超过公司净资产的 40%，即 3 亿元的 40%，为 12 000 万元，该公司尚有未到期债券 8 000 万元，因此，最多再发行 4 000 万元。

3. 发行债券的程序

发行债券的基本程序如图 3-4 所示。

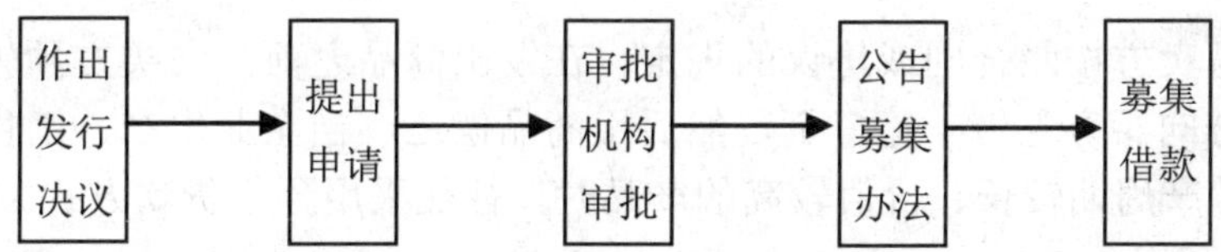

图 3-4　发行债券的基本程序示意图

【思考 3-7】发行债券筹资有什么优缺点？

【解析】其优点有：债券利息可以在税前列支，相对于股票筹资，其资金成本低；债券持有人无权干涉企业的经营管理，不会影响企业的控制权；具有财务杠杆效应。

其缺点有：承担到期还本付息义务，筹资风险较高；债券持有人为降低风险，往往在债券合同中签订保护性条款，限制条件多；相对于股票筹资，其筹资数量受限。

(三)商业信用

商业信用是指商品交易中以延期付款或预收货款而形成的借贷关系。商业信用是短期融资的重要形式。企业之间主要的商业信用形式有应付账款、预收货款和应付票据三种。

1. 应付账款

应付账款融资是一种最典型、最常见的商业信用形式。卖方为了尽快回收货款，通常会推出现金折扣条款，如“2/10，N/30”，表示如果买方在 10 天内付款可以享受 2%的现金折扣，迟于 10 天付款的，则不能享受折扣，全部货款必须在信用期 30 天内付清。如果企业放弃折扣或超出折扣期付款，企业则要承担因放弃折扣而造成的机会成本，即未获得现金折扣，这部分资金成本的计算公式如下。

$$放弃折扣成本=\frac{折扣百分比}{1-折扣百分比}\times\frac{360}{信用期-折扣期}$$

当企业为享受折扣及早付款而筹资所付出的代价大于放弃现金折扣成本时，选择放弃；否则，选择享受。一般，付款期越长，其放弃现金折扣的成本越小，但企业信用状况可能会受到影响。如选择放弃，则应在信用期的最后一天付款。

【任务演练 3-4】某企业计划购入 10 万元的原材料，销货方提供的信用条件是“2/20，N/60”，在下列情况下，请分别做出企业是否享受现金折扣的决策。

(1) 银行借款利率为 12%，是否以借款来支付货款？

(2) 企业有支付能力，但现有一短期投资机会，预计投资报酬率为 20%，是否为享受折扣而放弃投资机会？

【解析】

$$放弃折扣的成本=\frac{2\%}{1-2\%}\times\frac{360}{60-20}=18.37\%$$

(1) 由于放弃现金折扣的成本为 18.37%，大于银行借款利息 12%，企业应用银行借款来支付货款，享受现金折扣。

(2) 由于放弃现金折扣的成本为 18.37%，小于短期投资报酬率 20%，企业应放弃现金折扣，进行短期投资，以获取短期投资收益，而在信用期的最后一天付款。

2. 预收货款

预收货款是卖方按照合同或协议的规定，在发出商品之前，向买方预先收取货款的行为。这等于卖方向买方先借一笔资金，然后用商品偿还。当企业生产、销售的产品为市场紧俏产品，或生产周期较长、价值较高的产品时，往往采用预收货款方式。

3. 应付票据

应付票据是指企业之间根据购销合同进行延期付款交易时，开具的反映债权债务关系的票据。它主要是指商业汇票，最长期一般为 6 个月，对于买方(付款人)来说，是一种短期融资方式。应付票据可以带息，也可以不带息。其利率一般比银行借款利率低，融资成本低于银行借款成本。但应付票据到期必须偿还，如果延期，则要支付罚息，因此风险较大。

【思考 3-8】商业信用筹资有什么优缺点？

【解析】其优点是：商业信用容易取得，无须进行人为筹资；企业如果不放弃现金折扣，不使用带息票据，就不用花费任何筹资费用。

其缺点是：商业信用融资期限和融资额十分有限，放弃现金折扣的代价往往很高。

(四)融资租赁

1. 租赁的种类

租赁有两种形式，即经营租赁和融资租赁。

经营租赁是为了满足承租人临时使用资产的需要而发生的租赁行为。经营租赁具有租期短、租金较高、租赁期满时租赁资产一般归出租人所有的特点。

融资租赁是承租人根据自身设备投资需要向租赁公司提出设备租赁的要求，租赁公司负责融资并采购相应的设备，然后交付承租企业使用。承租企业按期交付租金，租赁期满时承租企业享有停租、续租或低价留购设备的选择权。融资租赁具有租赁期限长、出租人一次租赁即可全部收回租赁资产的投资等特点。

2. 融资租赁的形式

融资租赁按融资资产的来源不同，可分为直接租赁、售后租回和杠杆租赁三种。

(1) 直接租赁。即出租方直接将购入设备租给承租人，直接签订合同并收取租金的行为。直接租赁是融资租赁中最普遍、最典型的形式。出租人主要是制造厂商、专业租赁公司。

(2) 售后租回。即承租人先把其拥有所有权的资产出售给出租人，然后将其租回的行为。其目的是承租人通过出售资产获得一笔资金，以改善其财务状况，满足企业对资金的需要，同时，又能通过回租而保留承租人对该项资产的使用权。

(3) 杠杆租赁。即由资金出借人为出租人提供部分资金，再由出租人购入资产租给承租人的行为。该租赁涉及出租人、承租人和资金出借人三方。出租人只垫支购置资产设备所需资金的一部分(一般为20%～40%)，其余部分则以该资产为担保向贷款机构借入款项支付。出租人具有三重身份，即资产所有者、出租人和债务人。出租人既向承租人收取租金，又向借款人偿还本息，租赁收入大于借款成本的差额，为出租人获得的杠杆收益，因此这种租赁形式被称为杠杆租赁。

3. 融资租赁的程序

融资租赁的基本程序如图3-5所示。

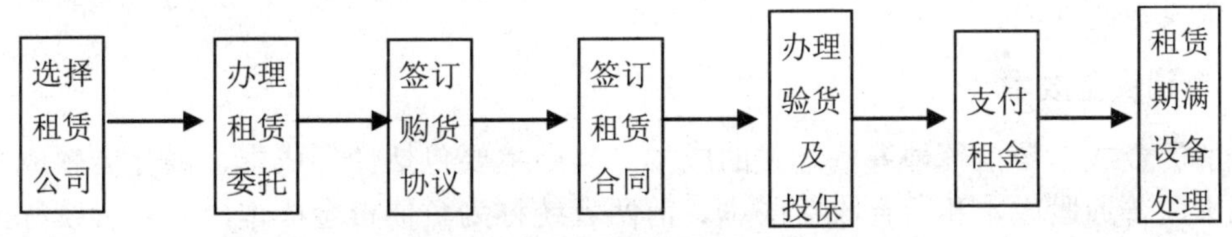

图3-5　融资租赁的基本程序示意图

【思考3-9】融资租赁筹资有什么优缺点？

【解析】其优点是：集融资与融物为一体，可迅速获得所需资产，形成企业生产能力；避免债务的限制性条款；可以转嫁设备陈旧过时的风险；租金费用在所得税前扣除，可减轻企业的实际租金负担。

其缺点是：融资租赁的租金包含内容较多，租金比举债利息高，造成租赁成本高；租赁期满后，对租赁设备的处理有多种形式，企业可能丧失设备的残值。

任务三　资金筹集的决策

资金成本是指企业为筹集和使用资金而付出的代价。资金成本包括资金筹集费和资金使用费两部分。资金筹集费是指企业在筹措资金过程中为获取资金而支付的费用，如向银行支付的借款手续费，因发行股票、债券而支付的发行费等。它通常是在筹措资金时一次性支付的，在用资过程中不再发生。

资金使用费是指企业因使用资金而支付的费用，如向银行支付利息、向股东支付股利等。

资金成本并非企业筹资决策中所要考虑的唯一因素。企业筹资还要考虑财务风险、资金期限、偿还方式、限制条件等。但资金成本作为一项重要的因素，直接关系企业的经济效益，是筹资决策时需要考虑的一个重要问题。

【思考 3-10】资金成本与资金时间价值一样吗?

【解析】不一样。虽然资金成本与资金时间价值考察的对象都是资金，但是二者有着明显差别：一是内涵不同，资金成本既包括资金时间价值，又包括投资风险价值；二是考察的角度不同，资金时间价值是从投资者角度观察的，而资金成本则是从被投资方观察的。

子任务一　资金成本的计算

为便于分析比较，资金成本一般不用绝对金额表示，而用相对数表示，即资金成本率。资金成本率是企业资金使用费与实际筹资额的比率，其计算公式如下。

资金成本率=每年的资金使用费÷(筹资数额−筹资费用)

【思考 3-11】资金成本率的计算公式中为什么要扣除筹资费用?

【解析】筹资费用在筹措资金时须作为一次性费用直接扣除，在资金使用期内，可以被企业利用的资金并非筹资的总额，而是扣除筹资费用后的净额。

企业以不同方式筹集的资金所付出的代价一般是不同的，企业总的资金成本是由各种筹资方式的个别资金成本及资金比重所决定的。因此，资金成本一般分为个别资金成本和综合资金成本两种。

1. 个别资金成本

个别资金成本是指各种筹资方式的成本。其中主要包括债券成本、银行借款成本、优先股成本、普通股成本和留存收益成本。前两者统称为负债资金成本，后三者统称为权益资金成本。

(1) 债券成本。债券成本主要包括债券利息和筹资费用。债券的筹资费用一般较高，在计算资金成本中必须考虑，主要包括申请发行债券的手续费及债券的注册费、印刷费、上市费以及推销费用等。由于债券成本中的利息在税前支付，具有减税效应，因此计算企业资金使用费时应扣除因支付利息而抵减的所得税税额。债券成本的计算公式如下。

债券成本=[债券年利息×(1−所得税税率)] ÷[债券筹资额×(1−筹资费用率)]

【任务演练 3-5】某公司发行 10 年期、面额为 1 000 万元、票面利率为 12%、发行费率为 3%、所得税税率为 25%的债券，该公司按面额发行债券。试计算该笔债券的成本。

【解析】债券成本=[1 000×12%×(1−25%)] ÷[1 000×(1−3%)]=9.28%

【思考 3-12】如果债券溢价发行或折价发行，债券的资金成本该如何计算?

【解析】计算方法不变，债券筹资额不同，即按实际发行价格计算。承[任务演练 3-5]，若公司溢价发行债券，发行价为 1 200 万元，则资金成本计算如下。

债券成本=[1 000×12%×(1−25%)]÷[1 200×(1−3%)]=7.73%

(2) 银行借款成本。银行借款成本包括借款利息和筹资费用。与债券成本计算基本一

致，其计算公式为

银行借款成本=[借款年利息×(1−所得税税率)] ÷[借款额×(1−筹资费用率)]

当银行借款的筹资费用很小时，可以忽略不计。而计算债券成本时，筹资费用不能忽略。

(3) 优先股成本。优先股成本与债券成本基本相同，包括筹资费用和定期支付的股利。不同的是，其股利是在税后支付，不能抵减所得税。为简化优先股成本的计算，一般假定每年支付的优先股股息相等，通过永续年金方法计算优先股成本。其计算公式为

优先股成本=每年支付优先股股息÷[优先股筹资额×(1−筹资费用率)]

【任务演练 3-6】某公司按面值发行 100 万元的优先股，筹资费用率为 4%，每年支付 12%的股利。试计算该公司的优先股成本。

【解析】优先股成本=100×12%÷[100×(1−4%)]=12.5%

企业破产时，优先股股东的求偿权位于债券持有人之后，其风险大于债券持有人的风险，因此优先股的股利率一般大于债券的利息率。另外，优先股股利不能抵减公司的所得税，因此优先股成本要高于债券成本。

(4) 普通股成本。普通股与优先股不同，没有固定的股息率，其股息随着企业利润大小而变动。在企业股利逐年增长的情况下，普通股资金成本的计算公式为

普通股成本=预期第 1 年普通股股利额÷[普通股筹资额×(1−筹资费用率)]+普通股年股利增长率

【任务演练 3-7】某公司普通股每股发行价为 100 元，筹资费用率为 4%，第一年年末发放股利 12 元，以后每年的增长率为 5%。试计算该公司的普通股成本。

【解析】普通股成本=12÷[100×(1−4%)]+5%=17.5%

(5) 留存收益成本。留存收益是企业资金的一种重要来源，相当于股东对企业进行的追加投资。留存收益成本的计算与普通股基本相同，只是不考虑筹资费用率。其计算公式为

留存收益成本=预期第 1 年普通股股利额÷普通股筹资额+普通股年股利增长率

【思考 3-13】试比较上述筹资方式的个别资金成本的高低。

【解析】长期借款成本＜债券成本＜优先股成本＜留存收益成本＜普通股成本。

2. 综合资金成本

企业可以从多种渠道、用多种方式来筹集资金，而各种方式的筹集成本是不一样的，为了正确进行筹资和投资决策，就必须计算企业的综合资金成本。综合资金成本是指分别以各种资金成本为基础，以各种资金占全部资金的比重为权数计算出来的成本。其计算公式为

综合资金成本=$\sum$各个别资金成本×该方式资金筹集额占总资金额的比重

【任务演练 3-8】某企业共有资金 100 万元，其中债券 30 万元，优先股 10 万元，普通股 40 万元，留存收益 20 万元，各种资金的成本分别为：6%、12%、15.5%、15%。试计算该企业的综合资金成本。

【解析】综合资金成本=6%×30/100+12%×10/100+15.5%×40/100+15%×20/100

=12.2%

3. 边际资金成本

边际资金成本是指资金每增加一个单位而增加的成本。综合资金成本是企业过去筹集的或目前使用的资金的成本。当企业需要追加投资时，资金成本必然发生，不能仅仅考虑目前所使用的资金的成本，还要考虑为投资项目新筹集的资金的成本，即边际资金成本的高低。当企业筹资额较大、企业对资本结构又有既定目标时，应通过边际资金成本的计算，确定最优的筹资方式组合。

【任务演练 3-9】新兴公司目前有资金 500 万元，其中长期借款 50 万元，长期债券 100 万元，普通股 350 万元。公司为扩大规模，准备筹集资金。经分析，新兴公司认为目前的资金结构为最优资金的结构，即长期借款为 10%、长期债券为 20%，普通股为 70%。为使今后的筹资仍保持目前的资本结构，应如何进行筹资决策？

【解析】决策依据是边际资金成本，可按下列步骤确定。

(1) 先确定各种筹资方式的资金成本。随着筹资额的增加，各种资金成本也会增加。应当在认真分析金融市场状况和企业筹资能力的基础上，测算新筹资的各种资金成本的变动情况。新兴公司测算的各种资金成本如表 3-2 所示。

(2) 计算筹资总额的分界点。根据目标资金结构和各种筹资方式个别资金成本变化的分界点(突破点)，计算筹资总额的分界点。其具体计算公式如下。

筹资总额的分界点=某种个别资金成本的分界点÷目标资本结构中该种资金的比重

筹资总额分界点的计算如表 3-2 所示。

表 3-2 筹资资料及筹资总额分界点计算表

筹资资料				筹资总额分界点/万元
资金种类	目标资本结构(1)	新筹资的数量范围/万元(2)	资本成本(3)	(4)=(2)÷(1)
长期借款	10%	0～25	6%	0～250
		＞25	7%	＞250
长期债券	20%	0～70	8%	0～350
		＞70	9%	＞350
普通股	70%	0～28	10%	0～40
		28～56	11%	40～80
		＞56	12%	＞80

在表 3-2 中，筹资总额分界点是指引起某种资金成本变化的分界点。例如，对长期债券而言，筹资额在 70 万元以内，其资金成本为 8%，长期债券的比重为 20%，这表明在长期债券资金成本由 8%上升到 9%之前，企业可筹集 350(70÷20%)万元的资金。若筹资总额超过 350 万元，仍保持长期债券 20%的比重，则其成本上升到 9%。对新兴公司而言，筹资总额在 350 万元左右时，尽量不要超过 350 万元。然而，要维持原有的资本结构，必然使多种资金按比例同时筹集，单独考虑某个别资金成本是不成立的，必须考虑综合的边际资金成本。

(3) 综合边际资金成本的计算。根据表 3-2 计算的筹资总额分界点，可知有 40、80、

250、350 四个分界点，可以组成 5 个筹资范围，即 0～40，40～80，80～250，250～350，大于 350。分别计算 5 个筹资范围的综合边际资金成本，具体如表 3-3 所示。

表 3-3　边际成本计算表

序号	筹资总额范围/万元	资金种类	资本结构(1)	资金成本(2)	边际成本 (3)=(1)×(2)
1	0～40	长期借款	10%	6%	0.6%
		长期债券	20%	8%	1.6%
		普通股	70%	10%	7%
	第一个筹资范围的综合边际成本=9.2%			合计	9.2%
2	40～80	长期借款	10%	6%	0.6%
		长期债券	20%	8%	1.6%
		普通股	70%	11%	7.7%
	第二个筹资范围的综合边际成本=9.9%			合计	9.9%
3	80～250	长期借款	10%	6%	0.6%
		长期债券	20%	8%	1.6%
		普通股	70%	12%	8.4%
	第三个筹资范围的综合边际成本=10.6%			合计	10.6%
4	250～350	长期借款	10%	7%	0.7%
		长期债券	20%	8%	1.6%
		普通股	70%	12%	8.4%
	第四个筹资范围的综合边际成本=10.7%			合计	10.7%
5	＞350	长期借款	10%	7%	0.7%
		长期债券	20%	9%	1.8%
		普通股	70%	12%	8.4%
	第五个筹资范围的综合边际成本=10.9%			合计	10.9%

新兴公司可以根据表 3-3 的结果规划追加筹资，关注筹资总额的分界点，尽量避免突破分界点。例如，当筹资为 80 万元时，资金成本为 9.9%；当筹资 80.1 万元时，突破了 80 万元，则资金成本会增加到 10.6%。

【任务训练】

某企业计划筹集资金 1 200 万元，所得税税率为 25%，有关资料如下。

① 向银行借款 200 万元，借款年利率为 10%，手续费为 0.5%。

② 按溢价发行债券，债券面值为 280 万元，溢价发行价格为 300 万元，票面利率为 12%，期限为 5 年，每年年末支付一次利息，其筹资费用率为 4%。

③ 发行优先股 200 万元，预计每年股利率为 13%，筹资费用率为 5%。

④ 发行普通股 40 万元，每股发行价格为 10 元，筹资费用率为 6%，预计第一年每股股利为 2.5 元，以后每年按 5%递增。

⑤ 其余所需资金通过留存收益取得。

要求：

(1) 计算各种筹资方式的资金成本。

(2) 计算该企业的综合资金成本。

子任务二 杠杆效应的运用

自然界中的杠杆效应，是指人们通过利用杠杆，可以用较小的力量移动较重物体的现象。财务管理中用杠杆效应来描述一个量的变动会引起另一个量的更大变动。财务管理中的杠杆效应有经营杠杆、财务杠杆和复合杠杆三种。杠杆效应是筹资决策应当重点考虑的因素。了解这些杠杆的效应，有助于企业合理的规避财务风险，提高财务管理水平。

(一)经营杠杆

1. 经营杠杆效应

在其他条件不变的情况下，产销业务量的增加虽然不会改变固定成本总额，但会降低单位固定成本，从而降低单位固定成本，提高单位利润，使息税前利润的增长率大于产销业务量的增长率。这种由于固定成本的存在而导致息税前利润率变动大于业务量变动率的现象，称为经营杠杆效应。经营杠杆效应可通过任务演练 3-10 说明。

【任务演练 3-10】甲公司年销售量分别为 10 000、15 000 及 30 000 件时，其息税前利润变化情况如表 3-4 所示。试比较不同销售量增长与息税前利润增长的关系。

表 3-4 甲公司不同年销售量的息税前利润变动表

单位：元

销售量/件	10 000	15 000	30 000
单 价	10	10	10
单位变动成本	4	4	4
销售收入	100 000	150 000	300 000
减：变动成本	10 000×4=40 000	15 000×4=60 000	30 000×4=120 000
边际贡献	60 000	90 000	180 000
减：固定成本	20 000	20 000	20 000
息税前利润(EBIT)	40 000	70 000	160 000

【解析】由表 3-4 可见，销售量由 10 000 件增加到 15 000 件时，增幅为 50%，息税前利润由 40 000 元增加到 70 000 元，增幅为(70 000−40 000)÷40 000=75%；销售量从 15 000 件增加到 30 000 件，增幅为 100%，息税前利润由 70 000 元增加到 160 000 万元，增幅为(160 000−70 000) ÷70 000=128.5%。息税前利润的增加幅度高于销售量增加的幅度，这就是经营杠杆效应。反之，若销售量下降，则息税前利润的下降幅度会高于销售量的下降幅度，即息税前利润以更大的幅度下降。

2. 经营杠杆的计算

对经营杠杆进行计量最常用的指标是经营杠杆系数或经营杠杆度。所谓经营杠杆系数，是指息税前利润变动率相当于产销业务量变动率的倍数。其计算公式如下。

经营杠杆系数(DOL)=息税前利润变动百分比÷销售量变动百分比

【任务演练 3-11】承任务演练 3-10，试计算甲公司的经营杠杆系数。

【解析】甲公司的经营杠杆系数的计算如下。

销售量为 15 000 件时的经营杠杆系数=75%÷50%=1.5

销售量为 30 000 件时的经营杠杆系数=128.5%÷100% ≈ 1.29

通过计算可见，销售量越大，经营杠杆系数越小；反之，销售量越小，经营杠杆系数越大。

上述公式是计算经营杠杆系数的理论公式，但利用该公式，必须已知变动前后的相关资料，比较麻烦，而且不能预测未来的经营杠杆系数。为了便于计算与预测，经营杠杆系数还可以按以下简化公式计算。

报告期经营杠杆系数=(基期销售额-基期变动成本)÷基期息税前利润

如任务演练 3-11 中，销售量为 15 000 件时的经营杠杆系数=(100 000-40 000)÷40 000 =1.5；销售量为 300 000 件时的经营杠杆系数=(150 000-60 000) ÷70 000≈1.29。计算结果表明，两个公式计算出的经营杠杆系数是完全相同的。因此，还可以利用现有销售资料，预测未来销售量的经营杠杆系数。例如，甲公司计划将销售量由现在的 30 000 件提高到 35 000 件，则其经营杠杆系数=(300 000-120 000)÷160 000≈1.13。

3. 经营杠杆与经营风险的关系

引起企业经营风险的主要原因是市场需求和成本等因素的不确定性，经营杠杆本身并不是利润不稳定的根源。但是，产销业务量增加时，息税前利润将以经营杠杆系数的幅度增加；而产销业务量减少时，息税前利润将以经营杠杆系数的幅度减少。可见经营杠杆系数越高，利润变动越激烈，企业的经营风险就越大。一般来说，在其他因素不变的情况下，固定成本越高，经营杠杆系数越大，经营风险越大。

(二)财务杠杆

1. 财务杠杆效应

在资金构成不变的情况下，企业债务的利息和优先股的股利通常是不变的，当息税前利润增大时，每 1 元盈余所负担的固定财务费用就会相对减少，这能给普通股股东带来更多的盈余；反之，当息税前利润减少时，每 1 元盈余所负担的固定财务费用就会相对增加，这就会大幅度减少普通股的盈余。这种由于债务的存在而导致普通股股东权益变动率大于息税前利润变动率的现象，称为财务杠杆效应。财务杠杆效应可通过任演练 3-12 说明。

【任务演练 3-12】乙公司债务利息为 100 000 元，所得税税率为 25%，普通股 100 000 股，连续 3 年普通股每股利润资料如表 3-5 所示。试比较该公司利润增长与每股股利增长的关系。

表 3-5 乙公司的资金结构与普通股每股利润表

单位：元

项 目	第一年	第二年	第三年
息税前利润(EBIT)	400 000	800 000	1200 000
债务利息	100 000	100 000	100 000
税前利润	300 000	700 000	1100 000
所得税	75 000	175 000	275 000
税后利润	225 000	525 000	825 000
普通股每股利润(EPS)	2.25	5.25	8.25

【解析】由表 3-5 可见，从第一年到第二年，息税前利润由 400 000 元增加到 800 000 元，增长了 100%，普通股每股利润由 2.25 增加到 5.25，增长了 133.3%；从第二年到第三年，息税前利润由 800 000 元增加到 1 200 000 元，增长了 50%，普通股每股利润由 5.25 增加到 8.25，增长了 57.14%。普通股每股利润的增加幅度高于息税前利润的增加幅度，这就是财务杠杆效应。反之，如果息税前利润下降，普通股每股利润的下降幅度会高于息税前利润的下降幅度，即普通股每股利润以更大的幅度下降。

可见，利用财务杠杆效应，企业适度负债经营，在盈利条件下可能会给普通股股东带来更多的收益。

2. 财务杠杆的计算

企业的筹资方式中只要有固定财务支出的债务和优先股，就会存在财务杠杆效应。对财务杠杆进行计量的最常用指标是财务杠杆系数。所谓财务杠杆系数，是普通股每股利润的变动率相当于息税前利润变动率的倍数。其计算公式如下。

财务杠杆系数(DFL)=普通股每股利润的变动率÷息税前利润变动率

或 =基期息税前利润÷(基期息税前利润−基期利息)

【任务演练 3-13】承任务演练 3-12，试计算乙公司的财务杠杆系数。

【解析】乙公司的财务杠杆系数的计算如下。

第二年的财务杠杆系数=133.3%÷100% ≈ 1.33

或 =400 000÷(400 000−100 000) ≈ 1.33

第三年的财务杠杆系数=57.14%÷50% ≈ 1.14

或 =800 000÷(800 000−100 000) ≈ 1.14

3. 财务杠杆与财务风险的关系

财务风险是指企业为取得财务杠杆利益而利用负债资金时，增加了破产机会或普通股利润大幅度变动的机会所带来的风险。企业为取得财务杠杆利益，就要增加负债，一旦企业息税前利润下降，不足以补偿固定利息支出，企业的每股利润就会下降得更快，因而增加了财务风险。二者的关系可通过任务演练 3-14 说明。

【任务演练 3-14】有 A、B、C 三家公司，业务相同，资金总额均为 600 万元。但资本结构不同，基期资料如表 3-6 所示。试比较其财务风险。

表 3-6 A、B、C 三家公司有关财务资料表

单位：元

项 目	A	B	C
息税前利润(EBIT)	800 000	800 000	800 000
债务总额	1200 000	2 400 000	3 600 000
债务利息(年利率 10%)	120 000	240 000	360 000
税前利润	680 000	560 000	440 000
所得税(25%)	17 000	14 000	11 000
税后利润	51 000	42 000	33 000

【解析】三家公司的财务杠杆系数的计算如下。

A 公司财务杠杆系数=800 000÷(800 000−120 000) ≈ 1.18

B 公司财务杠杆系数=800 000÷(800 000−240 000) ≈ 1.43

C 公司财务杠杆系数=800 000÷(800 000−360 000) ≈ 1.82

可见，在企业其他情况相同时，财务杠杆系数随着负债比例的增大而增大，财务风险也随之增大，三家公司中 C 公司的财务风险最大，其次是 B 公司，最小的是 A 公司。

(三)复合杠杆

1. 复合杠杆的效应

由于存在固定的生产经营成本，会产生经营杠杆效应，使息税前利润的变动率大于销售量的变动率；由于存在固定财务费用(如固定利息、优先股股利)，会产生财务杠杆效应，使企业普通股每股利润的变动率大于息税前利润的变动率。一个企业会同时存在固定成本和固定财务费用，如果两种杠杆共同起作用，那么销售额有变动就会使每股收益产生更大的变动。这种由于固定生产经营成本和固定财务费用的共同存在而导致的普通股每股利润变动大于销售量变动的现象，称为复合杠杆效应。

2. 复合杠杆的计算

只要企业同时存在固定的生产经营成本和固定财务费用等财务支出，就会存在复合杠杆的作用。对复合杠杆进行计量的常用指标是复合杠杆系数或复合杠杆度。所谓复合杠杆系数，是指每股利润变动率相当于业务量变动率的倍数。其计算公式如下。

复合杠杆系数(DTL)=普通股每股利润变动率÷销售量变动率

或 =经营杠杆系数(DOL)×财务杠杆系数(DFL)

3. 复合杠杆与企业风险的关系

在复合杠杆的作用下，当企业经济效益好时，每股利润会大幅上升；当企业经济效益差时，每股利润会大幅下降。在其他因素不变的情况下，复合杠杆系数越大，复合风险越大；复合杠杆系数越小，复合风险越小。

【任务训练】

某企业目前资本总额为 1 000 万元，权益资本占 50%，负债年利率为 8%，本年实现销售额 1 500 万元，变动成本率为 60%，固定成本总额为 350 万元，所得税税率为 25%。经市场预测资料分析显示，预测期市场前景较好，销售额将比基期增长 20%，经研究决定在不追加筹资的情况下将负债率调整为 60%(不考虑其他因素变动)。试计算：

(1) 计算基年经营杠杆系数、财务杠杆系数和复合杠杆系数；

(2) 计算计划年度的经营杠杆系数、财务杠杆系数和复合杠杆系数，并对该公司计划期的收益和风险进行评价。

子任务三　最佳资本结构的选择

(一)资本结构的概念

资本结构是指企业各种资金的构成及其比例关系。资本结构是企业筹资决策的核心问题。企业应综合考虑有关影响因素，运用适当的方法确定最佳资本结构，并在以后追加筹资中继续保持。

在一般情况下，企业资本结构由长期债务资本和权益资本构成。资金结构问题主要是负债比例问题，适当增加债务可以降低企业资金成本，获得财务杠杆利益。同时，也会增加企业的财务风险。为此，企业必须权衡财务风险和资金成本的关系，确定最优的资本结构。

(二)最佳资本结构的选择方法

最佳资本结构是指在一定的条件下使企业综合资金成本最低、企业价值最大的资本结构。选择最佳资本结构的常用方法主要有比较资金成本法、比较普通股每股利润法和每股盈余无差别点分析法。

1. 比较资金成本法

比较资金成本法是通过计算不同资本结构的综合资金成本，并根据综合资金成本的高低来确定资本结构的方法。

【任务演练 3-15】华光公司原来的资本结构如表 3-7 所示。普通股每股面值 1 元，发行价格为 10 元，目前价格也为 10 元，今年期望股利为 1 元/股，预计以后每年增加股利 5%。假设企业所得税税率为 25%，且发行的各种证券均无筹资费。

表 3-7　华光公司原有资本结构

单位：元

筹资方式	金　额
债券(年利率 10%)	800
普通股(每股面值 1 元，发行价 10 元，共 80 万股)	800
合计	1 600

该企业现拟增资 400 万元，有三个方案可供选择：甲方案，增加发行 400 万元的债券，

因为负债增加，投资人风险加大，债券利率增至 12%才能发行，预计普通股股利不变，但由于风险加大，普通股市价降至 8 元/股；乙方案，发行债券 200 万元，年利率为 10%，发行股票 20 万股，每股发行价 10 元，预计普通股股利不变；丙方案，发行股票 36.36 万元股本，普通股市价增至 11 元/股。试计算年初综合资金成本并做出筹资决策。

【解析】(1)计算年初综合资金成本。

普通股成本=1÷10+5% =15%

债券成本=800×10%×(1−25%)÷800 =7.5%

年初综合资金成本=15%×800/1 600+7.5%×800/1 600 = 11.25%

(2) 计算甲方案综合资金成本。

旧普通股成本=1÷10+5% =15%

新普通股成本=1÷8+5% =17.5%

旧债券成本=7.5%

新债券成本=400×12%×(1−25%)÷400 =9%

甲方案综合资金成本=17.5%×800/2 000 + 7.5%×800/2 000+9%×400/2 000=11.8%

(3) 计算乙方案综合资金成本。

普通股成本=1÷10+5% =15%

旧债券成本=7.5%

新债券成本=200×10%×(1−25%)÷200 =7.5%

乙方案综合资金成本=15%×1 000/2 000 + 7.5%×800/2 000+7.5%×200/2 000= 8.55%

(4) 计算丙方案综合资金成本:

旧普通股成本=1÷10+5% =15%

新普通股成本=1÷11+5% =14.09%

旧债券成本=7.5%

丙方案综合资金成本=15%×800/2 000 + 14.09%×400/2 000+7.5%×800/2 000= 11.818%

从以上计算可以看出，乙方案的综合资金成本最低，所以应选用乙方案。即保持原来的资金结构，50%为负债资金，50%为自有资金。

2. 比较普通股每股利润法

从提高普通股股东收益的角度考虑资本结构的优化，可以采用比较普通股每股利润法。

【任务演练 3-16】某企业现有权益资金 1 000 万元(普通股 100 万股，每股面值 10 元)。企业拟再筹资 500 万元，现有三个方案可供选择：A 方案，发行年利率为 10%的长期债券；B 方案，发行年股息为 8%的优先股；C 方案，增发普通股 50 万股。预计当年可实现息税前盈利 300 万元，所得税税率为 25%。要求选择最优资本结构。

【解析】计算各方案的每股利润如下。

A 方案：EPS_A=[(300−500×10%)×(1−25%)]÷100=1.88(元/股)

B 方案：EPS_B=[(300×(1−25%)−500×8%)]÷100=1.85(元/股)

C 方案：EPS_C=300×(1−25%)÷(100+50)=1.5(元/股)

由于 A 方案的每股利润最大，因此应采用 A 方案筹资。

3. 每股盈余无差别点分析法

每股盈余无差别分析是对不同资本结构的获利能力进行分析。无差别点是指使不同资本结构的每股利润相等的息税前利润点。这一点是两种资本结构优劣的分界点，也称为息税前利润—每股利润分析法，简写为EBIT-EPS分析法。

【任务演练3-17】华特公司目前有资金2 000万元，每股200元，折合10万股。现拟增资400万元，有A、B两个方案可供选择。A方案：发行普通股2万股，每股200元；B方案：发行普通股1万股，每股200元；发行债券200万元，年利率为10%。若企业所得税税率为25%，假设不考虑债券发行费用，请做出筹资决策。

【解析】设该公司无差别点息税前利润为a，则两个方案普通股每股利润计算如下。

A方案普通股每股利润=息税前利润÷股数=$[a×(1-25\%)]÷(10+2)$

B方案普通股每股利润=息税前利润÷股数=$[(a-200×10\%)×(1-25\%)]÷(10+1)$

由于无差别点各方案每股利润相等，所以有

$[a×(1-25\%)]÷(10+2)=[(a-200×10\%)×(1-25\%)]÷(10+1)$

得：a=240万元

将a的值代入上式，可求得两个方案的每股利润均为15(元/股)。

当息税前利润大于240万元时，利用负债筹资较为有利，应选择B方案；当息税前利润小于240万元时，不宜增加负债，而宜发行普通股，应选择A方案；当息税前利润为240万元时，两种方案没有差别。

在实际工作中，影响资本结构的因素很多，如行业因素、财务状况、资产结构、所得税税率、利率水平的变动趋势等，准确地确定最优资本结构很难。因此，在确定最优资本结构时，财务管理人员应将定量分析与定性分析有机结合，综合考虑。

【任务训练】

某公司目前拥有资本总额1 600万元，其中，公司债券600万元，年利率为10%，普通股100万股，每股10元，所得税税率为25%。现拟追加筹资400万元，有以下两个备选方案可供选择：①增发公司债券 400 万元，年利率为 12%(原债券利率不变)；②增发普通股40万股，每股面值为10元。

要求：

(1) 试计算两种筹资方案的每股盈余无差别点分析；

(2) 预计公司追加筹资后的总资产报酬率为 20%，对以上两个筹资方案进行决策并对选中的方案进行评价。

项目知识检测

一、单项选择题

1. 吸收直接投资筹资的优点是(　　)。

A. 资金成本低　　B. 控制权集中

C. 产权关系明晰　　D. 能较快形成生产能力

2. 下列各项中，属于商业信用的是(　　)。

A. 商业银行贷款　　B. 应付账款

C. 应付工资　　D. 融资租赁信用

3. 某企业拟以“3/15，N/35”的信用条件购进原料一批，则企业放弃现金折扣的机会成本为(　　)。

A. 36.73%　　B. 18%　　C. 2%　　D. 55.67%

4. 与股票筹资相比，债券筹资的特点是(　　)。

A. 筹资风险大　　B. 资本成本高

C. 限制条件少　　D. 分散经营控制权

5. 某企业按年利率5.8%向银行借款1 000万元，银行要求保留15%的补偿性余额，则这项借款的实际利率约为(　　)。

A. 5.8%　　B.6.4%　　C. 6.8%　　D. 7.3%

6. 在计算资金成本时，与所得税有关的资金筹集方式是(　　)。

A. 发行普通股　　B. 发行优先股

C. 从银行借款　　D. 留存收益

7. 某公司发行优先股股票，筹资费用率和股息率分别为5%和9%，则优先股成本为(　　)。

A. 9.47%　　B. 5.26%　　C. 5.71%　　D. 5.49%

8. 某公司发行总面额为500万元的10年期债券，票面利率为12%，发行费率为5%，公司所得税税率为25%，该债券采用溢价发行，发行价格为600万元，该债券的资本成本为(　　)。

A. 9.47%　　B. 7.89%　　C. 10.53%　　D. 9%

9. 企业在追加筹资时需要计算(　　)。

A. 综合资金成本　　B. 边际资金成本

C. 个别资金成本　　D. 机会成本

10. 经营杠杆影响企业的(　　)。

A. 税前利润　　B. 税后利润

C. 息税前利润　　D. 财务费用

11. 经营杠杆效应产生的原因是(　　)。

A. 不变的固定成本　　B. 不变的产销量

C. 不变的债务利息　　D. 不变的销售单价

12. 财务杠杆系数同企业资本结构密切相关，须支付固定性资金成本的债务资金所占比重越大，企业的财务杠杆系数(　　)。

A. 越大　　B. 越小　　C. 不变　　D. 反比例变化

13. 债券的资金成本率一般低于股票的资金成本率，其主要原因是(　　)。

A. 债券的筹资费用小　　B. 债券利息在税前支付

C. 债券的发行量小　　D. 债券的利息率不变

14. 息税前利润变动率一般比产销量变动率(　　)。

A. 大　　B. 小　　C. 相等　　D. 无可比性

15. 公司在创立时首先选择的筹资方式是(　　)。
A. 融资租赁　　B. 向银行借款
C. 吸收直接投资　　D. 发行企业债券

16. 当经营杠杆系数是6、财务杠杆系数是1.1时，则综合杠杆系数是(　　)。
A. 6　　B. 6.6　　C. 7.1　　D. 4.9

17. 当财务杠杆系数为1时，下列表述中正确的是(　　)。
A. 息税前利润增长率为零　　B. 息税前利润为零
C. 利息与优先股股息为零　　D. 固定成本为零

18. 调整企业资本结构并不能(　　)。
A. 降低财务风险　　B. 降低经营风险
C. 降低资金成本　　D. 改变融资弹性

19. 要使资本结构达到最优，应使(　　)达到最低。
A. 个别资金成本　　B. 边际资金成本
C. 综合资金成本　　D. 债务资金成本

20. 某企业本期财务杠杆系数为1.5，本期息税前利润为450万元，则本期实际利息费用为(　　)万元。
A. 100　　B. 676　　C. 300　　D. 150

二、多项选择题

1. 下列各项中，属于“吸收直接投资”与“发行普通股”筹资方式所共有的缺点是(　　)。
A. 限制条件多　　B. 财务风险大　　C. 控制权分散　　D. 资金成本高

2. 相对权益资金的筹资方式而言，银行借款筹资的缺点主要有(　　)。
A. 财务风险较大　　B. 筹资成本较高　　C. 筹资数额有限　　D. 筹资速度较慢

3. 在银行借款的利息计算和偿还方式中，企业实际负担利率高于名义利率的有(　　)。
A. 贴现法　　B. 收款法
C. 加息法　　D. 到期一次性还本付息

4. 相对于普通股股东而言，优先股股东可以优先行使的权利有(　　)。
A. 优先认股权　　B. 优先表决权
C. 优先分配股利权　　D. 优先分配剩余财产权

5. 下列哪些项目属于资金成本中的筹资费用？(　　)
A. 借款手续费　　B. 债券发行费
C. 债券利息　　D. 股利

6. 在个别资金成本中需考虑抵税作用的有(　　)。
A. 债券成本　　B. 借款成本　　C. 普通股成本　　D. 留存收益成本

7. 公司债券筹资与普通股筹资相比较，优点有(　　)。
A. 普通股筹资的风险相对较低
B. 公司债券筹资的资金成本相对较低
C. 公司债券利息可以税前列支，普通股股利必须税后支付
D. 不可以利用财务杠杆的作用

8. 企业资本结构决策常用的方法有(　　)。

A. 边际成本法　　B. 比较普通股每股利润法

C. 每股盈金无差别点分析法　　D. 比较资金成本法

9. 计算企业财务杠杆系数要考虑的因素有(　　)。

A. 所得税　　B. 基期利润总额　　C. 净利润　　D. 基期利息

10. 总杠杆的作用在于(　　)。

A. 用来估计销售变动对息税前利润的影响

B. 用来估计销售变动对每股盈余造成的影响

C. 揭示经营杠杆与财务杠杆之间的相互关系

D. 揭示企业面临的风险对企业投资的影响

11. 企业债务成本过高时，可以采取以下哪些方式调整其资本结构？(　　)

A. 利用税后留存归还债务，以降低债务比重

B. 以公积金转增资本

C. 将可转换债券转换为普通股

D. 提前偿还长期债务，筹集相应的权益资金

12. 在个别资金成本中，属于权益资金成本的有(　　)。

A. 长期借款成本　　B. 优先股成本

C. 普通股成本　　D. 留存收益成本

13. 影响企业综合资金成本的因素有(　　)。

A. 资本结构　　B. 个别资金成本高低

C. 筹集资金总额　　D. 筹资期限长短

14. 下列项目中，同总杠杆成正比例变动的有(　　)。

A. 产销量变动率　　B. 每股利润变动率

C. 经营杠杆系数　　D. 财务杠杆系数

15. 下列各项因素中，能够影响公司资金成本水平的有(　　)。

A. 通货膨胀　　B. 筹资规模

C. 经营风险　　D. 资本市场效率

16. 下列成本费用中属于资本成本中的占用费的有(　　)。

A. 借款手续费用　　B. 股票发行费用

C. 利息　　D. 股利

17. 下列各项中，属于影响财务杠杆系数的因素有(　　)。

A. 销售收入　　B. 变动成本

C. 固定成本　　D. 财务费用

18. 在事先确定企业资本规模的前提下，吸收一定比例的债务资本，可能产生的结果有(　　)。

A. 降低企业资金成本　　B. 降低企业财务风险

C. 加大企业财务风险　　D. 提高企业经营能力

19. 下列有关杠杆效应的表述中，正确的有(　　)。

A. 经营杠杆表明产销量变动对息税前利润变动的影响

B. 财务杠杆表明息税前利润变动对每股收益的影响

C. 总杠杆表明产销量变动对每股收益的影响

D. 经营杠杆系数、财务杠杆系数以及总杠杆系数恒大于 1

20. 下列各项中，影响经营杠杆系数的有(　　)。

A. 产品销售数量　　B. 产品销售价格

C. 固定成本　　D. 利息费用

三、判断题

1. 资金成本是指企业为筹集资金而付出的代价。(　　)
2. 综合资金成本是个别资金成本之和。(　　)
3. 经营杠杆影响息税前利润，财务杠杆影响税后利润。(　　)
4. 财务杠杆系数是由企业资本结构决定的，财务杠杆系数越大，财务风险越大。(　　)
5. 经营杠杆和财务杠杆的共同作用，可用复合杠杆系数来衡量。(　　)
6. 最佳资本结构是指企业在一定时期内，使综合资金成本最低，同时企业价值最大的资本结构。(　　)
7. 发行普通股没有固定的利息负担，因此其资金成本较低。(　　)
8. 当预计的息税前利润大于每股利润无差别的息税前利润时，负债筹资的普通股每股利润大。(　　)
9. 在个别资金成本一定的情况下，企业综合资金成本的高低取决于资金总额。(　　)
10. 在企业全部资本中，权益资本与债务资本各占 50%，则企业只存在经营风险。(　　)

四、实务操作题

1. 某企业购入 20 万元商品，卖方提供的信用条件为“2/10，N/30”，若企业由于资金紧张，延至第 50 天付款，放弃现金折扣的成本是多少？

2. 某公司向银行借入短期借款 1 万元，支付银行贷款利息的方式有三种：A 方案，采用收款法付息，利息率为 14%；B 方案，采用贴现法付息，利息率为 12%；C 方案，利息率为 10%，银行要求的补偿性余额比例为 20%。试分析该公司应采用的方案，并说明理由。

3. 某公司发行一笔期限为 5 年的债券，债券面值为 1 000 万元，溢价发行，实际发行价格为面值的 110%，票面利率为 10%，每年年末付一次利息，筹资费用率为 5%，所得税税率为 25%。试计算该债券的成本。

4. 某企业向银行借入一笔长期借款，借款年利率为 12%，借款手续费率为 0.2%，所得税税率为 25%。试计算该银行借款成本。

5. 某公司按面值发行 1 000 万元优先股，筹资费用率为 3%，年股利率为 11%，所得税税率为 25%。试计算该优先股成本。

6. 某公司发行普通股股票 2 000 万股，筹资费用率为 6%，预计第一年股利率为 12%，股利每年增长 2%，所得税税率为 25%，公司当年留用利润 50 万元。试计算公司普通股成本和留存收益成本。

7. 某企业资本总额为150万元，权益资本占55%，负债利率为12%，当前销售额为100万元，息税前利润为20万元，该企业优先股股息为2万元，所得税税率为25%。试计算财务杠杆系数。

8. 某公司基期实现销售收入300万元，变动成本总额为150万元，固定成本为80万元，利息费用为10万元。试计算该公司经营杠杆系数。

9. 某公司销售产品10万件，单价65元，单位变动成本30元，固定成本总额100万元。公司负债600万元，年利息率为12%，并须每年支付优先股股息10万元，所得税税率为25%。

要求：

(1) 计算息税前利润总额。

(2) 计算该公司的复合杠杆系数。

10. 某公司拟筹资1 000万元，现有甲、乙两个备选方案，有关资料如表3-8所示。试确定该公司的最佳资金结构。

表3-8　甲、乙方案的相关资料

筹资方式	甲方案		乙方案	
	筹资额/万元	资金成本/%	筹资额/万元	资金成本/%
长期借款	150	9	200	9
长期债券	350	10	200	10
普通股	500	12	600	12
合　计	1 000		1 000	

11. 某公司目前拥有资金总额2 000万元，其中长期借款800万元，年利息率为10%；普通股1200万元，每股面值为1元，发行价格为20元，目前市场价格也为20元，上年每股股利为2元，预计以后每年股利增长5%，所得税税率为25%。该公司拟追加筹资100万元，有两个备选方案：一是增发普通股4万股，每股价格为25元；二是增加长期借款100万元。借款年利率上升为12%。

要求：

(1) 计算该公司追加前的综合资金成本。

(2) 运用比较资金成本法确定该公司的最佳资本结构。

12. 某企业现有资本结构全部为普通股2 000万元，每股200元，折合10万股。现拟增资400万元，有甲、乙两种筹资方案可供选择。甲方案：发行普通股2万股，每股200元。乙方案：发行普通股1万股，每股200元，另发行债券200万元，债券年利率为8%，该企业所得税税率为25%。试进行每股盈余无差别点分析。

13. 长平公司目前有资金1 000 000元，其中长期债务200 000元，优先股50 000元，普通股750 000元。为满足投资的需要，准备筹集更多的资金。该公司经认真分析，认为目前的资本结构为最佳资本结构，并要求在今后筹资时，继续目前的资本结构。经测算，各种资金成本的变动情况如表3-9所示，试确定该公司的边际资金成本。

表 3-9　长平公司筹集资金变动情况

筹资方式	目标资金结构/%	新筹资的数量范围/元	资金成本/%
长期债务	20	0～10 000 10 000～40 000 大于 40 000	6 7 8
优先股	5	0～2 500 大于 2 500	10 12
普通股	75	0～22 500 22 500～75 000 大于 75 000	14 15 16

五、任务训练

承接本项目的案例导入，结合本项目所学内容对三个方案进行评价，确定最优方案，并说明理由。

(扫一扫，获取相关微课视频)

项目四 项目投资的管理

【能力目标】

◆ 正确确认项目计算期、净现金流量和项目投资总额。
◆ 正确计算非折现评价法和折现评价法的各项指标。
◆ 灵活运用项目投资决策的方法，正确做出投资决策。

【知识目标】

◆ 掌握项目建设期和经营期现金流量的确定方法。
◆ 理解现金流量的含义。
◆ 掌握非折现评价法和折旧评价法的主要指标计算。
◆ 理解项目投资各评价指标的内涵及其优缺点。

案例导入

张某是甲公司的财务总监。由于公司设备较陈旧，生产部门提出购买新设备替代旧设备的申请。目前的旧设备原值为 80 万元，使用年限为 20 年，已使用了 10 年，计提折旧 40 万元，变现价值为 20 万元；若购买新设备可使公司每年增加营业收入 8 万元，增加经营成本 4 万元，新设备使用年限为 15 年，但需投资 60 万元。甲公司投资项目的最低收益率为 10%。张某正在犯愁：旧设备虽然能用，但消耗多、维护费用大，新设备虽好，但投资高。

思考：

(1) 若你是财务总监张某，应当如何抉择呢？

(2) 企业经常面临各种项目投资机会，项目投资决策的评价方法有哪些？如何应用？

任务导图

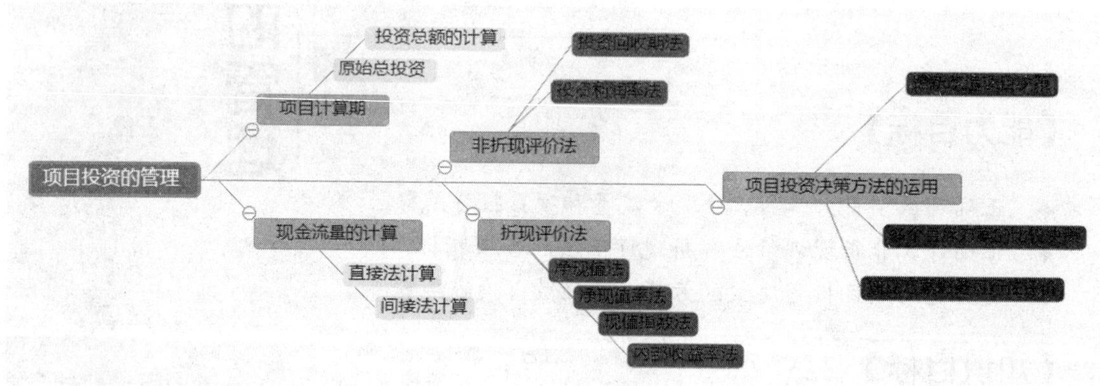

理论认知

任务一　企业投资概述

一、企业投资的含义和种类

(一)企业投资的含义

企业投资是指企业为了在未来获取收益或使资金增值，在一定时期内将财力投放于一定对象的经济活动。

(二)企业投资的种类

投资有广义和狭义之分，广义的投资包括企业内部的资金投放和使用，以及对外部进行投出的资金；狭义的投资仅指对外投资，即企业为通过分配来增加财富或使资金增值，而将资产让渡给其他单位使用的行为。投资按不同标准可以分为以下类型。

1. 按投资期限长短的不同，投资可以分为短期投资和长期投资

短期投资是指企业购入的各种能随时变现、持有时间不超过一年或一个营业周期的投资，如对应收账款、存货、短期有价证券等的投资。

长期投资是指一年以上才能收回的投资，如房屋、建筑物、机器设备等投资。

2. 按照投资行为的介入程度不同，投资可以分为直接投资和间接投资

直接投资是指由投资人直接介入的投资行为，即将货币资金直接投放于生产经营环节中，形成实物资产或者购买现有企业资产的一种投资。其特点是，投资行为可以直接将投资者与投资对象联系起来。在非金融性企业中，直接投资所占比重较大。

间接投资又称证券投资，是指投资者以其资本购买债券、股票和基金等金融性资产，以期获取股利或利息收入的投资。

3. 按照投资的方向不同，投资可以分为对内投资和对外投资

对内投资即项目投资，是指企业把资金投放在企业内部，购置各种生产经营用资产的投资。如购买供本企业生产经营使用的固定资产、无形资产、其他资产投资，以及垫支流动资金等。

对外投资是指企业以现金、实物、无形资产等方式或者以购买股票、债券等有价证券方式向其他单位的投资。

此外，按照投资的内容不同，投资又可以分为固定资产投资、无形资产投资、存货投资、有价证券投资和其他资产投资等多种形式。

【思考 4-1】下列哪些属于直接投资的对象？(　　)

A. 现金　　B. 设备　　C. 债券　　D. 股票

【解析】正确答案是 A、B，C、D 属于间接投资对象。

二、企业投资的目的

企业投资的目的可以概括为获得利润、生存与发展、降低风险三个方面。

(一)获得利润

企业要想获得利润，应当将筹集的资金投放于企业内部或外部，从中获取资金时间价值和投资风险价值。

(二)生存与发展

企业只有生存，才可能发展。企业生存的先决条件是进行货币投资，从市场上取得所需要的资源，并将其投入生产经营过程，使生产经营活动维持继续经营状态；企业是在发展中求得生存的。企业的发展集中表现为扩大收入，扩大收入的根本途径是要进行物质资源、人力资源的投资，来提高产品的质量，扩大销售的数量，增加利润。

(三)降低风险

科学的投资决策，可以保证企业将资金投向其生产经营的关键环节或薄弱环节，提升企业生产经营能力，稳定收益来源，从而提高企业抵御风险的能力；同时，企业合理进行

多元化投资组合，将资金投向多个行业，可以分散风险，增强企业资产的安全性。

三、企业投资应考虑的因素

(一)投资风险

投资风险是指由于未来的不确定性而产生的投入本金和预期收益损失或减小的可能性。投资风险表现为未来收益和增值的不确定性。诱发投资风险的主要因素有政治因素、经济因素、技术因素、自然因素和企业自身因素等。在投资中，应权衡风险和收益的关系，充分合理预测投资风险，制定规避投资风险的有效策略，力争将投资风险降至最低。

(二)投资收益

企业投资的目的有所不同，但其根本动机是追求较多的投资收益。在不同投资方案的选择上，在风险相同的情况下，应当以投资收益的大小来取舍。

四、项目投资的含义、种类和程序

(一)项目投资的含义

项目投资是一种以特定建设项目为对象，直接与新建项目或更新改造项目有关的长期投资行为。通常包括固定资产投资、无形资产投资、其他资产投资和流动资产投资等内容。

与其他形式的投资相比，项目投资具有投资金额大、影响时间长、发生频率低、变现能力差和投资风险大等特点。

(二)项目投资的种类

工业企业投资项目主要包括以新增生产能力为目的的新建项目和以恢复改善生产能力为目的的更新改造项目两大类。

新建项目按其涉及内容还可以进一步细分为单纯固定资产投资项目和完整工业投资项目。单纯固定资产投资项目简称为固定资产投资，其特点在于：在投资中只包括为取得固定资产而发生的垫支资本投入而不涉及周转资本的投入。完整工业投资项目不仅包括固定资产投资，而且还涉及流动资金投资，甚至包括其他长期资产项目(如无形资产)的投资。

【思考 4-2】项目投资就是固定资产投资，这一观点正确吗?

【解析】不正确。项目投资包括单纯固定资产投资项目、完整工业投资项目和固定资产更新改造项目。

(三)项目投资的程序

企业项目投资的程序主要包括以下几步。

(1) 提出投资领域和投资对象。这需要把握良好的投资机会，根据企业的长远发展战略、中长期投资计划和投资环境的变化来确定。

(2) 评价投资方案的财务可行性。在分析评价特定投资方案经济性、技术可行性的基础上，需要进一步评价其是否具备财务可行性。

(3) 投资方案的比较与选择。在财务可行性评价的基础上，在多个可行方案中选优。

(4) 投资方案的执行。即投资行为的具体实施。

(5) 投资方案的再评价。在投资方案的执行过程中，一旦出现新的情况，就要随时根据变化做出调整以适应新的情况。

任务二　项目计算期的现金流量的计算

一、项目计算期的确定

项目计算期是指投资项目从投资建设开始到最终清理结束整个过程的全部时间，用 n 表示。完整的项目计算期包括建设期和生产经营期，即 n=建设期+生产经营期。

建设期(s)的第一年初 0 点称为建设起点，建设期最后一年末 s 点被称为投产日；项目计算期的最后一年末 n 点称为终结点；从投产日 s 至终结点 n 之间的时间间隔被称为生产经营期(p)，生产经营期包括试产期和达产期。项目计算期的构成如图 4-1 所示。

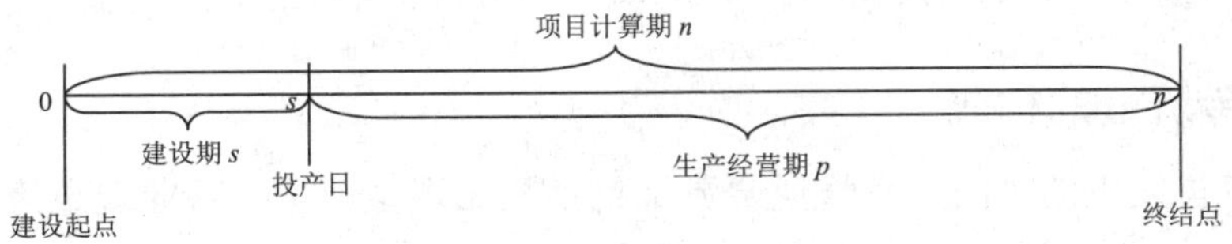

图 4-1　项目计算期的构成

【思考 4-3】已知企业拟构建一生产线，预计使用寿命为 6 年。如果在建设起点投资并投产，计算项目计算期；如果建设期为一年，计算项目计算期。

【解析】如果在建设起点投资并投产，建设期为 0，故项目计算期为 6(n=0+6) 年；如果建设期为一年，则项目计算期为 7(n=1+6)年。

二、原始总投资与投资总额的计算

原始总投资是指企业为使项目达到完全设计生产能力并开展正常经营而投入的全部现实资金，包括建设投资和流动资金投资两项内容。

投资总额是一个反映项目整体价值的指标，数量上等于原始总投资与建设期资本化利息之和(资本化利息是指在建设期所发生的与购建项目所需的固定资产、无形资产等长期资产有关的借款利息)。

【思考 4-4】企业拟构建一条生产线，需要在建设起点一次投入固定资产投资 200 万元，无形资产投资 40 万元，建设期为 1 年，建设期资本化利息为 8 万元，全部计入固定资产原值。流动资金投资为 30 万元。试计算固定资产原值、原始总投资和项目投资总额。

【解析】固定资产原值=200+8=208(万元)

原始总投资=200+40+30=270(万元)

项目投资总额=270+8=278(万元)

三、项目投资的现金流量的计算

(一)现金流量的含义

现金流量是投资项目在未来一定时期现金流入量与现金流出量的统称。现金的可用性是企业的生命，没有现金，企业必然走向灭亡。值得注意的是，这里的“现金”是广义的现金，它不仅包括各种货币资金，而且包括与投资项目有关的非货币资产的变现价值。现金流量包括现金流出量、现金流入量和净现金流量三个具体概念。现金流出量是指投资项目引起的企业现金支出的增加额；现金流入量是指投资项目引起的企业现金收入的增加额；净现金流量是指一定期间现金流入量减去现金流出量的差额。当现金流入量大于现金流出量时，净现金流量为正值；反之，为负值。

现金流量是以收付实现制为基础的，它是计算项目投资决策评价指标的主要依据和重要信息之一，其本身也是评价项目投资是否可行的一个基础性指标。

【思考 4-5】在进行投资项目决策时，为什么要重点研究现金流量，而不是利润呢？

【解析】其原因主要有两点：一是利润指标的确立是以权责发生制为基础的，将应收、应付项目业务列入了收入或费用，忽视了现金流动的时间因素；二是利润的计算一定程度上受存货计价方式、折旧计提方式的影响，一定程度上受人为因素影响，不能全面反映投资项目的效益。

(二)现金流量的构成

从现金流量发生的时间来看，现金流量包括初始现金流量、营业现金流量和终结现金流量三部分。

(1) 初始现金流量，即开始投资时发生的现金流量。一般包括初始投资、流动资产投资、其他投资费用和原有固定资产的变价收入四部分。

(2) 营业现金流量是指项目投产后，在其使用寿命期内，由于生产经营所带来的现金流入和现金流出的数量。

(3) 终结现金流量是指投资项目结束时所发生的现金流量。一般为现金流入量，如设备变价收入、设备残值变价收入和原垫支流动资金的回收等。

【思考 4-6】某企业投入投资项目的流动资金为 30 万元，终结点固定资产残值为 10 万元，终结现金流量是多少？

【解析】终结现金流量为 40(30+10)万元。

(三)所得税和折旧对现金流量的影响

1. 所得税对现金流量的影响

上缴企业所得税对企业来说是一种现金流出，因此净现金流量又包括所得税前净现金流量和所得税后净现金流量两种形式。

所得税前净现金流量不受融资方案和所得税政策变化的影响，是全面反映投资项目方案本身财务获利能力的基础数据。计算时，现金流出量的内容中不包括调整所得税因素。所得税后净现金流量则将所得税视为现金流出，可用于评价在考虑融资条件下项目投资对企业价值所做的贡献。可以在所得税前净现金流量的基础上，直接扣除调整所得税求得，也可以按税后收入和税后成本直接计算。税后收入和税后成本的计算公式如下。

$$税后收入=收入金额\times(1-所得税税率)$$

$$税后成本=实际支付额\times(1-所得税税率)$$

为了简化计算，本项目以所得税前净现金流量的计算为主，说明一般投资项目如何估算净现金流量。同时，以更新改造投资项目为例，说明所得税后净现金流量如何估算。

2. 折旧对现金流量的影响

折旧具有抵税作用。企业计提折旧会引起成本增加，利润减少，从而使所得税减少。折旧虽然是企业的成本，但不需要企业支付现金。因此，计提折旧会使企业实际少缴所得税，即减少了企业现金流出量，增加了净现金流量。折旧抵税额的计算公式如下。

折旧抵税额=折旧额×所得税税率

(四)现金流量的估算

在确定投资项目的现金流量时，要注意只有“增量”现金流量才是与投资项目相关的现金流量。“增量”现金流量是指由于接受或放弃某个投资项目所引起的现金变动部分。它不仅包括实际发生的收入、支出等的增加，而且包括“机会成本”的增加。“机会成本”不是实际发生的支出或费用，而是指放弃的投资方案可能带来的收益。例如，投资 2 万元购买股票，可获利 4 000 元；若投资基金，可获利 2 500 元。若决定投资股票，而放弃基金投资，则基金投资的收益 2 500 元即为股票投资的机会成本；反之亦然，基金投资的机会成本为 4 000 元。在投资决策过程中考虑机会成本，有利于全面分析评价所面临的各个投资机会，以便选择经济上最为有利的投资项目。

子任务一　直接法计算现金流量

直接法是根据现金流量的构成项目直接计算净现金流量，其计算公式如下。

净现金流量(NCF)=销售收入+固定资产残值收入+投资收回额-原始投资额-付现成本-所得税

或　=销售收入×(1-所得税税率)+固定资产残值收入+投资收回额-原始投资额-付现成本×(1-所得税税率)+折旧等非付现成本×所得税税率

付现成本是指需要每年支付现金的销售成本。销售成本中折旧费用、推销费用、利息费用等不需要每年支付现金，属于非付现成本，因此，付现成本=销货成本-折旧、推销、利息等非付现成本。

由于固定资产残值收入和相关流动资产上投资的收回，一般发生在项目寿命期终结时，因此在项目计算期内某一年净现金流量可用下列公式计算。

净现金流量(NCF)=销售收入-付现成本-投资额-所得税

或　=销售收入×(1-所得税税率)-付现成本×(1-所得税税率)+折旧等非付现成本×所得税税率-投资额

【任务演练 4-1】某企业拟更新一套尚可使用 5 年的旧设备。旧设备账面净值为 11 万元，期满残值为 1 万元，目前变现价值为 6 万元。旧设备每年营业收入为 20 万元，付现成本为 16 万元，每年折旧为 2 万元。新设备投资总额为 30 万元，可用 5 年，使用新设备后每年营业收入为 26 万元，每年付现成本为 14 万元，期满残值为 5 万元，每年折旧额为 5 万元。假设暂不考虑所得税等税金，试计算新、旧设备使用方案各年净现金流量。

【解析】

(1) 采用新设备各年现金流量计算如下。

建设起点，初始现金流量=-30 万元

第 1～4 年每年现金流量=26-14+ 5(折旧)=17(万元)

第 5 年现金流量=26-14+5(残值)+5(折旧)=22(万元)

(2) 采用旧设备各年现金流量计算如下。

建设起点，初始现金流量=-6 万元(放弃设备变现机会的收益，即机会成本)

第 1～4 年每年现金流量=20-16+2(折旧)=6(万元)

第 5 年现金流量=20-16+1+2(折旧)=7(万元)

承任务演练 4-1，若该企业所得税税率为 25%，则新、旧设备使用方案各年净现金流量计算如下。

(1) 采用新设备。

初始现金流量=-30 万元

第 1～4 年每年现金流量=26×(1-25%)-14×(1-25%)+5×25% =10.25(万元)

第 5 年现金流量=26×(1-25%)-14×(1-25%)+5×25%+5=15.25(万元)

(2) 采用旧设备。

初始现金流量=-6 万元

第 1～4 年每年现金流量=20×(1-25%)-16×(1-25%)+2×25%=3.5(万元)

第 5 年现金流量=20×(1-25%)-16×(1-25%)+2×25%+1=4.5(万元)

子任务二　间接法计算现金流量

间接法是利用财务会计提供的利润数据资料，经调整求得净现金流量的一种方法。其计算公式如下。

净现金流量(NCF)=净利润+折旧等非付现成本+固定资产残值收入+投资收回额-原始投资额

【思考 4-7】以税后净利润为基础计算净现金流量时，为什么要将“折旧”加回？

【解析】固定资产的磨损是以折旧方式计入产品成本，企业在计算利润时，已将成本费用扣除(含折旧)。产品销售后，折旧以现金的形式从销售收入中收回，不需要付现，而是留存于企业。所以，要在净利润的基础上加回。

【任务演练 4-2】某企业新建一基建项目，需要固定资产投资 110 万元，建设期为两年，于建设起点分两年平均投入。流动资金投资 20 万元，于投产开始垫付。该项目经营期为 10 年，固定资产按直线法计提折旧，期满净残值为 10 万元；流动资金在项目终结时可一次全部收回。预计投产后，每年可获得 40 万元的营业收入，前 5 年发生 30 万元的营运成本，后 5 年发生 32 万元的营运成本(暂不考虑所得税因素)。该企业前 5 年每年的净利润为 10 万元，后 5 年每年净利润为 8 万元。要求分别用两种方法，计算该项目投资各年的净现金流量。

【解析】在实际工作中，通过编制现金流量表来计算各年度现金流量，如表 4-1(直接法)、表 4-2(间接法)所示。

表中“-”号表示现金流出。

年折旧额=(110−10)÷10=10(万元)

项目计算期=2+10=12(年)

终结点回收额=回收固定资产残值+回收流动资金=10+20=30(万元)

表 4-1　投资项目现金流量计算表(直接法)

项　目	年　份												合计
	1	2	3	4	5	6	7	8	9	10	11	12	
固定资产	−55	−55										10	−100
流动资金			−20									20	
营业收入			40	40	40	40	40	40	40	40	40	40	400
营运成本			−30	−30	−30	−30	−30	−32	−32	−32	−32	−32	−310
折旧			10	10	10	10	10	10	10	10	10	10	100
净现金流量	−55	−55	0	20	20	20	20	18	18	18	18	48	90

表 4-2　投资项目现金流量计算表(间接法)

项　目	年　份												合计
	1	2	3	4	5	6	7	8	9	10	11	12	
固定资产	−55	−55										10	−100
流动资金			−20									20	
净利润			10	10	10	10	10	8	8	8	8	8	90
折旧			10	10	10	10	10	10	10	10	10	10	100
净现金流量	−55	−55	0	20	20	20	20	18	18	18	18	48	90

任务三　项目投资决策的方法

投资项目各阶段的现金流量估算出来后，应采用一定的方法对投资方案进行评价。在评价中，如果方案的收益大于成本，则该方案可取。如果几个方案的收益都大于成本，则应综合考虑企业各方面情况，慎重做出选择。按照投资决策中是否考虑资金的时间价值可将决策方法分为非折现评价指标与折现评价指标。

非折现评价指标是指在计算过程中不考虑资金时间价值因素的指标，又称为静态指标，包括投资利润率、静态投资回收期。

折现评价指标是指在计算过程中充分考虑资金时间价值因素的指标，又称为动态指标，包括净现值、净现值率、现值指数和内部收益率。

子任务一　非折现评价法

(一)投资利润率法

投资利润率又称投资报酬率(ROI)，是指项目投资方案的年平均利润额占投资总额的百分比。投资项目的投资利润率越高越好，低于无风险投资利润率的方案是不可行方案。其计算公式如下。

投资利润率=年平均利润额÷投资总额×100%

【任务演练 4-3】某企业拟购建一项固定资产，需投资 150 万元。在建设起点一次性投入借入资金 200 万元，建设期一年，其资本化利息为 20 万元，预计投产后每年可获营业利润 20 万元。该项目的投资利润率为多少？

【解析】投资利润率=20 ÷ (200+20)×100%=9.09%

【思考 4-8】以投资利润率高低作为项目投资方案决策的依据，有什么优缺点？

【解析】其优点是：计算简单明了、易于掌握，且投资利润率不受建设期长短、投资方式、净现金流量等条件影响，能够说明各投资方案的收益水平。

其缺点是：①未考虑资金时间价值，不能正确反映建设期长短以及投资方式不同对项目的影响；②该指标不能真实地反映项目计算期内现金流量的大小及分布。

(二)投资回收期法

投资回收期是指收回全部投资总额所需要的时间。回收期越短，方案就越有利。只有投资回收期小于等于基准投资回收期的方案才是可行方案。从财务的角度来分析，若投资回收期小于或等于项目计算期的一半，其财务上是可行的。其计算又分为以下两种。

1. 经营期年净现金流量相等

若经营期各年净现金流量相等，应先计算不含建设期(S)的静态投资回收期(PP′)，加上建设期，即为含建设期(S)的静态投资回收期(PP)。不含建设期(S)的静态投资回收期(PP′)可用下式计算。

$$\text{投资回收期(PP}') = \frac{\text{投资总额}}{\text{经营期每年的净现金流量}}$$

2. 经营期年净现金流量不相等

若经营期各年净现金流量不相等，应先计算含建设期在内的静态投资回收期(PP)，再用 PP 减去建设期(S)即可得到不含建设期的静态投资回收期(PP′)，此种情况下含建设期的静态投资回收期(PP)可用下式计算。

$$\text{投资回收期(PP)} = \text{累计净现金流量为负数的最后年份} + \frac{\text{至该年尚未收回的投资额}}{\text{下一年的净现金流量}}$$

【任务演练 4-4】某企业准备投资 300 000 元。有 A、B 两个方案可供选择，年初一次性投资，建设期均为 1 年。经营期资料如表 4-3 所示。B 方案终结时残值为 10 000 元，A 方案无残值，暂不考虑税费。试计算两个方案的静态投资回收期，并选优。

表 4-3 A、B 两个方案的基本资料

单位：元

年 数	A 方 案		B 方 案	
	年 净 利	年折旧额	年 净 利	年折旧额
1	26 000	60 000	10 000	58 000
2	26 000	60 000	16 000	58 000
3	26 000	60 000	22 000	58 000

续表

年　数	A 方 案		B 方 案	
	年 净 利	年折旧额	年 净 利	年折旧额
4	26 000	60 000	28 000	58 000
5	26 000	60 000	34 000	58 000

【解析】先分别计算三个方案的累计净现金流量，具体如表 4-4 所示。

表 4-4　A、B 两个方案的累计净现金流量计算表

单位：万元

项　目	A 方 案						B 方 案					
	1	2	3	4	5	6	1	2	3	4	5	6
投资	−30						−30					1
净利润		2.6	2.6	2.6	2.6	2.6		1	1.6	2.2	2.8	3.4
折旧		6	6	6	6	6		5.8	5.8	5.8	5.8	5.8
净现金流量	−30	8.6	8.6	8.6	8.6	8.6	−30	6.8	7.4	8	8.6	10.2
累计净现金流量	−30	−21.4	−12.8	−4.2	4.4	13	−30	−23.2	−15.8	−7.8	0.8	11

A 方案经营期内每年净现金流量均为 8.6 万元，因此投资回收期计算如下。

A 方案投资回收期(PP)=30÷8.6+1=4.49(年)

B 方案经营期内每年净现金流量不相等，累计数为负值的年份是第 4 年(−7.8 万元)，下一年度，即第 5 年净现金流量为 8.6 万元，因此其投资回收期计算如下。

B 方案投资回收期(PP)=4+7.8÷8.6=4.91(年)

A、B 两个方案的投资回收期均超过了项目计算期的一半，财务上不具有可行性。但相比较而言，A 方案优于 B 方案。

投资回收期法能够直观地反映原始总投资的返本时期，计算简单，便于理解。但没有考虑资金的时间价值和投资回收期后的现金流量，也不能衡量投资方案投资报酬率的高低，在一定程度上影响了决策的正确性。

子任务二　折现评价法

(一)净现值法

净现值(NPV)是指在项目计算期内，按行业基准收益率或设定折现率计算的各年净现金流量的现值和，再减去初始投资后的余额。其计算公式如下。

净现值=未来各期净现金流量的总现值−初始投资额的现值

未来某期净现金流量的现值=该期净现金流量×复利现值系数$(P/F,i,t)$

净现值≥0 的方案为可行方案，如果几个方案的投资额相等，且净现值都是正数，则净现值最大的方案为最优方案。

【任务演练 4-5】承任务演练 4-4，若最低收益率为 10%，假设建设期为 0，即年初一次性投资并于当年投产运营。试计算 A、B 两个方案的净现值，并选优。

【解析】

(1)　A 方案 1～5 年每年净现金流量为 8.6 万元，可利用年金现值系数计算如下。

A 方案净现值(NPV_A)=8.6×(P/A,10%,5)−30=8.6×3.790 8−30=2.600 9(万元)

(2) B 方案净现值(NPV_B)=6.8×(P/F,10%,1)+7.4×(P/F,10%,2)+8×(P/F,10%,3) + 8.6×(P/F,10%,4)+10.2×(P/F,10%,5)−30
=6.8×0.909 1+7.4×0.826 4+8×0.751 3+8.6×0.683+10.2×0.620 9−30
=−0.5146(万元)

计算结果表明，A 方案净现值高于 B 方案净现值，因此 A 方案优于 B 方案。

【任务演练 4-6】某企业拟建造一项固定资产，年初一次性投资 100 万元，按照直线法计提折旧，使用寿命 10 年，期末无残值。该项工程于当年投产，预计投产后每年可获利 10 万元。假定不考虑所得税的影响，该项目的行业基准折现率为 10%。试采用净现值法判断该方案是否可行。

【解析】该投资项目发生现金流的时间序列图如图 4-2 所示。

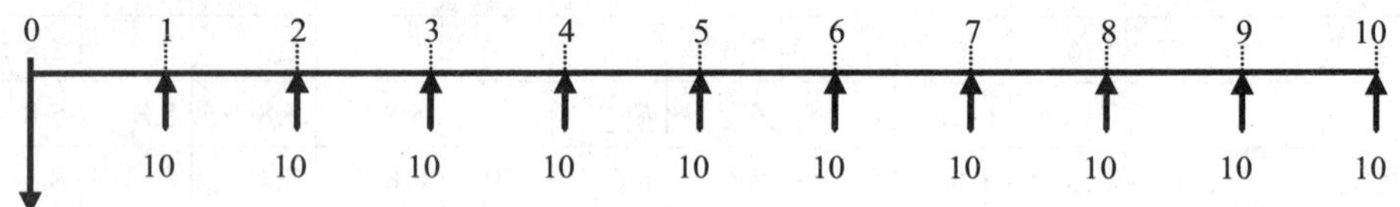

图 4-2 投资项目发生现金流的时间序列图

年折旧额=100÷10=10(万元)

经营期内每年净现值流量= 10+10=20(万元)

净现值(NPV)=20×(P/A,10%,10)−100=20×6.144 6−100=22.892(万元)＞0

所以，方案可行。

【思考 4-9】若任务演练 4-6 建设期为 3 年，试分析方案是否可行。

【解析】净现值(NPV)=20×(P/A,10%,10)×(P/F,10%,3)−100
=20×6.144 6×0.751 3−100= −7.671 2(万元)＜0

所以，不可行。

净现值法的优点是：考虑了资金的时间价值和项目计算期内的全部净现金流量，并考虑了投资的风险性，因为折现率的大小与风险有关，风险越大，折现率越大。但是，它不能反映投资项目的投资收益率水平，净现金流量和折现率的确定比较困难。当各方案的投资额不等时，不能够确定方案的优劣。

(二)净现值率法

净现值率(NPVR)是投资项目的净现值与原始投资现值总额的百分比。它反映了项目投资期内每投入 1 元可以获得的净现值。若净现值率≥0，则该投资方案可行。投资额相同时，净现值率越大的方案越好。其计算公式如下。

净现值率(NPVR)=投资项目净现值÷原始投资现值×100%

承任务演练 4-5，A 方案的净现值率=2.600 9÷30×100%=8.7%

B 方案的净现值率=−0.727 1÷30×100%=−2.42%＜0，所以，方案不可行。

净现值率是相对值指标，可反映出资金投入与净产出之间的关系，比其他动态相对数指标更易计算，便于在投资额不等的情况下进行不同方案的比较；但仍不能反映投资项目的实际投资收益率水平。

(三)现值指数法

现值指数(PI)是投资方案的未来现金流入量现值与原始投资额现值的比率。它反映了每1元初始投资未来可以获得现金流量的现值是多少。其计算公式如下。

现值指数(PI)=经营期各年净现金流量的现值之和÷原始投资的现值之和

或

现值指数(PI)与净现值率(NPVR)之间存在一定的数量关系，即 PI=1+NPVR。

决策依据：如果现值指数≥1，该方案可行；如果现值指数<1，则方案不可行。如果几个方案均可行，则现值指数最大的为最优。

承任务演练 4-5，A 方案的现值指数=8.6×(P/A,10%,5) ÷30

=8.6×3.790 8÷30=1.087

B 方案的现值指数=[6.8×(P/F,10%,1)+7.4×(P/F,10%,2)+8×(P/F,10%,3)+8.6×(P/F,10%,4) +10.2×(P/F,10%,5)] ÷30

=30.514 6÷30 = 1.017 1

A、B 两个方案现值指数均大于 1，表明两方案都可行，由于 A 方案现值指数略高于 B 方案，所以 A 方案优于 B 方案。

【思考 4-10】净现值与现值指数有什么联系？

【解析】净现值是将各年净现金流量的现值之和减去原始投资额，是绝对量评价指标；而现值指数则是将各年净现金流量的现值之和除以原始投资额，是相对量评价指标。

现值指数法考虑了资金的时间价值和投资风险，可以从动态的角度反映项目投入与产出之间的比例关系；但仍不能反映投资项目的实际投资收益率水平。

(四)内部收益率法

内部收益率(IRR)又称内含报酬率，是指项目投资实际可望达到的报酬率，即使投资项目的净现值为 0 时的报酬率。该指标大于等于行业基准折现率时，投资项目具有财务可行性。其计算方法有以下两种。

1. 如果经营期年净现金流量相等，则按下列步骤计算

(1) 计算年金现值系数。

年金现值系数=初始投资额÷每年净现金流量

(2) 查年金现值系数表，在相同的期数内，找出与计算结果相同的系数，其对应的折现率即为内部收益率。

(3) 如果没有相同的系数，则找出两个相近的一大一小系数及其对应的折现率(令大贴现率为 i_2，小贴现率为 i_1)，用插入法计算内部收益率。其计算公式如下。

$$\text{内部收益率(IRR)} = i_1 + (i_2 - i_1) \times \left(\frac{\text{计算出的现值系数}-i_1\text{对应系数值}}{i_2\text{对应的系数值}-i_1\text{对应系数值}} \right)$$

【任务演练 4-7】承任务演练 4-5，假设建设期为 0，则方案 A 的内部收益率计算如下。

年金现值系数=30÷8.6=3.448 4

项目计算期为 5 年。查年金现值系数表，在期数为 5 的一行上无法找到确切的 3.448 4，可以找到 3.604 8 和 3.433 1，其对应的折现率分别为 12%(i_1)和 14%(i_2)。A 方案的内部收益

率 IRR，应在 12%与 14%之间，计算如下。

$$内部收益率(IRR)=12\%+2\%\times\frac{3.4484-3.6048}{3.4331-3.6048}$$

$$=13.82\%$$

2. 如果经营期年净现金流量不相等，则按下列步骤计算

(1) 估计一个折现率，并按此折现率计算投资方案的净现值。如果计算出的净现值为正数，则说明估计的折现率低于该投资项目实际内部收益率，应提高折现率再进行测试；如果计算出的净现值为负数，则说明估计的折现率高于该投资项目实际内部收益率，应降低折现率再进行测试。经过如此反复的测算，找到净现值由正到负并且接近于零的两个折现率。

(2) 如果某次测算的净现值刚好为零，则估计的折现率即为该投资项目的内部收益率。

(3) 如果测算的净现值不为零，则利用已找到的两个邻近的折现率，采用插入法计算内部收益率。

【任务演练 4-8】承任务演练 4-5，假设建设期为 0，则 B 方案的内部收益率计算如下。

(1) 找出邻近的两个折现率。

从任务演练 4-5 的计算中得出，折现率为 10%时，B 方案的净现值(NPV_B)=−0.727 1 万元。说明 10%高于了 B 方案的内部收益率，应降低折现率，再进行测算。

以折现率 9%再次测算 B 方案的净现值，计算如下。

$$\begin{aligned}NPV_B &= 6.8\times(P/F,9\%,1)+7.4\times(P/F,9\%,2)+8\times(P/F,9\%,3)+8.6\times(P/F,9\%,4)+\\&\quad 10.2\times(P/F,9\%,5)-30\\&= 6.8\times0.9174+7.4\times0.8417+8\times0.7722+8.6\times0.7084+10.2\times0.6499-30\\&= 6.2383+6.2286+6.1776+6.0922+6.629-30\\&=1.3657(万元)\end{aligned}$$

当折现率为 9%时，B 方案的净现值＞0，说明 9%低于了 B 方案的内部收益率。因此，B 方案的内部收益率在 9%～10%。

(2) 用插入法求 B 方案的内部收益率。

9%	IRR	10%
NPV=1.365 7	NPV=0	NPV=−0.727 1

$$内部收益率(IRR)=9\%+(10\%-9\%)\times\left(\frac{0-1.3657}{-0.7271-1.3657}\right)$$

$$=9.65\%$$

内部收益率法的优点是：能从动态的角度直接反映投资项目的实际收益率水平，计算过程不受行业基准折现率的影响，比较客观；但在手工计算环境下，按照一般方法逐次测试，导致该指标的计算过程十分麻烦。

【思考 4-11】折现评价法的几个指标有什么联系？

【解析】在评价单一投资项目时，折现评价指标净现值(NPV)、净现值率(NPVR)、获利指数(PI)和内部收益率指标(IRR)之间方向是一致的，即当 NPV＞0 时，必然存在 NPVR

＞0、PI＞1、IRR＞预定基准折现率；当 NPV=0 时，必然存在 NPVR=0、PI=1、IRR=预定基准折现率；当 NPV＜0 时，必然存在 NPVR＜0、PI＜1、IRR<预定基准折现率。

【任务训练】

甲公司拟新建一生产线，现有 A、B 两种方案可供选择。A 方案需要在建设期初一次投入 600 万元，建设期为 1 年，使用年限为 10 年，按直线法计提折旧，使用期满残值为 40 万元。经营期内每年营业收入为 152 万元，付现成本为 40 万元。B 方案需要在建设期初一次投入 300 万元，建设期为 1 年，在建设期末垫支流动资金 10 万元，使用寿命为 10 年，按直线法计提折旧，期满后残值为零。经营期内每年营业收入为 90 万元，付现成本为 20 万元。使用期满可一并收回垫付的流动资金 10 万元。

要求：

(1) 暂不考虑所得税影响，试计算 A、B 两个方案各年的现金净流量；若甲公司的资金成本为 10%，试计算 A、B 两个方案的净现值、净现值率、现值指数与内部收益率，并进行选择。

(2) 若考虑所得税的影响，试计算 A、B 两个方案各年的净现金流量。

任务四　项目投资决策方法的运用

一、独立方案财务可行性评价及其投资决策

(1) 如果某一投资项目的评价指标同时满足下列条件，则可以断定该投资项目完全具备财务可行性，应当接受此投资方案。

① 净现值(NPV)≥0。

② 净现值率(NPVR)≥0。

③ 获利指数(PI)≥1。

④ 内部收益率(IRR)指标≥基准投资收益率。

⑤ 静态投资回收期≤项目计算期的一半。

⑥ 投资利润率≥基准投资利润率。

(2) 如果某一投资项目的评价指标不能同时满足上述条件，则可以断定该投资项目不具备财务可行性，应当放弃此投资方案。

(3) 当静态投资回收期等非折现评价指标的评价结论与折现评价指标发生矛盾时，应当以折现评价指标的评价结论为准。

(4) 利用净现值、净现值率、现值指数和内部收益率指标对同一个独立项目进行评价，会得出完全相同的结论。

二、多个互斥方案的比较决策

互斥方案决策是指在每一个入选方案已具备财务可行性的前提下，利用具体决策方法比较各个方案的优劣，利用评价指标从各个备选方案中选出一个最优方案的过程。

(1) 投资额、项目计算期均相等的互斥方案，应当选择净现值或内部收益率最大的方案。

【任务演练 4-9】甲投资项目需要原始投资 400 万元，有 A、B、C、D 四个相互排斥的备选方案可供选择，各方案的净现值指标分别为 254.44 万元、117.194 万元、185.21 万元、223.65 万元。试比较各方案的优劣。

【解析】A、B、C、D 每个备选方案的净现值均大于 0，均具有财务可行性。由于 A 方案净现值 254.44＞223.65＞185.21＞254.44 ，所以应选择 A 方案。各方案优劣次序为：A＞ D>C>B。

(2) 投资额不相同，但项目计算期相等的互斥方案，应选择净现值率、现值指数或内部收益率最大的方案。

【任务演练 4-10】甲项目与乙项目为互斥方案，可使用期限均为 8 年。甲项目原始投资的现值为 160 万元，净现值为 45.68 万元；乙项目原始投资的现值为 140 万元，净现值为 30 万元。试比较两方案的优劣。

【解析】由于投资额不同，不能直接用净现值指标对比，应采用净现值率指标。

甲项目的净现值率 $NPVR_{甲}$=45.68÷160=0.29

乙项目的净现值率 $NPVR_{乙}$=30÷140=0.21

因为 0.29＞0.21，所以应选择甲项目。

(3) 投资额、项目计算期均不同的互斥方案，应当选择内部收益率最大的方案。

【任务演练 4-11】设企业基准报酬率为 10%，现有三个投资方案，资料如表 4-5 所示，试比较其优劣。

表 4-5　A、B、C 投资方案的相关资料

单位：元

期　间	A 方案		B 方案		C 方案	
	净 收 益	NCF	净 收 益	NCF	净 收 益	NCF
0		−20 000		−9 000		−1 400
1	1 800	11 800	−1 800	1 200	600	4 600
2	3 240	13 240	3 000	6 000	600	4 600
3			3 000	6 000	600	4 600
合计	5 040	5 040	4 200	4 200	1 800	1 800

【解析】当 i=16%时，

$$NPV_A = 11\,800\times(P/F,16\%,1)+13\,240\times(P/F,16\%,2)-20\,000$$
$$= 11\,800\times0.862\,1+13\,240\times0.743\,2-20\,000$$
$$=10\,172.78+9\,839.97-20\,000 =12.75$$

当 i=18%时，

$$NPV_A = 11\,800\times(P/F,18\%,1)+13\,240\times(P/F,18\%,2)-20\,000$$
$$= 11\,800\times0.847\,5+13\,240\times0.718\,2-20\,000$$
$$=10\,000.5+9\,508.97-20\,000 =-490.53$$

因此，A 方案的内部收益率应在 16%～17%，用插入法计算如下。

$$IRR_A = 16\% + 2\% \times \frac{0-12.75}{-490.53-12.75} = 16.05\%$$

同理，求得 B 方案的内部收益率 IRR_B= 17.88%，C 方案的内部收益率 IRR_C=12.29%。

三个方案的内部收益率均超过企业基准收益率 15%，均为可行方案。由于 B 方案内部收益率最高，因此应为最佳方案。

三、更新改造项目决策

企业更新改造项目投资决策是企业投资决策的一项重要内容。由于陈旧设备消耗大、维护费用高，而新设备技术先进、消耗小，但投资较大，因此是否更新改造是企业经常面临的抉择。更新改造项目决策常用方法有差额分析法和年等额净回收额法两种。

1. 差额分析法

差额分析法是分析使用新设备比继续使用旧设备所能节约的成本和增加的收入的净现值或内部收益率，以决定是否更新设备的方法。当新旧设备使用期限相同时，可直接用净现值的差额进行分析，当差额净现值为正，则应更新设备；反之，则不应更新设备。当其使用期限不同时，应采用差额投资内部收益率法。

差额投资内部收益率法是在分析新旧设备差额净现金流量(ΔNCF)的基础上，计算出差量内部收益率(ΔIRR)，以决定是否更新设备的方法。当差额投资内部收益率大于预期基准收益率时，则表明使用新设备比使用旧设备能获得更多的收益，应当进行设备更新；反之，则不应进行更新改造。

差额投资内部收益法或差额净现值分析法也可用于其他互斥投资方案的对比决策。

【任务演练 4-12】甲企业计划变卖一套尚可使用 5 年的旧设备，另购置一套新设备来替换它。取得新设备的投资额为 18 万元，旧设备原价 14 万元，已提折旧 5 万元，其变现价值为 8 万元，到第 5 年年末新设备与继续使用旧设备届时的预计净残值相等。新旧设备的替换将在当年内完成(即更新设备的建设期为 0)。使用新设备可使企业在第一年增加营业收入 5 万元，增加经营成本 2.5 万元；从 2～5 年内每年增加营业收入 6 万元，增加经营成本 3 万元。设备采用直线法计提折旧。企业所得税税率为 25%，若甲企业的资金成本为 8%。试做出是否更新改造的决策。

【解析】

(1) 计算差额净现金流量。

采用新设备初始投资增加额=−18−(−8)=−10(万元)

新旧设备差量折旧额=新设备折旧−旧设备折旧

=(18−新设备净残值)÷5− (8−旧设备净残值)÷5

=2(万元)

因考虑所得税，各年增加的现金流量计算如下。

第 1 年增加现金流量=5×(1−25%)−2.5×(1−25%)+2×25%=2.375 (万元)

第 2 ~ 5 年每年增加现金流量=6×(1−25%)−3×(1−25%)+2×25% =2.75 (万元)

$\Delta NCF=2.375\times(P/F,i,1)+2.75\times(P/A,i,4)\times(P/F,i,1)-10$

(2) 计算差额内部收益率ΔIRR。

当 i=10%时，

$\Delta NCF=2.375\times(P/F,10\%,1)+2.75\times(P/A,10\%,4)\times(P/F,10\%,1)-10$

$=2.375\times0.909\,1+2.75\times3.169\,9\times0.909\,1-10=0.084$(万元)

当 i=12%时，

$$\Delta NCF=2.375\times(P/F,12\%,1)+2.75\times(P/A,12\%,4)\times(P/F,12\%,1)-10$$

$$=2.375\times0.892\ 9+2.75\times3.037\ 3\times0.892\ 9-10=-0.421(\text{万元})$$

$$\Delta IRR=10\%+2\%\times\left(\frac{0-0.084}{-0.421-0.084}\right)=10.33\%$$

因为差额投资内部收益率 10.33%大于甲企业的资金成本 8%，说明使用新设备比使用旧设备能获得更多的收益，应当进行设备更新。

2. 年等额净回收额法

年等额净回收额法是比较多个投资方案的年等额净回收额的大小，来选择最优方案的决策方法。年等额净回收额的计算公式如下。

$$\text{年等额净回收额}=\frac{\text{某种方案的净现值}}{\text{相关年金现值系数}}$$

该法适用于原始投资不同，且项目计算期不等的多方案决策，年等额净回收额最大的方案最优。

【任务演练 4-13】某公司正在使用一台机器设备，其原始投资额为 125 万元，使用年限为 20 年，已使用 9 年，若继续使用，从现在至使用期满可获得的净现值为 138.82 万元；若购买新的机器设备，其原始投资为 110 万元，无建设期，使用年限为 10 年，从现在至使用期满可获得的净现值为 112 万元。若该企业资金成本为 10%，试运用年等额净回收额法分析应选择哪个方案。

【解析】继续使用旧生产线的年等额净回收额=其净现值/(P/A,10%,11)

=135.82÷6.495 1=20.91(万元)

使用新的生产线的年等额净回收额=其净现值/(P/A,10%,10)

=112÷6.144 6=18.23(万元)

由于购买新设备的年等额净回收额小于继续使用旧设备的年等额净回收额，表明使用旧设备比购买新设备会获得更多的收益，所以应当继续使用旧设备。

【任务训练】

昌华公司目前使用的旧设备，其原始价值为 10 万元，使用年限为 10 年，已经使用了 5 年，计提折旧 5 万元，使用期满无净残值，目前变现价值为 4 万元。若继续使用，每年可获得收入 8 万元，每年付现成本 6 万元。若采用新设备，需要投资 40 万元，建设期为 0，使用年限为 10 年，使用期满无残值，每年可获得收入 19 万元，每年的付现成本为 9 万元。新旧设备均采用直线法计提折旧，企业所得税税率为 25%。假设与处理旧设备相关的税金可以忽略不计，昌华公司资金成本为 10%。试用差额内部收益率法分析该公司应如何做出抉择。

项目知识检测

一、单项选择题

1. 下列投资项目评价指标中，不受建设期长短、投资回收时间先后以及现金流量大小影响的评价指标是(　　)。

A. 投资回收期　　B. 投资利润率
C. 净现值率　　D. 内部收益率

2. 如果甲投资方案的净现值大于乙投资方案的净现值，则(　　)。
A. 甲方案优于乙方案　　B. 乙方案优于甲方案
C. 无法评价两个方案　　D. 若投资额相同，则甲方案优于乙方案

3. 下列各项中，不会对投资项目的内部收益率指标产生影响的因素是(　　)。
A. 原始投资　　B. 现金流量　　C. 项目计算期　　D. 设定折现率

4. 某企业计划投资 10 万元建成一生产线，预计投产后每年可获利 1.5 万元，年折旧率为 10%，则投资回收期为(　　)。
A. 3 年　　B. 5 年　　C. 4 年　　D. 6 年

5. 某投资方案净现值为正数，则必然存在的结论是(　　)。
A. 投资回收期在一年以内　　B. 现值指数大于 1
C. 内部收益率高于 100%　　D. 年均净现金流量大于原始投资额

6. 某企业拥有一套闲置的厂房，若出租，每年可获得 6 万元的租金收入；若出售，变现价值为 50 万元。该企业最终决定出租，则出租厂房的机会成本是(　　)万元。
A. 6　　B. 50　　C. 44　　D. 56

7. 采用折现评价法对投资项目进行评价时，如果其他因素不变，只提高折现率，则下列指标计算结果不会改变的是(　　)。
A. 净现值　　B. 投资回收期　　C. 内部收益率　　D. 现值指数

8. 某项目折现率为 10%，净现值为 50 万元，则说明该项目的内部收益率(　　)。
A. 低于 10%　　B. 高于 10%　　C. 等于 10%　　D. 无法界定

9. 项目计算期是指(　　)。
A. 建设期　　B. 生产经营期　　C. 建设期+达产期　　D. 建设期+经营期

10. 某企业投资方案 A 的年销售收入为 180 万元，年销售成本和费用为 120 万元，年折旧额为 4 万元，所得税税率为 25%，则该项目的年现金流量为(　　)万元。
A. 46　　B. 45　　C. 64　　D. 49

11. 对项目建设期相同而原始投资不同的两个互斥投资项目进行决策时，适宜单独采用的方法是(　　)。
A. 投资回收期法　B. 现值指数法　　C. 内部收益率　　D. 净现值法

12. 下列指标的计算中，没有直接利用净现金流量的是(　　)。
A. 内部收益率　　B. 投资利润率　　C. 净现值率　　D. 现值指数

13. 下列各项中，不属于静态回收期优点的是(　　)。
A. 计算简便　　B. 便于理解
C. 直观反映返本期限　　D. 正确反映项目总回报

14. 某投资项目各年的预计净现金流量分别为：$NCF_0=-200$ 万元，$NCF_1=-50$ 万元，$NCF_{2\sim3}=100$ 万元，$NCF_{4\sim11}=250$ 万元，$NCF_{12}=150$ 万元，则该项目的静态投资回收期为(　　)年。
A. 2.0　　B. 2.5　　C. 3.2　　D. 4.0

15. 静态回收期是(　　)。
A. 净现值为 0 的年限　　B. 净现金流量为 0 的年限

C. 累计净现值为 0 的年限　　　　　　D. 累计净现金流量为 0 的年限

16. 已知某投资项目按 14%贴现率计算的净现值大于 0，按 16%贴现率计算的净现值小于 0，则该项目的内部收益率(　　)。

A. 大于 14%，小于 16%　　　　　　B. 小于 14%

C. 等于 15%　　　　　　　　　　　D. 大于 16%

17. 对于多个互斥方案的比较和优选，采用年金净流量指标时(　　)。

A. 选择投资额较大的方案为最优方案

B. 选择投资额较小的方案为最优方案

C. 选择年金净流量最大的方案为最优方案

D. 选择年金净流量最小的方案为最优方案

18. 在一般投资项目中，当一项投资方案的净现值等于 0 时，即表明(　　)。

A. 该方案的年金净流量大于 0　　　　B. 该方案的动态回收期等于 0

C. 该方案的现值指数大于 1　　　　　D. 该方案的内部收益率等于设定的贴现率

19. 下列说法中，不正确的是(　　)。

A. 内部收益率是能够使未来现金注入量现值等于未来现金流出量现值的贴现率

B. 内部收益率是方案本身的投资报酬率

C. 内部收益率是使方案净现值等于 0 的贴现率

D. 内部收益率是使方案现值指数等于 0 的贴现率

20. 下列投资决策评价指标中，其数值越小越好的指标是(　　)。

A. 净现值　　　B. 回收期　　　C. 内部收益率　　　D. 年金净流量

二、多项选择题

1. 下列哪些因素会影响折现评价指标？(　　)

A. 建设期　　　B. 投资方式　　　C. 回收额　　　D. 净现金流量

2. 净现值率的优点有(　　)。

A. 考虑了资金时间价值

B. 考虑了项目计算期的全部净现金流量

C. 比其他折现指标更容易计算

D. 可从动态上反映项目投资的资金投入与净产出之间的关系

3. 现金流出是指由于投资项目所引起的企业现金支出的增加额，包括(　　)。

A. 初始投资额　　B. 付现成本　　　C. 年折旧额　　　D. 所得税

4. 若净现值为负数，则该投资项目(　　)。

A. 为亏损项目，不可行

B. 内部收益率小于 0，不可行

C. 内部收益率未达到预定折现率，不可行

D. 内部收益率不一定小于 0

5. 下列各项中属于项目投资决策非折现评价指标的有(　　)。

A. 内部收益率　　B. 投资回收期　　　C. 现值指数　　　D. 投资利润率

6. 在单一方案决策过程中，与净现值指标可能发生冲突的有(　　)。

A. 内部收益率　B. 投资回收期　C. 现值指数　D. 投资利润率

7. 在考虑企业所得税支出时，项目经营期内某一年净现金流量的计算公式为(　　)。

A. 销售收入+固定资产残值收入+投资收回额-原始投资额-付现成本-所得税

B. 销售收入-付现成本-投资额-所得税

C. 销售收入×(1-所得税税率)-付现成本×(1-所得税税率)+折旧×所得税税率-投资额

D. 净利润+折旧-投资额

8. 若某方案的净现值等于0，则表明(　　)。

A. 该方案的现值指数等于1　B. 该方案不具备财务可行性

C. 该方案的净现值率等于1　D. 其内部收益率等于设定的折现率

9. 投资回收期指标的主要缺点有(　　)。

A. 不能衡量企业的投资风险　B. 没有考虑资金时间价值

C. 没有考虑投资回收期后的现金流量　D. 不能衡量投资方案内部收益率的高低

10. 两个方案原始投资额不相等，彼此相互排斥，各方案项目计算期也不相同，则可采用的决策方法有(　　)。

A. 净现值法　B. 净现值率法

C. 年等额净回收额法　D. 内部收益率法

三、判断题

1. 净现金流量是指经营期内每年现金流入量与同年现金流出量之间的差额。　(　　)

2. 在评价投资项目的财务可行性时，如果静态投资回收期或投资利润率的评价结论与净现值指标的评价结论发生矛盾时，应当以净现值指标的结论为准。　(　　)

3. 只有增量现金流量才是与项目相关的现金流量。　(　　)

4. 当NPV＜0时，必然存在NPVR＜0、PI＜1、IRR＜预定基准折现率。　(　　)

5. 使某投资方案的净现值小于0的贴现率，一定低于该投资方案的内部收益率。　(　　)

6. 在项目投资决策中，只要该项目的投资利润率大于0，该方案就是可行方案。　(　　)

7. 多个互斥方案比较，一般应选择净现值大的方案。　(　　)

8. 内部收益率指标的计算结果与项目预定的贴现率高低有直接关系。　(　　)

9. 在应用差额投资内部收益率法对固定资产更新改造投资项目进行决策时，如果差额投资内部收益率小于行业基准折现率或资本成本率，就不应当进行更新改造。　(　　)

10. 内部收益率是指在项目计算期内能使投资方案现值指数等于1的折现率。　(　　)

四、实务操作题

1. 某企业拟建造一项固定资产，需投资100万元，按照直线法计提折旧，使用寿命10年，期末无残值。该项工程于当年投产，预计投产后每年可获利10万元。假定该项目的行业基准折现率为10%。试用净现值法确定该方案是否可行。

2. 某企业拟建造一项固定资产，需投资55万元，按照直线法计提折旧，使用寿命10年，期末有5万元的净残值。该项工程建设期为1年，投资额分别于年初投入30万元，年末投入 25 万元。预计项目投产后每年营业收入 15 万元，付现成本 10 万元，折现率为 10%。试计算该投资项目每年的净现金流量，并计算该投资项目的净现值。

3. A 公司欲投资 15 000 元，现有甲、乙两个方案，项目计算期均为 5 年。甲方案每年净现金流量均为 4 200 元，乙方案每年净现金流量分别为：3 800 元、3 560 元、3 320 元、3 080 元、7 840 元。

要求：

(1) 分别计算甲、乙两个方案的投资回收期。

(2) 若折现率为 10%，分别计算甲、乙两个方案的净现值、净现值率、现值指数。

(3) 计算甲、乙两个方案的内部收益率。

4. 某企业现有甲、乙两个投资项目可供选择，其中，甲项目投资 20 000 元，5 年内预计每年净现金流量 6 000 元；乙项目投资 50 000 元，5 年内预计每年净现金流量 14 800 元，若折现率为 10%。试选择适当的评价方法，为该企业做出决策。

5. 某企业拟投资一项目，有甲、乙两个方案，两个方案各年现金净流量如下：甲方案第 1 年初投入 40 万元、年末投入 40 万元，建设期为 1 年，第 2、3、4 年，净现金流量分别为 40 万元、45 万元、50 万元；乙方案第 1 年初一次性投入 80 万元，当年投产(建设期为 0)，可使用 5 年，每年净现金流量为 30 万元。若折现率为 10%，请选择适当的评价方法并做出选择。

五、任务训练

承接本项目的案例导入，结合本项目所学的知识，做出决策，并说明理由。

(扫一扫，获取相关微课视频)

项目五 证券投资的管理

【能力目标】

- 正确计算股票价值和股票投资收益率，正确运用股票投资决策方法。
- 正确计算债券价值和债券投资收益率，正确运用债券投资决策方法。
- 正确计算基金价值及收益投资决策。

【知识目标】

- 掌握证券投资的目的、特点与种类。
- 理解股票投资的目的、特点。
- 理解债券投资的目的、特点。
- 理解并分析基金投资的含义、种类，以及基金投资的优缺点。

案例导入

某上市公司总股本为2亿股，其中非流通股为1亿股，流通股为1亿股，每股净资产3元。公司拟于近期增发股票，增发数量为1亿股，其中5 000万股是向原有流通股股东增发；另5 000万股向新的战略投资者发售，增发价定为每股6元。投资者甲持有该公司股票10 000股。假定该公司股票增发前一日收盘价为10元。

思考：

(1) 若投资者甲参与此次增发，按照增发后除权基准价，甲的损失是多少？

(2) 如果此次增发全部向原有流通股股东增发，按除权基准价计算，甲参与此次增发后持有该公司股票的市值是多少？

(3) 若增发股票全部销售出去，则增发后，该公司每股净资产是多少？

(4) 如何进行证券投资的评价与管理？

任务导图

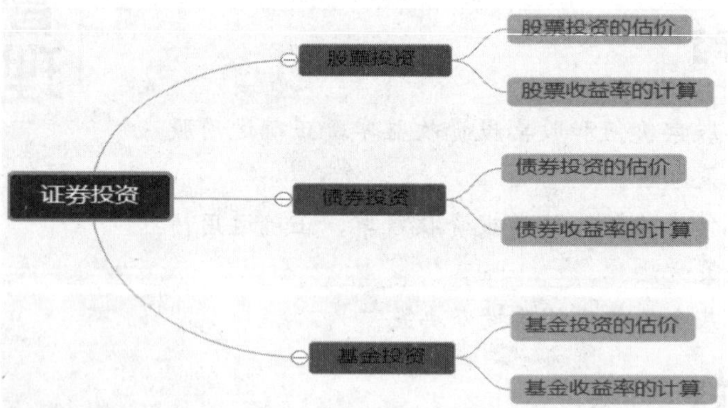

理论认识

任务一　证券投资概述

一、证券的概念及其种类

(一)证券的概念

证券是指用以证明或设定权利所做成的书面凭证，它表明持券人或者第三者有权取得该证券所拥有的特定权益。

(二)证券的种类

证券的种类较多，按照不同的标准可分成不同的类别。

(1) 按照证券发行主体的不同，可以分为政府证券、金融证券和公司证券。政府证券是中央政府或地方政府为募集资金而发行的证券；金融证券是银行或其他金融机构为募集资金而发行的证券；公司证券是工商企业发行的证券。

(2) 按照证券所体现的权益关系不同，可以分为所有权证券和债权证券。所有权证券是指持券人便是证券发行单位的所有者的证券，如股票；债券证券是指持有人是债券发行单位的债权人的证券，如债券。

(3) 按照债券收益的决定因素不同，可以分为原生证券和衍生证券。原生证券的收益大小取决于发行者的财务状况；衍生证券包括期货合约和期权合约两种类型，其收益取决于原生证券的价格。

(4) 按照证券收益稳定性的不同，可以分为固定收益证券和变动收益证券。固定收益证券是在证券票面规定有固定收益率，变动收益证券的收益情况随企业经营状况而改变。

(5) 按照证券到期日的长短不同，可以分为短期证券和长期证券。短期证券是指距到期日短于一年的证券，长期证券是指距到期日长于一年的证券。

(6) 按照募集方式的不同，可以分为公募证券和私募证券。公募证券即公开发行的证券，是指发行人向不特定的社会公众广泛发售的证券；私募证券又称内部发行证券，是指面向少数特定投资者发行的证券。

二、证券投资的含义、特点与目的

(一)证券投资的含义与特点

证券投资是指投资者将资金投放于股票、债券、基金以及衍生证券等资产，从而获取收益的一种投资行为。相对于实体投资而言，证券投资具有如下特点。

(1) 流动性强。证券资产的流动性明显高于实物资产。

(2) 价值不稳定。证券资产相对于实物资产而言，其价格受客观因素影响较大，而且没有相应的实物作保证，具有价值不稳定、投资风险较大的特点。

(3) 持有目的多元化。企业持有实物资产往往是为了消耗的，而持有证券的目的却是多元的，既可能是为未来变现而持有，也可能是为谋取资本利得(即为销售)而持有，还有可能是为取得对其他企业的控制权而持有。

(二)证券投资的目的

企业进行证券投资的主要目的有以下几个方面。

(1) 暂时存放闲置资金。证券投资在多数情况下都是出于预防的动机，以替代较大量的非营利的现金资产。

(2) 与筹集长期资金相匹配。处于成长期或扩张期的公司一般每隔一段时间就会发行长期证券，所获得的资金往往不会一次用完，企业可将暂时闲置的资金投资于有价证券，从而获得一定的收益。

(3) 满足未来的财务需求。企业根据未来对资金的需求，可以将现金投资于期限和流动性较为恰当的证券，在满足未来需求的同时获得证券带来的收益。

(4) 满足季节性经营对现金的需求。从事季节性经营的公司在资金有剩余的月份可以投资证券，而在资金短缺的季节将证券变现。

(5) 获得对相关企业的控制权。通过购入相关企业的证券可实现对该企业的控制。

三、证券投资的对象与种类

金融市场的证券很多，其中可供企业投资的证券主要有国债、短期融资券、可转让存单、企业股票债券、投资基金及期权、期货等衍生证券，具体可分为以下几类。

(一)债券投资

债券投资是指投资者购买债券以获得资金收益的一种投资活动。

(二)股票投资

股票投资是指投资者将资金投向股票，通过股票的买卖和收取股利以获得收益的一种投资行为。

(三)基金投资

基金投资是指投资者通过购买投资基金股份或受益凭证来获取收益的投资方式。这种投资可使投资者享受专家服务，有利于分散风险，获得较高的、较稳定的投资收益。

(四)期货投资

期货投资是指投资者通过买卖期货合约躲避价格风险或赚取利润的一种投资方式。所谓期货合约，是指在将来一定时期，买卖一定数量和质量的商品而由商品交易所制定的统一标准合约，它是确定期货交易关系的一种契约，是期货市场的交易对象。

(五)期权投资

期权投资是指为了实现盈利或者规避风险而进行期权买卖的一种投资方式。

(六)证券投资组合

证券投资组合是指企业将资金同时投向多种证券，是企业等法人单位进行证券投资时常用的投资方式。

四、证券投资风险的含义和种类

(一)证券投资风险的含义

证券投资风险是指投资者在证券投资过程中遭受损失或达不到预期收益的可能性。它包括系统风险和非系统风险两种。

(二)证券投资风险的种类

1. 系统风险

系统风险也称不可分散风险，是由于外部经济环境因素变化引起的整个金融市场不确定性增加，从而对市场上所有证券都产生影响的共同性风险，主要包括以下三种。

1) 利息率风险

由于利息率的变动而引起金融资产价格波动，而使投资人遭受损失的风险，叫作利息率风险。一般而言，证券价格随利息率的变动呈反向变动。

2) 再投资风险

再投资风险是由于市场利率下降造成无法通过再投资而实现预期收益的风险。根据流动性偏好理论，长期投资的收益率应当高于短期利率。为了避免市场利息率变动的利息率风险，投资者可能会投资于短期证券，但短期证券又会面临着市场利率下降的再投资风险，即无法按照预定的收益率进行再投资而实现所要求的预期收益。

3) 购买力风险

由于通货膨胀而使证券到期或出售所获得的货币资金的购买力降低的风险，称为购买力风险。在通货膨胀时期，变动收益证券比固定收益证券更好，因为其变动的收益可以把因通货膨胀而导致的未来收益货币贬值损失考虑进去，包含在变动的收益中，补偿了投资者在通货膨胀情况下进行证券投资所承担的部分或全部购买力风险，而固定收益证券则不具备这种优势。

2. 非系统风险

非系统风险也称可分散风险，是由于特定经营环境或特定事件的变化所引起的不确定性，从而对个别证券产生影响的特有性风险，主要包括以下三种。

1) 违约风险

违约风险是指证券发行人无法按期支付利息或偿还本金的风险。一般来说，政府发行的证券违约风险小，金融证券其次，工商企业发行的证券风险最大。

2) 变现风险

变现风险是指在投资人无法在市场上以正常的价格平仓出货的可能性。持有证券资产的投资人，可能会在证券资产持有期限内出售现有证券资产投资于另一项目，但在短期内找不到愿意出合理价格的买主，投资者就会丧失新的投资机会或面临降价出售的损失。一般而言，偿债能力较差的小公司出售的证券变现风险较大，而偿债能力较强的大公司或者国家发行的证券变现风险较小。

3) 破产风险

破产风险是指在证券发行者破产清算时，投资者无法收回应得权益的风险。

五、证券投资收益的计算

子任务一 证券投资收益的衡量

证券投资收益是指投资者进行证券投资所获得的净收入，包括债券利息、股利及资本利得，通常情况下用相对值(年收益率)表示。注意，年收益率在会计上用百分号表示，因此收益额的计算必须是年均收益额。证券收益率通常有以下三种。

(一)本期收益率

本期收益率又称当前收益率，是指支付的证券利息额对本期证券市场价格的比值，即证券票面上标明的收益与证券市场价格的比率。其计算公式如下。

本期收益率=支付的年利息或股息÷证券市场价格

【任务演练 5-1】某人于 2019 年 6 月 30 日以 102 元的价格购买一面值为 100 元、利率为 8.56%、每年年末支付一次利息的 2015 年发行的 5 年期国债，并持有到 2019 年年末。试计算其本期收益率。

【解析】本期收益率=100×8.56%÷102=8.39%

本期收益率的缺点：虽然反映了利息对实际投资本金的收益情况，但其收益额中只考虑证券的利息收入，没有考虑市场价格与面值的差额(资本利得)，因此其结果不够真实。

(二)到期收益率

到期收益率既考虑证券的利息收入，又考虑市场价格与面值的差额(资本利得)，较其他两种方法更真实。

1. 短期证券到期收益率

短期证券到期收益率的计算比较简单，由于投资期限短，时间价值对结果影响程度较小，为简化计算，一般不考虑时间价值因素。其基本的计算公式如下。

短期证券到期收益率=[年利息或股息+(证券卖价−买价)÷到期年限]÷证券买价

【任务演练 5-2】某人于 2019 年 6 月 30 日以 102 元的价格购买一面值为 100 元、利率为 8.56%、每年年末支付一次利息的 2015 年发行的 5 年期国债，并持有到 2019 年年末。试计算其到期收益率。

【解析】该证券投资的时间序列分析图如图 5-1 所示。

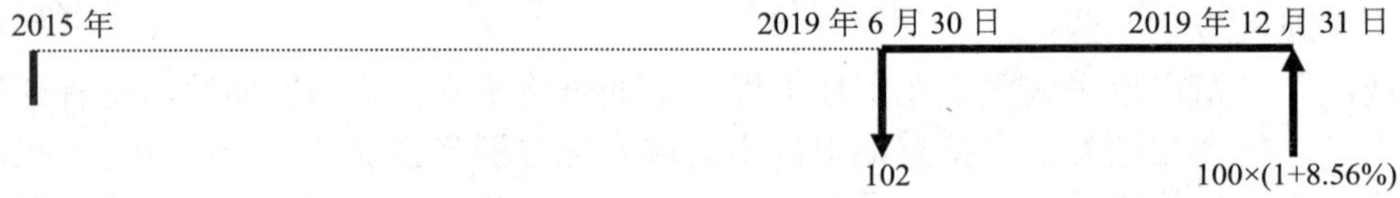

图 5-1　任务演练 5-2 中证券投资的时间序列图

由图 5-1 可见，在 2019 年 12 月 31 日收回的资金包括到期国债面值 100 元和 2019 年的利息 100×8.56%。按照公式计算可得

短期证券到期收益率=[100×8.56%+(100−102)÷0.5]÷102=4.47%

2. 长期证券到期收益率

长期证券到期收益率的计算比较复杂，由于投资期限长，时间价值对结果影响程度较大，所以必须考虑时间价值因素。其基本的计算公式如下。

$$P=\sum F_t/(1+i)^t$$

$$P=\sum_{t=0}^{n}\frac{F_t}{(1+i)^t}$$

式中：i——到期收益率；

F_t——证券第 t 年的现金收入。

【任务演练 5-3】某人于 2017 年 1 月 1 日以 102 元的价格购买一面值为 100 元、利率为 8.56%、每年年末支付一次利息的 2015 年发行的 5 年期国债，并持有至到期。试计算其到期收益率。

【解析】该证券投资的时间序列分析图如图 5-2 所示。

图 5-2　任务演练 5-3 中证券投资的时间序列图

由图 5-2 可见，在 2018 年 12 月 31 日收到 2018 年的利息 100×8.56%，2019 年 12 月 31 日收回的资金包括到期国债面值 100 元和 2019 年的利息 100×8.56%。按照公式计算可得

$102=100\times8.56\%\div(1+i)+100\times(1+8.56\%)\div(1+i)^2$

即可利用内插法求得 i。(计算过程略)

(三)持有期收益率

持有期收益率和到期收益率很相似，只是持有人在证券到期之前出售了证券，在债券投资中，其资本利得为：售价减买价，而不是面值减买价，其余与长期证券到期收益率的计算完全相同，主要计算长期持有收益率。

长期证券持有期收益率的计算比较复杂，由于投资期限长，时间价值对结果的影响程度较大，所以必须考虑时间价值因素。其基本计算公式如下。

$$P=\sum F_t/(1+i)^t$$

式中：i——持有期收益率；

F_t——证券第 t 年的现金收入。

【任务演练 5-4】某人于 2017 年 1 月 1 日以 102 元的价格购买一面值为 100 元、利率为 8.56%、每年年末支付一次利息的 2016 年发行的 4 年期国债，并持有至 2019 年 12 月 31 日以 101 元的价格抛售。试计算其持有期收益率。

【解析】该证券投资的时间序列分析图如图 5-3 所示。

由图 5-3 可见，在 2018 年 12 月 31 日收到 2018 年的利息 100×8.56%，2019 年 12 月 31 日收回的资金包括售价 101 元和 2019 年的利息 100×8.56%。按照公式可得

$$102=100\times8.56\%\div(1+i)+(100\times8.56\%+101)\div(1+i)^2$$

即可利用内插法求得 i。(计算过程略)

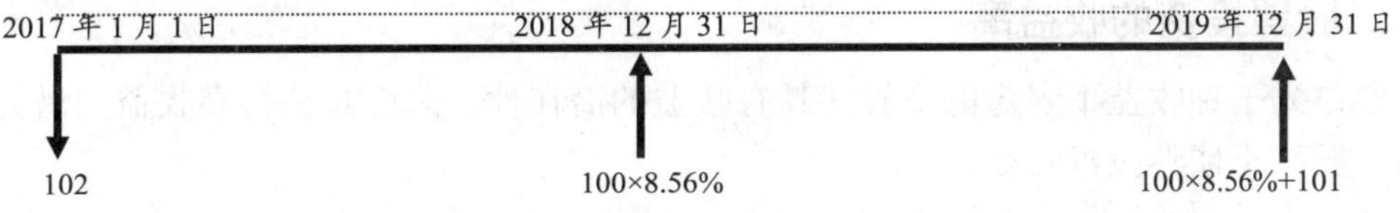

图 5-3　任务演练 5-4 中证券投资的时间序列图

子任务二　证券组合收益的衡量

当投资者同时进行若干种证券投资时，其投资组合的收益率就是各种证券收益率的加权平均值。其计算公式如下。

证券组合收益率=∑各种证券组合收益率×权数

各种证券投资的名义收益率或真实收益率前面已进行了计算。各种证券投资的权数按

照其投资额所占比重进行确定。

【任务演练 5-5】企业购入 A、B、C、D、E 五种证券，年均真实收益率分别为 20%、10%、12%、15%、9%，投资比重分别为 0.3、0.2、0.25、0.15、0.1。求投资的组合收益率。

【解析】据该证券投资组合比重及收益率情况计算，则有：

投资的组合收益率=20%×0.3+10%×0.2+12%×0.25+15%×0.15+9%×0.1=14.15%

任务二 股票投资

一、股票投资的种类和目的

股票投资主要分为两种：普通股投资和优先股投资。企业投资普通股，股利收入不稳定，而投资优先股可获得固定的股利收入，因此普通股股票价格比优先股股票价格波动要大，投资普通股的风险相对也大，但投资普通股一般会获得相对较大的收益。

企业进行股票投资的目的通常有两种：一是获利，即作为一般的证券投资，获取股利收入及股票买卖差价；二是控股，即通过购买某一企业的大量股票以达到控制该企业的目的。在第一种情况下，企业仅将某种股票作为它证券组合中的某个组成部分，不应冒险将大量资金投资于某一企业的股票上。在第二种情况下，企业应集中资金投资被控企业的股票，这时考虑更多的不应当是当前的利益——股票投资收益的高低，而应当是长远利益——占有多少股权才能达到控制的目的。

二、股票投资的特点

股票投资和债券投资都属于证券投资。证券投资与其他投资相比，总体来说具有风险高、收益高、易于变现等特点，但股票投资相对于债券投资而言又具有以下特点。

(一)股票投资是权益性投资

股票投资是权益性投资，股票是代表所有权的凭证，持有人作为公司的股东，有权参与公司的经营决策。

(二)股票投资的收益高

股票作为一种收益不固定的证券，具有收益的潜在性，因而其获得高收益的潜力较大，其收益一般高于债券投资收益。

(三)股票投资的风险较大

投资者购买股票后，作为股东，不要求股份公司偿还本金，所持股票可以在公开的证券市场上转让以求变现。因此，股东至少面临两方面的风险：一是股票发行公司经营不善所形成的风险；二是股票市场价格波动所形成的价差损失风险，即资本利得风险。

(四)股票投资价格波动较大

股票价格既受发行公司的影响，又受股市投机等因素的影响，波动极大。

(五)股票投资的收益不稳定

股票投资的收益主要是发行公司发放的股利和资本利得收益，相对于债券投资收益而言，稳定性较差。

三、股票投资的估价和收益率的计算

无论是股票投资还是债券投资，其投资策略都是一样的。投资者选择投资对象的标准主要有两个：价格标准与收益率标准。价格标准的基本思路是：当投资价格高于价格标准时，方案不可选；当投资价格低于价格标准时，方案可选。收益率标准的基本思路是：当实际投资收益率高于收益率标准时，方案可选；当实际收益率低于收益率标准时，方案不可选。因此，证券投资对象决策的方法也相应有两种：投资价值的衡量法和投资收益率的衡量法。

子任务一　股票投资的估价——投资价值的衡量法

投资价值的衡量法是利用投资价值指标的计算和比较对证券投资做出决策的一种方法。投资价值是投资者目前购买证券可接受的最高价格限度，是投资者从经济角度决策某种证券是否值得投资的重要参考依据。投资价值的衡量法的基本思路是：当投资价格高于价格标准时，方案不可选；当投资价格低于价格标准时，方案可选。

债券、股票投资价值可按债券或股票转让价的折现值与未来各年预计股利或债券利息收入的折现值之和来计算。其计算公式如下。

$$P_0 = P_n/(1+r)^n + \sum_{t=0}^{n}\left[D_t/(1+r)^t\right]$$

式中：P_0——证券投资价值；

P_n——转让时预计市价或到期价值；

D_t——预计各年股利或债券利息额；

r——投资者期望报酬率；

n——期限。

【任务演练 5-6】某企业有一笔闲置款，可用于甲、乙两只股票的投资，期限两年，预计年股利额分别为 2 元/股、3 元/股，两年后市价渴望涨至 28 元和 32 元，现市价分别为 26 元、30 元。企业期望报酬率为 12%。试用投资价值衡量来进行投资方案解析。

【解析】该证券投资的时间序列分析图如图 5-4 所示。

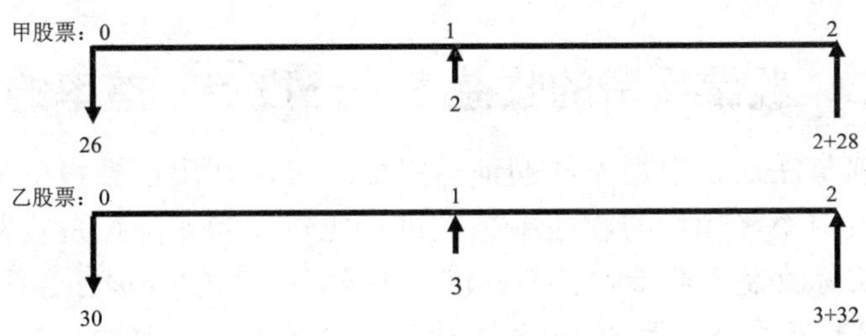

图 5-4　该企业证券投资的时间序列图

甲股票投资价值=2÷1.12+(28+2)÷1.12^2=25.70＜26，该方案不可行。

乙股票投资价值=3÷1.12+(32+3)÷1.12^2=30.58＞30，该方案可行。

【任务演练 5-7】某企业计划利用一笔长期资金购买股票，现有 M 公司和 N 公司的股票可供选择，若只允许投资一家公司，已知 M 公司股票现行市价为 9 元，上年每股股利为 0.15 元，预计以后每年以 6%的增长率增长；N 公司股票现行市价为 7 元，上年每股股利为 0.60 元，股利分配政策一贯坚持固定股利政策。企业期望报酬率为 8%。

要求：

(1) 利用股票估价模型，分别计算 M 公司和 N 公司的股票投资价值。

(2) 代该企业做出股票投资决策。

【解析】该股票投资的时间序列分析图如图 5-5 所示。

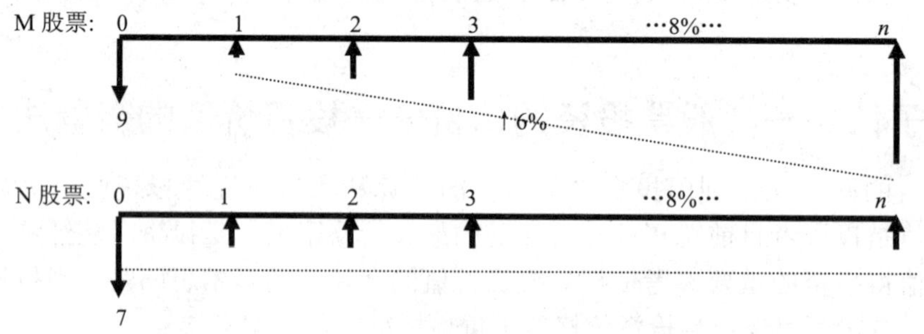

图 5-5　任务演练 5-7 中证券投资的时间序列图

M 公司的股票投资价值=0.15×(1+6%)÷1.08+0.15×(1+6%)2÷1.082+…+0.15×(1+6%)*n*÷1.08*n*，在 $n\to\infty$ 的情况下，M 公司的股票价值可简化为 $D_1/(i-g)$，因此，M 公司的股票投资价值=0.15×(1+6%)÷(8%−6%)=7.95＜9，所以该方案不可行。

N 公司的股票投资价值=0.6÷1.08+0.6÷1.082+…+0.6/1.08*n*，在 $n\to\infty$ 的情况下，N 公司的股票价值可简化为 $D_1/(i-g)$，因此，N 公司的股票投资价值=0.6/8%=7.5＞7，所以该方案可行。

需要说明的是，由于股息、红利以及未来市价都具有极大的不确定性，单纯地依据投资价值与当前市价的比较决定是否进行证券投资往往会产生一定程度的偏误。因此，投资者应当在投资价值分析的基础上，结合对各种因素的有效预期，如发行企业的财务状况及发展趋势、股市的未来走向、财政金融政策的调整、资金供求态势以及投资者心理预期等各种不可控因素的影响，通过对不同证券收益性、安全性(风险)及流动性的综合分析，排队筛选、择良弃莠，才能最终做出合理的投资选择。

子任务二　股票投资的收益率——投资收益率的衡量法

投资收益率的衡量法是指根据不同的证券投资情况，利用证券投资的本期收益率、到期收益率或持有期收益率等指标与收益率标准进行比较，当实际投资收益率高于收益率标准时方案可选，当实际收益率低于收益率标准时方案不可选的一种证券投资策略。

【任务演练 5-8】万通公司于 2016 年 4 月 1 日投资 510 万元购买某种股票 100 万股，在以后的 2017、2018、2019 年 3 月 31 日每股各分得现金股利 0.5 元、0.6 元、0.8 元，并于

2019 年 3 月 31 日以每股 6 元的价格将其全部抛售。试计算该项投资的投资收益率并说明在必要报酬率为 15%的情况下，万通公司是否应进行该只股票的投资。

【解析】该证券投资的时间序列分析图如图 5-6 所示。

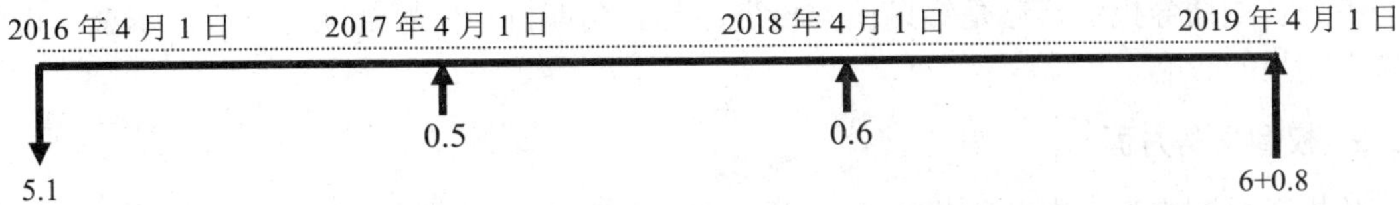

图 5-6　任务演练 5-8 证券投资的时间序列图

由公式 $P=\sum F_t \div (1+i)t$ 可得

$5.1=0.5\div(1+i)+0.6\div(1+i)^2+6.8\div(1+i)^3$

$i_1=16\%$时，$0.5\div1.16+0.6\div1.16^2+6.8\div1.16^3=5.233\,4>5.1$，所以 $i>16\%$。

$i_2=18\%$时，$0.5\div1.18+0.6\div1.18^2+6.8\div1.18^3=4.993\,2<5.1$，所以 $i<18\%$。

设 $X=i-16\%$，则有：

$$2\%\left\{\begin{array}{l}\left.\begin{array}{l}16\%\\ i\end{array}\right\}X\\ 18\%\end{array}\right. \qquad 0.240\,6\left\{\begin{array}{l}\left.\begin{array}{l}5.233\,4\\ 5.1\end{array}\right\}0.133\,4\\ 4.993\,2\end{array}\right.$$

由 $X/2\%=0.133\,4/0.240\,6$

得：$X=1.11\%$

则 $i=16\%+1.11\%=17.11\%>15\%$

因此，该方案可行。

任务三　债 券 投 资

一、债券投资的目的、种类及特点

(一)债券投资的目的

企业进行短期投资主要是为了合理利用暂时闲置的资金，调节现金余额，获得收益。当企业现金余额太多时，便投资债券，使现金余额降低；反之，当现金余额太少时，则出售原来投资的债券，收回现金，使现金余额提高。企业进行长期债券投资主要是为了获得稳定的收益。

(二)债券投资的种类

企业债券投资按照不同的标准可以进行不同的分类，这里按债券投资时间长短不同可以将债券投资分为短期债券投资和长期债券投资两类。其中短期债券投资是指在一年以内到期或准备在一年之内变现的投资，长期债券投资是指在一年以上到期且不准备在一年之内变现的投资。

(三)债券投资的特点

1. 投资期限方面

不论长期债券投资，还是短期债券投资，都有到期日，债券到期应当收回本金，投资应考虑期限的影响。

2. 权利义务方面

从投资权利来说，在各种投资方式中，债券投资者的权利最小，无权参与被投资企业的经营管理，只有按约定取得利息，到期收回本金的权利。

3. 收益与风险方面

债券投资收益通常是事前预定的，收益率通常不及股票高，但具有较强的稳定性，投资风险较小。

二、债券投资的估价和收益率的计算

子任务一　债券投资的估价

企业要进行债券投资，必须知道债券价格的计算，现介绍以下两种最常见的估价模型。

1. 一般情况下的债券估价模型

一般情况下的债券估价模型是指按复利方式计算的债券价格的估价公式。其一般计算公式如下。

$$
\begin{aligned}
P &= \sum_{t=0}^{n}\left[(F_{xi})/(1+k)^{t}\right] + F/(1+k)^{n} \\
&= \sum_{t=0}^{n}\frac{I}{(1+k)^{t}} + \frac{F}{(1+k)^{n}} \\
&= I(P/A,\ k,\ n) + F(P/F,\ k,\ n)
\end{aligned}
$$

式中：P——债券价格；

i——债券票面利息率；

F——债券面值；

I——债券每年利息；

k——市场利率或投资人要求的必要收益率；

n——付息总期数。

【任务演练 5-9】某债券面值为 1 000 元，票面利率为 10%，期限为 5 年，每年付息一次，某企业要对债券进行投资，当前的市场利率为 12%，债券的价格为多少时才能进行投资？

【解析】根据上述公式得

P=1 000×(P/F, 12%, 5)+1 000×10%×(P/A, 12%, 5)=927.88(元)

即债券的价格必须低于 927.88 元时，该投资者才能购买。

2. 一次还本付息且不计复利的债券估价模型

我国很多债券属于一次还本付息且不计复利的债券，其估价计算公式如下。

$$P=(F+F\times i\times n)/(1+K)^n=(F+F\times i\times n)\cdot(P/F,K,n)$$

【任务演练 5-10】某公司拟购买一家企业发行的利随本清企业债券，其面值为 1 000 元，票面利率为 10%，期限为 5 年，不计复利。某企业要对债券进行投资，债券的价格为多少时才能进行投资？

【解析】根据上述公式得

$P=(1\ 000+1\ 000\times10\%\times5)\times(P/F,10\%,5)=931.35$(元)

即债券的价格必须低于 931.35 元时，该投资者才能购买。

子任务二　债券投资的收益率

【任务演练 5-11】万通公司于 2020 年 1 月 1 日以 1 010 元的价格购买了大华公司于 2017 年 1 月 1 日发行的面值 1 000 元、票面利率为 10%的 5 年期债券，若企业投资的必要报酬率为 20%，要求：

(1) 若该债券为一次还本付息债券，计算收益率并判断是否应进行该债券的投资？

(2) 若该债券为每年年末付息一次债券，计算收益率并判断是否应进行该债券的投资？

【解析】

(1) 第一种情况下该证券投资的时间序列分析图如图 5-7 所示。

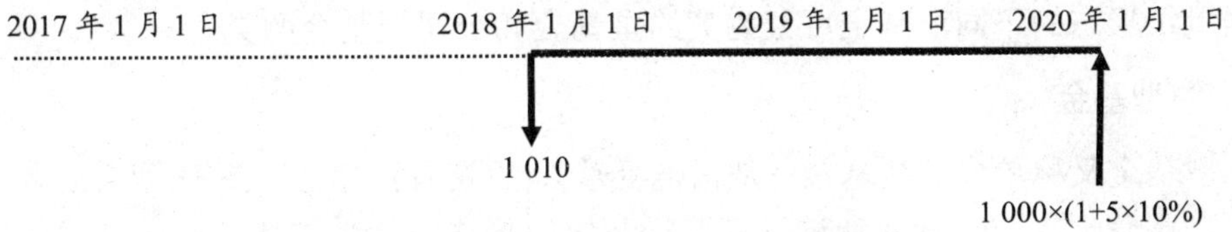

图 5-7　第一种情况下该证券投资的时间序列图

由图 5-7 可得：$1\ 010=1\ 000\times(1+5\times10\%)/(1+i)^2$

即：$1/(1+i)^2=(P/F,i,2)=0.673\ 3$

当 $i_1=20\%$时，$(P/F,20\%,2)=0.694\ 4>0.673\ 3$，所以 $i>20\%$。

当 $i_2=24\%$时，$(P/F,24\%,2)=0.650\ 4<0.673\ 3$，所以 $i<24\%$。

$i=21.92\%>20\%$，因此该方案可行。

(2) 第二种情况下该证券投资的时间序列分析图如图 5-8 所示。

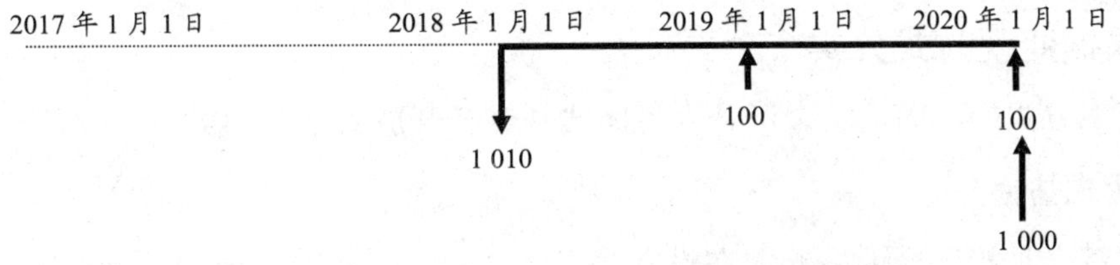

图 5-8　第二种情况下该证券投资的时间序列图

由公式 $P=\sum F_t/(1+i)^t$ 可得

$1\ 010=100/(1+i)+1\ 100/(1+i)^2$

即可利用内插法求得 i=9.44%＜20%(计算过程略)，因此该方案不可行。

【任务训练】

甲公司于 2020 年 1 月 1 日以 990 元的价格购买了大华股份有限公司于 2018 年 1 月 1 日发行的面值 1 000 元、票面利率为 10%的 4 年期债券，若企业投资的必要报酬率为 18%。

要求：

(1) 若该债券为一次还本付息债券，计算收益率并判断是否应进行该债券的投资。

(2) 若该债券为每年年末付息一次债券，计算收益率并判断是否应进行该债券的投资。

任务四　基 金 投 资

一、基金的种类

投资基金是一种利益共享、风险共担的集合投资方式，即通过发行基金股份或受益凭证等有价证券聚集众多的不确定投资者的出资，交由专业投资机构经营运作，以规避投资风险并谋取投资收益的证券投资工具。基金主要有以下三种分类方法。

(一)根据组织形态分类

根据组织形态的不同，基金可分为契约型基金和公司型基金两类。

1. 契约型基金

契约型基金又称单位信托基金，是指把受益人(投资者)、管理人、托管人三者作为基金的当事人，由管理人与托管人通过签订信托契约的形式发行受益凭证而设立的一种基金。契约型基金由基金管理人负责基金的管理操作；由基金托管人作为基金资产的名义持有人，负责基金资产的保管和处置，对基金管理人的运作实行监督。

2. 公司型基金

公司型基金是指按照《公司法》以公司形态组成的，以发行股份的方式募集资金，一般投资者购买该公司的股份即为认购基金，也就成为该公司的股东，以股息或红利形式取得投资收益，公司型基金的股东通过股东大会和董事会享有管理基金公司的权利，并凭其持有的基金份额依法享有投资收益。

(二)根据变现方式分类

根据变现方式的不同，基金可分为封闭式基金和开放式基金两类。

1. 封闭式基金

封闭式基金是指基金的发起人在设立基金时，限定了基金单位的发行总额，筹集到这个总额后，基金即宣告成立，并进行封闭，在一定时期内不再接受新的投资。基金单位的流通采取在交易所上市的办法，通过二级市场进行竞价交易。

2. 开放式基金

开放式基金是指基金发起人在设立基金时，基金单位的总数是不固定的，可视经营策略和发展需要追加发行。投资者也可根据市场状况和各自的投资决策，或者要求发行机构按现期净资产值扣除手续费后赎回股份或受益凭证，或者再买入股份或受益凭证，增加基金单位份额的持有比例。

(三)根据投资标的分类

根据投资标的不同，基金可分为以下几类。

1. 股票基金

股票基金是所有基金品种中最为流行的一种类型，它是指投资于股票的投资基金。其投资对象通常包括普通股和优先股，其风险程度较个人投资股票市场要低得多，且具有较强的变现性和流动性，因此它也是一种比较受欢迎的基金类型。

2. 债券基金

债券基金是指投资管理公司为稳健型投资者设计的，投资于各类债券品种的投资基金。债券基金一般情况下定期派息，其风险和收益水平通常较股票基金低。

3. 货币基金

货币基金是指由货币存款构成投资组合，协助投资者参与外汇市场投资，赚取较高利息的投资基金。其投资工具包括银行短期存款、国库券、政府公债、公司债券、银行承兑票据及商业票据等。这类基金的投资风险小，投资成本低，安全性和流动性较高，在整个基金市场上属于低风险的安全基金。

4. 期货基金

期货基金是指投资于期货市场以获取较高投资回报的投资基金。期货市场具有高风险和高回报的特点，因此投资期货基金既可能获得较高的投资收益，同时也面临着较大的投资风险。

5. 期权基金

期权交易是指期权购买者向期权出售者支付一定费用后，取得在规定时期内的任何时候，以事先确定好的协定价格，向期权出售者购买或出售一定数量的某种商品合约的权利的一种买卖。期权基金是指以期权作为主要投资对象的基金。

6. 认股权证基金

认股权证是指由股份有限公司发行的、能够按照特定的价格，在特定的时间内购买一定数量该公司股票的选择权凭证。由于认股权证的价格是由公司的股份决定的，一般来说，认股权证的投资风险较通常的股票要大得多。认股权证基金是指以认股权证为主要投资对象的基金。因此，认股权证基金也属于高风险基金。

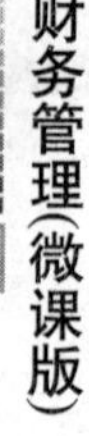

7. 专门基金

专门基金由股票基金发展演化而成，属于分类行业股票基金或次级股票基金，这类基金的投资风险较大，收益水平较易受到市场行情的影响。

二、投资基金的估价与收益率的计算

(一)基金的价值

基金的价值取决于基金净资产的现在价值。由于投资基金不断变换投资组合，未来收益较难预测，再加上资本利得是投资基金的主要收益来源，变幻莫测的证券价格使得资本利得难以预测，因此基金的价值主要由基金资产的现有市场价值决定。

基金单位净值亦称单位净资产值或单位资产净值，是某一时点每一基金单位的市价，其计算公式如下。

基金单位净值=基金净资产价值总额÷基金单位总份数

开放式基金的柜台交易价格完全以基金单位净值为基础，通常采用认购价(卖出价)和赎回价(买入价)两种报价形式。

基金认购价=基金单位净值+首次认购费

基金赎回价=基金单位净值-基金赎回费

(二)基金收益率

基金收益率用以反映基金增值的情况，它通过基金净资产的价值变化来衡量。其计算公式为

$$\text{基金收益率}=\frac{\text{年末持有份数}\times\text{基金单位净值年末数}-\text{年初持有份数}\times\text{基金单位净值年初数}}{\text{年初持有份数}\times\text{基金单位净年初数}}$$

式中，持有份数是指基金单位持有份数，如果年末和年初基金单位的持有份数相同，那么基金收益率就简化为基金净值在本年内的变化幅度。

年初基金单位净值相当于购买基金的本金投资，基金收益率相当于投资报酬率。

三、基金投资的优缺点

基金投资的优点是：能够在不承担太大风险的情况下获得较高收益；具有专家理财优势和资金规模优势。

基金投资的缺点是：无法获得很高的投资收益。投资基金在投资组合过程中，在降低风险的同时，也丧失了获取巨额收益的机会；在大盘整体大幅度下跌的情况下，投资人可能承担较大风险。

项目知识检测

一、单项选择题

1. 基金的价值取决于(　　)。

A. 基金净资产的账面价值

B. 基金资产未来能给投资者带来的现金流量

C. 基金净资产现有的市场价值

D. 基金资产未来能给投资者带来的现金流量的现值

2. 某企业2019年1月1日投资1 000元购入一张面值为1 000元、票面利率为6%、每年付息一次的债券，并于2020年1月1日以1 100元的市场价格出售，则该债券持有期收益率为(　　)。

A. 10%　　B. 13%　　C. 16%　　D. 15%

3. 下列属于证券投资非系统风险的有(　　)。

A. 违约风险　　B. 再投资风险

C. 购买力风险　　D. 价格风险

4. 一般认为，企业进行长期债券投资的目的主要是(　　)。

A. 控制被投资企业　　B. 调剂现金余额

C. 获得稳定收益　　D. 增强资产流动性

5. 按照组织形态的不同，基金可以分为(　　)。

A. 封闭式基金和开放式基金　　B. 契约型基金和公司型基金

C. 股票基金和债券基金　　D. 认股权基金和专门基金

6. 可转换债券对投资者的吸引力主要在于当企业经营好转时，可转换债券可以转换为(　　)。

A. 其他债券　　B. 普通股　　C. 优先股　　D. 企业发行的任何一种证券

7. 下列各项中，属于企业短期证券投资直接目的的是(　　)。

A. 获取财务杠杆利益　　B. 降低企业经营风险

C. 扩大本企业的生产能力　　D. 暂时存放闲置资金

8. 下列各项中，属于变动收益证券的是(　　)。

A. 国库券　　B. 无息债券

C. 普通股股票　　D. 不参加优先股股票

9. 企业进行短期债券投资的主要目的是(　　)。

A. 调节现金余缺、获取适当收益　　B. 获得对被投资企业的控制权

C. 增加资产的流动性　　D. 获得稳定收益

10. 如果用认股权证购买普通股，则股票的购买价格一般(　　)。

A. 高于普通股市价　　B. 低于普通股市价

C. 等于普通股市价　　D. 等于普通股价值

二、多项选择题

1. 下列各项中，属于认股权证基本要素的有(　　)。

A. 认股数量　　B. 赎回条款

C. 认购期限　　D. 认购价格

2. 下列属于金融期货的有(　　)。

A. 能源期货　　B. 股指期货

C. 利率期货　　　　D. 金属产品期货

3. 投资基金的特点有(　　)。

A. 具有专家理财优势　　　　B. 能获得较高的投资收益

C. 资金规模较大　　　　D. 无风险

4. 股票投资的缺点有(　　)。

A. 投资风险较大　　　　B. 求偿权居后

C. 价格不稳定　　　　D. 收入稳定性强

5. 下列哪些属于认股权证的特点？(　　)

A. 认股权证作为一种特殊的筹资手段，对于公司发行的新债券或优先股具有促销作用

B. 收入稳定性强，认股权证的持有人具有股权

C. 认股权证本身含有期限条款

D. 用认股权证购买普通股票，其价格一般低于市价

三、判断题

1. 相对于实物资产的交易，证券买卖交易快速、简捷，而且成本较低。(　　)

2. 封闭型基金买卖价格主要受公司净资产值的影响，不受市场供求的影响。(　　)

3. 当票面利率与市场利率相同时，债券期限变化不会引起平价发行债券价值的变动。(　　)

4. 股票期货属于商品期货，股指期货属于金融期货。(　　)

5. 一般情况下，股票市场价格会随市场利率的上升而下降，随市场利率的下降而上升。(　　)

6. 投资基金的收益率是通过基金净资产的价值变化来衡量的。(　　)

7. 在通货膨胀期间，一般来说变动收益债券的购买力风险会高于固定收益债券。(　　)

8. 股票投资的基本分析法是从市场行为本身出发，运用数理统计和心理学等理论及方法，根据证券市场已有的价格、成交量等历史资料来分析价格变动趋势的方法。(　　)

9. 当投资者要求的收益率高于债券(指分期付息债券)票面利率时，债券的市场价值会低于债券面值。(　　)

10. 项目投资属于直接投资，证券投资属于间接投资。(　　)

四、实务操作题

1. 某企业计划利用一笔长期资金购买股票，现有A公司和B公司股票可供选择，若只允许投资一家公司，已知A公司股票现行市价为5元，上年每股股利为0.2元，预计以后每年以5%的增长率增长；B公司股票现行市价为5.5元，上年每股股利为0.60元，股利分配政策一贯坚持固定股利政策。企业期望报酬率为10%。

要求：

(1) 利用股票估价模型，分别计算A公司和B公司的股票价值。

(2) 为该企业做出股票投资决策。

2. 某债券面值为 1 000 元，票面利率为 10%，期限为 5 年。某企业要对债券进行投资，当前的市场利率为 12%，债券的市场价为 990 元，该债券为一次还本分次付息。企业是否应对该债券进行投资？

五、任务训练

承接本项目的案例导入，结合本项目所学知识完成该项任务。

项目六 营运资金的管理

【能力目标】

- ◆ 正确计算最佳现金持有量。
- ◆ 正确制定应收账款政策。
- ◆ 正确计算存货管理成本。

【知识目标】

- ◆ 理解现金的持有动机与现金管理成本的构成。
- ◆ 掌握最佳现金持有量的计算。
- ◆ 掌握应收账款管理成本及应收账款政策制定。
- ◆ 掌握存货管理成本的构成及存货经济批量决策。

案例导入

甲公司预测2020年赊销额为3 600万元，其信用条件为：*n*/30，变动成本率为60%，资金成本率为10%。假设企业收账政策不变，固定成本总额不变。甲公司准备了三个信用条件备选方案：A，维持30天的信用期；B，将信用条件放宽到60天；C，将信用条件放宽到90天。各种被选方案估计的赊销水平、坏账百分比和收账费用等数据如表6-1所示。

表6-1 甲公司相关数据

项 目	A	B	C
	n/30	*n*/60	*n*/90
年赊销额/万元	3 600	3 960	4 200
坏账损失率/%	2	3	5
收账费用/万元	36	60	84

思考：

(1) 作为公司财务人员，你会选择哪种应收账款信用政策？

(2) 如何对营运资金进行管理？

任务导图

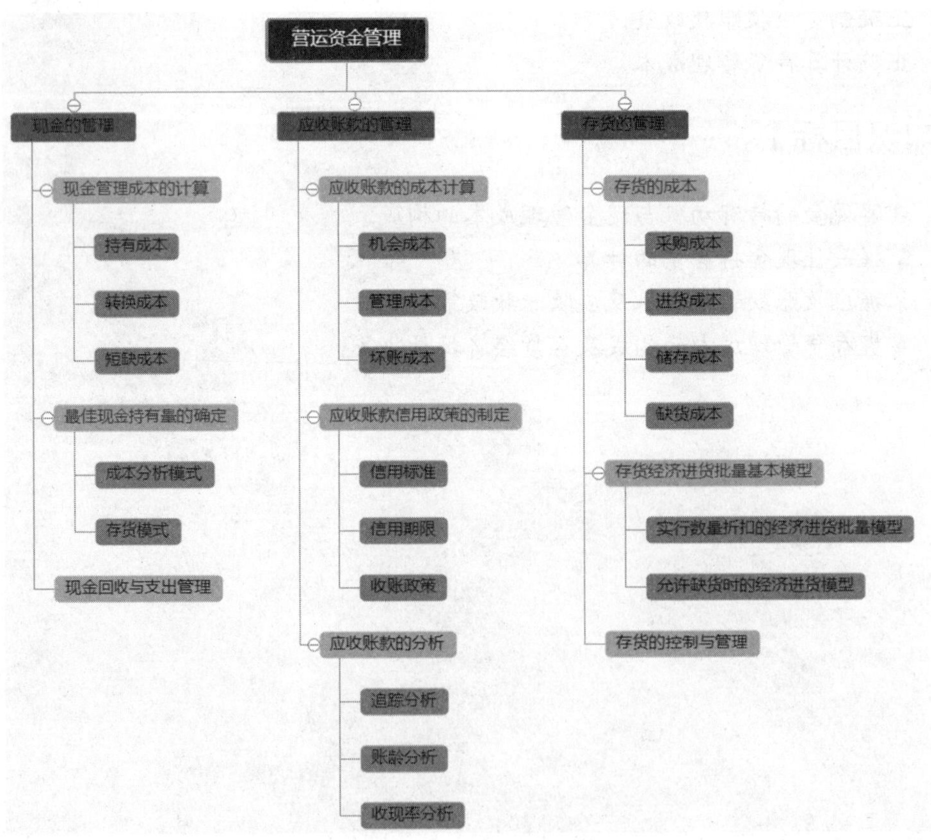

理论认知

任务一　营运资金概述

一、营运资金的含义

营运资金又称循环资本，是指一个企业维持日常经营所需的资金，通常是指流动资产减去流动负债后的差额。用公式表示如下。

营运资金总额=流动资产总额-流动负债总额

使用“营运资金”这一概念，是因为在企业的流动资产中，来源于流动负债的部分由于面临债权人的短期求索权，而无法使企业在较长期限内自由运用。只有扣除短期负债后的流动资产，即营运资金，才能为企业提供一个宽裕的自由使用期间。

营运资金是流动资产的有机组成部分，因其具有较强的流动性而成为企业日常生产经营活动的润滑剂和衡量企业短期偿债能力的重要指标，在客观上存在现金流入量与现金流出量不同步和不确定的现实情况下，企业持有一定量的营运资金十分重要。

二、营运资金的特点

营运资金的特点体现在流动资产和流动负债的特点上。

(一)流动资产的特点

流动资产又称经营性投资，与固定资产投资相比，它具有以下特点。

1. 投资回收期短

流动资产的投资资金一般在一年或一个营业周期以内收回，相对于固定资产而言，其回收期较短，对企业影响的时间也较短。

2. 占用形态经常变动

流动资产投资资金占用形态变动频繁，其资金形态的变化通常为现金—材料—在产品—产成品—应收账款—现金。这种转化周而复始，伴随企业生产经营的全过程。

3. 具有并存性

由于流动资产的周转速度比较快，从一种形态转化为另一种形态只需要很短的时间，因而为保证生产经营活动的顺利进行，在同样的时间段内，各种不同形态的流动资产同时存在。因此，合理地配置流动资产各项目的比例，是保证流动资产得以顺利周转的必要条件。

4. 具有波动性

流动资产投资数量波动很大，投资数量会随企业的内外变化而变化，时高时低。

(二)流动负债的特点

与长期负债筹资相比，流动负债筹资具有如下特点。

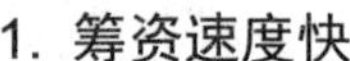

1. 筹资速度快

申请短期借款往往比申请长期借款更容易、更便捷。

2. 筹资弹性大

与长期债务相比，在短期贷款合同中，限制条款较少，使企业有更多的自由。

3. 筹资成本低

在正常情况下，短期负债筹资所发生的利息支出低于长期负债筹资。

4. 筹资风险大

尽管短期债务的成本低于长期债务的成本，但其风险却高于长期债务。一是短期债务的借款利率随市场利率的变化而变化，时高时低，企业难以适应；二是债务到期，企业必须在短期偿还，容易造成企业财务状况恶化。

三、营运资金的周转

营运资金周转是指企业的营运资金从现金投入生产经营开始，到最终转化为现金为止的过程。营运资金周转通常与现金周转密切相关，现金的周转过程主要包括如下三个方面：①存货周转期，是指将原材料转化成产成品并出售所需要的时间；②应收账款周转期，是指将应收账款转换为现金所需要的时间；③应付账款周转期，是指从收到尚未付款的材料开始到现金支出之间所用的时间。

现金循环周期的变化会直接影响所需营运资金的数额。一般来说，存货周转期和应收账款周转期越长，应付账款周转期越短，营运资金数额就越大；相反，存货周转期和应收账款周转期越短，应付账款周转期越长，营运资金数额就越小。此外，营运资金周转的数额还受到偿债风险、收益要求和成本约束等因素的制约。因此，为提高营运资金的周转效率，企业的营运资金应维持在既没有过度资本化又没有过量交易的水平上。

任务二　现 金 管 理

一、现金管理的目标

现金是指在生产过程中暂时停留在货币形态的资金，包括库存现金、银行存款、银行本票和银行汇票等。它是变现能力最强的非营利性资产。现金管理的过程就是在现金的流动性与收益性之间进行权衡选择的过程。通过现金管理，使现金收支不但在数量上，而且在时间上相互衔接，对于保证企业经营活动的现金需要，降低企业闲置的现金数量，提高资金收益率具有重要意义。

现金具有很强的流动性和普遍的可接受性。增加现金持有量有利于提高企业偿债能力，但由于现金同时又是一项非收益性资产，持有量过多会造成现金闲置的浪费。因此，现金管理的目标是合理确定现金持有量，使得现金在保证企业正常经营及纳税需要的情况下，将闲置现金用于投资，以避免或减少现金闲置的机会成本及管理成本，提高现金的收益性。

二、企业持有现金的动机

企业持有一定数量的现金主要是基于交易动机、预防动机和投机动机。

1. 交易动机

交易动机，即企业为了组织日常的生产经营活动，必须保持一定数额的现金余额，用于支付工资、偿还债务、缴纳税款和分配利润等，即持有现金以便满足日常支付的需要。

2. 预防动机

预防动机，即企业为应付意外事件的发生而需要保持一定量的现金。由于市场行情的瞬息万变和其他各种不测因素的存在，企业通常难以对未来现金流入量及流出量做出准确估计和预期。因此，在正常业务活动现金需要量的基础上，追加一定数量的现金余额以应付未来现金流入量及流出量的随机波动，是企业在确定必要现金持有量时应当考虑的因素。

3. 投机动机

投机动机，即企业为抓住转瞬即逝的市场机会获取较大的利益而准备的现金余额。例如持有现金以便当证券价格剧烈波动时从事证券投资活动，从中受益。投机动机是企业确定现金余额时考虑的次要因素之一，其持有量的大小往往与企业的投资机会及企业对待风险的态度有关。

子任务一 现金管理成本的计算

企业持有现金的成本通常由以下三个部分组成。

(一)持有成本

持有成本是企业因保留一定的现金余额而发生的管理费用及由此而丧失的再投资收益(机会成本)。

1. 管理费用

管理费用是由于对现金进行管理而增加的费用。企业保留现金，对现金进行管理，会发生一定的管理费用，如管理人员工资及主要安全措施费用。例如：防盗门、保险柜、保安费等开支。其金额大小与现金持有量的多少无关，是一项固定成本，因而属于一项与现金持有量决策无关的成本。

2. 机会成本

机会成本是企业持有现金后，就不能以所持现金进行对外投资，从而丧失掉可能的投资收益，形成闲置现金的机会成本。机会成本在数额上等同于资本成本。放弃的再投资收益即机会成本属于变动成本，它与现金持有量成正比例关系。

以 Q 表示最大现金持有量，R 表示现金的机会成本率，即有价证券的利息率，假定现金在年内使用状况稳定，则有

$$\text{机会成本额}=\text{现金平均持有量}\times\text{预算期利率}=\frac{Q}{2}\times R=\frac{RQ}{2}$$

由此可以看出：持有成本=机会成本=$\frac{RQ}{2}$。

(二)转换成本

转换成本是指企业用现金购入有价证券以及转让有价证券换取现金时付出的交易费用，即现金同有价证券之间相互转换的成本，如委托买卖佣金、委托手续费、证券过户费、实物交割手续费等。企业无论是出售有价证券以取得现金收入，还是以现金购入有价证券，都需要付出现金和有价证券之间的转换费用，由于每次转换费用固定的部分是与决策相关的成本，我们所说的转换成本就是与决策相关的每次都固定发生的转换成本。

若以 F 表示每次固定的转换成本，A 表示某一时期内现金总需求量，则一定时期内(全年)的总转换成本为

$$\text{转换成本}=\text{证券转换次数(预算期内)}\times\text{每次转换的固定转换费}=\frac{A}{Q}\times F$$

可见，现金管理成本中的转换成本与现金持有量成反比例关系。

(三)短缺成本

短缺成本是指在现金持有量不足而又无法及时通过有价证券变现加以补充而给企业造成的损失，包括直接损失与间接损失。直接损失是由于现金的短缺而使企业生产经营及投资受到影响所造成的损失，如无法购进材料造成停工损失。间接损失是由于现金的短缺而给企业带来的无形损失，如不能及时付款造成企业信用损害等。

现金的短缺成本与现金持有量成反方向变动关系。

子任务二　最佳现金持有量的确定

确定最佳现金持有量的模式主要有成本分析模式和存货模式。

(一)成本分析模式

成本分析模式是根据现金有关成本，分析预测其总成本最低时现金持有量的一种方法。运用成本分析模式确定最佳现金持有量时，只考虑因持有一定量的现金而产生的机会成本及短缺成本，而不予考虑管理费用和转换成本。因为我们视管理成本为一项固定成本，而在成本分析模式中，我们认为现金的短缺不能够通过有价证券的变现随时获得。因而，转换成本不在考虑之列。

机会成本是因持有现金而丧失的再投资收益，与现金持有量成正比例变动关系；短缺成本与现金持有量成反方向变动关系。因此，现金管理成本与现金持有量之间的关系如图 6-1 所示。

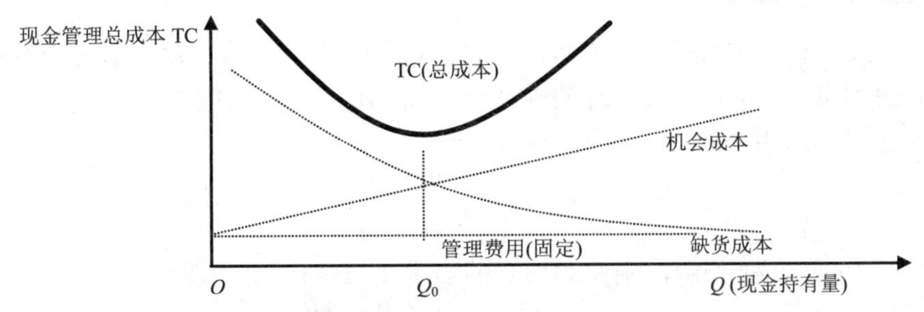

图 6-1　成本分析模式示意图

从图 6-1 中可见，由于各项成本同现金持有量的变动关系不同，使得总成本曲线呈抛物线形，抛物线的最低点，即为总成本最低点，其对应的现金持有量(Q_0)是最佳现金持有量。

运用成本分析模式确定最佳现金持有量的步骤如下。

(1) 根据不同现金持有量测算并确定有关成本数值。

(2) 按照不同现金持有量及其有关成本资料编制最佳现金持有量测算表。

(3) 在测算表中找出总成本最低时的现金持有量，即最佳现金持有量。在这种模式下，最佳现金持有量就是持有现金而产生的机会成本与短缺成本之和最小时的现金持有量。

(二)存货模式

存货模式是将存货经济订货批量模型原理用于确定目标现金持有量，其着眼点也是现金相关成本之和最低。

1. 存货模式的假定前提

运用存货模式确定最佳现金持有量时，是以下列假设为前提的。

(1) 企业所需要的现金可通过证券变现取得，且证券变现的不确定性很小。

(2) 企业预算期内现金需要总量可以预测。

(3) 假设收入是每隔一段时间发生一次，而现金的支出过程比较稳定、波动较小，而且每当现金余额降至零时，均通过部分证券变现得以补足。

(4) 证券的利率或报酬率以及每次固定性交易费用可以获悉。

如果这些条件基本得到满足，企业便可以利用存货模式来确定最佳现金持有量。

2. 存货模式的目的

运用存货模式确定最佳现金持有量时，对短缺成本不考虑，只对机会成本和固定性转换成本予以考虑，即

现金管理总成本=机会成本+固定性转换成本

存货模式的目的是求出能够使现金管理的机会成本与转换成本之和保持最低的现金持有量。当持有现金的机会成本与证券变现的交易成本相等时，现金管理的总成本最低，此时的现金持有量即为最佳现金持有量。

3. 最佳现金持有量的确定

以 TC 表示现金管理的相关总成本；Q 表示最佳现金持有量；R 表示现金的机会成本，即有价证券的利息率；A 表示某一时期内现金总需求量；F 表示每次有价证券与现金的转换成本。则现金管理的相关成本的计算公式如下。

$$\mathrm{TC}=\frac{QR}{2}+\frac{AF}{Q}$$

一定时期内(通常为一年)，企业对现金的需求总量(A)一定，现金持有量 Q 越大，持有成本越高，转换成本越低。因此，使总成本 $\mathrm{TC}=\frac{QR}{2}+\frac{AF}{Q}$ 最低的现金持有量 Q_0，才是现金最佳持有量。

存货模式下现金管理成本与现金持有量之间的关系如图 6-2 所示。

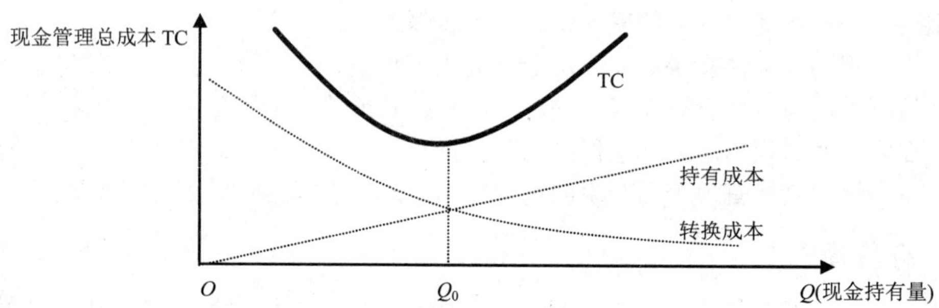

图 6-2　存货模式示意图

由图 6-2 可以看出，与现金持有量有关的总成本 $\mathrm{TC}=\frac{QR}{2}+\frac{AF}{Q}$ 的图像是一条开口向上的凹形曲线，可通过求导数的方法求出极小值点(变动趋势为 0 的点)的横纵坐标：

$$\mathrm{TC}'=0=\left(\frac{QR}{2}+\frac{AF}{Q}\right)'=\frac{R}{2}-\frac{AF}{Q^2}$$

$$\begin{cases} Q=\sqrt{2\dfrac{AF}{R}} \\ \mathrm{TC}=\sqrt{2AFR} \\ \dfrac{A}{Q}=n=\sqrt{\dfrac{AR}{2F}} \end{cases}$$

式中：Q——最佳现金持有量(每次证券变现的数量)；

A——各周期内现金总需求量；

F——每次转换有价证券的固定转换成本；

R——有价证券利息率(机会成本)。

【任务演练 6-1】某企业预计全年现金总需要量为 20 万元，其收支状况较稳定，每次有价证券变现的固定费用为 2 000 元。计算最佳现金持有量、最低现金管理成本、证券变现次数及时间。已知有价证券的利率为 8%。

【解析】已知：A=200 000 元，R=8%，F=2 000 元，则有

$$Q=\sqrt{2\times 200\ 000\times 2\ 000\div 8\%}=100\ 000(\text{元})$$

$$\text{TC}=\sqrt{2\times 200\ 000\times 2\ 000\times 8\%}=8\ 000(\text{元})$$

因此，企业最佳现金持有量为 10 万元，最低现金管理成本为 8 000 元。

子任务三　现金回收与支出管理

(一)现金回收的管理

现金回收管理的目的是尽快收回现金，加速现金的周转。为此，企业应建立销售与收款业务控制制度，并且根据成本与收益比较原则选用适当方法加速账款的收回。

现金回收主要采用的方法有邮政信箱法和银行业务集中法两种。

1. 邮政信箱法

邮政信箱法又称锁箱法，是西方企业加速现金流转的一种常用方法。企业可以在各主要城市租用专门的邮政信箱，并开立分行存款户，授权当地银行每日开启信箱，在取得客户支票后立即予以结算，并通过电汇将货款拨给企业所在地银行。该方法缩短了支票邮寄及在企业的停留时间，但成本较高。

2. 银行业务集中法

银行业务集中法是一种通过建立多个收款中心来加速现金流转的方法。在这种方法下，企业指定一个主要开户行(通常是总部所在地)为集中银行，并在收款额较集中的若干地区设立若干个收款中心；客户收到账单后直接汇款到当地收款中心，中心收款后立即存入当地银行；当地银行在进行票据交换后立即转给企业总部所在地银行。该方法缩短了现金从客户到企业的中间周转时间，但在多处设立收账中心，增加了相应的费用支出。为此，企业应在权衡利弊得失的基础上，做出是否采用银行业务集中法的决策，这需要计算分散收账收益净额。其计算公式如下。

分散收账收益净额=(分散收账前应收账款投资额−分散收账后应收账款投资额)×
企业综合资金成本率−因增设收账中心每年增加费用额

【任务演练 6-2】某企业分散收账前应收账款为 400 万元，分散收款后应收账款为 300 万元。经测算，企业增加收款中心预计每年多增加支出 2 万元，企业加权平均的资金成本为 10%。试分析该企业是否应采用多个收款中心法。

【解析】分散收账收益净额=(400−300)×10%−2=8(万元)，说明企业建立多个收款中心可获得净收益 8 万元，因此企业应采用多个收款中心法。

(二)现金支出的管理

现金管理的另一个方面就是决定如何使用现金。企业应建立采购与付款业务控制制度，并且根据风险与收益权衡原则选用适当方法延期支付账款。

与现金收入的管理相反，现金支出管理的主要任务是尽可能延缓现金的支出时间。延期支付账款的方法一般有以下三种。

1. 合理利用“浮游量”

所谓现金“浮游量”，是指企业账户上现金余额与银行账户上所显示的存款余额之间的差额。

2. 推迟支付应付款

企业可在不影响信誉的情况下，尽可能推迟应付款的支付期。

3. 采用汇票付款

在使用支票付款时，只要持票人将支票存入银行，付款人就要无条件地付款。但汇票不是“见票即付”的付款方式，这样就有可能合法地延期付款。

任务三　应收账款的管理

一、应收账款的产生

应收账款是企业因对外赊销产品、材料、供应劳务等应向购货或接受劳务单位收取的款项。应收账款的主要功能是促进销售和减少存货。它是一个广义的概念，包括会计核算中的应收账款、应收票据、预付账款及其他应收款等。

企业传统的结算方式是“一手交钱、一手交货、钱货两清”的现销结算方式。但是，随着经济的发展，尤其是以股份制企业为代表的现代企业出现以后，企业自身及其外部关系发生了巨大的变化，主要体现在以下三个方面。

(1) 由于筹资手段的多样化，使得企业的经济实力雄厚、规模扩大。

(2) 企业的经济业务无论是数量还是种类都比以前多。

(3) 企业内外部的经济关系变得错综复杂。

以上变化的出现，使得企业原有的传统的结算方式已不能满足企业日益增长的业务量的需要。优胜劣汰的市场竞争，要求企业必须不断地扩大销售量，增加其销售收入。在这种情况下，企业如果还一味地只采用传统的现销方式，势必会把大量的本来具有购货诚意但暂时缺乏融通资金的客户拒之门外，从而不利于扩大销售。因而，赊销方式的产生，可以使得企业通过赊销方式接受大量的承诺延期付款的客户的订单，从而扩大了销售量，增加了销售收入，顺应了市场竞争的要求。

二、应收账款的优缺点与管理目标

(一)应收账款的优点

赊销方式是经济发展到一定阶段的必然产物，对销货企业而言，赊销产生了应收账款，它给销货企业带来的有利方面突出地体现在以下两方面。

(1) 有利于扩大销售，增加销售收入。

(2) 有利于减少积压存货，从而有利于减少存货的仓储保管费用、残存霉变损失以及存货占用资金的机会成本等存货管理成本。

(二)应收账款的缺点

尽管应收账款投资会给销货企业带来无可否认的好处，但也必不可少地带来相应的弊端，应收账款的缺陷集中地体现在以下四个方面。

(1) 赊销方式下会产生应收账款，而应收账款的产生必然会引起坏账，形成坏账损失。

(2) 赊销方式下会产生应收账款，企业为催收应收账款必然要支付大量的管理费用。

(3) 赊销方式下会产生应收账款，应收而未收回的资金在一段时间内被客户无偿地占用，企业就会丧失对这笔资金进行再投资的机会和机会收益，从而增加了机会成本。

(4) 销售收入与现金流入不一致。

(三)应收账款的管理目标

应收账款利弊共存，企业应在收益与成本比较原则的基础上，做出科学的信用标准、信用条件和收账政策决策方案、收账成本和坏账损失，从而达到应收账款投资的有效利用。

在发挥应收账款强化竞争、扩大销售收入优点的同时，降低应收账款的机会成本。

子任务一 应收账款的成本计算

(一)机会成本

应收账款的机会成本是因企业将资金投放在应收账款上而丧失的其他收入，这一成本的大小通常与企业维持赊销业务所需要的资金数量(应收账款投资额)、资金成本率有关。应收账款机会成本可通过以下公式计算得出。

应收账款的机会成本=应收账款的年均资金占用额×资金成本率

应收账款的年均资金占用额=应收账款的年均余额×变动成本率

应收账款年均余额=全年赊销总额÷应收账款周转率

=全年赊销总额×应收账款平均收账天数÷360

因此，可以得出：

应收账款的机会成本=全年赊销总额×平均收账天数÷360×变动成本率×资金成本率

式中，平均收账天数一般按客户各自赊销额占总赊销额比重为权数的所有客户收账天数的加权平均数计算；资金成本率一般可按有价证券的利息率计算。

【任务演练 6-3】ABC 企业预计全年赊销额为 300 万元，应收账款平均收账天数为 30 天，变动成本率为 60%，资金成本率为 8%，则应收账款的机会成本为多少？

【解析】应收账款年均余额=300×30÷360=25(万元)

应收账款的年均资金占用额=25×60%=15(万元)

应收账款的机会成本=15×8%=1.2(万元)

(二)管理成本

应收账款的管理成本是企业对应收账款进行日常管理而耗费的开支，如客户资信调查费用、应收账款账簿记录费用、收账费用和其他费用。

(三)坏账成本

应收账款的坏账成本是指应收账款所存在的无法收回的可能性给企业带来的损失。这一成本一般与应收账款数量同方向变动，即应收账款越多，坏账成本也越多。因此，在坏账率不变的情况下，它与应收账款数量成正比例变动关系。坏账成本与坏账率之间的关系可用下式表示。

坏账成本=年赊销额×坏账率

子任务二　应收账款信用政策的制定

应收账款管理的目的主要是确定一个最佳应收账款投资水平，即制定出科学、合理的应收账款信用政策，在扩大销售额与降低相关成本之间取得最佳平衡。信用政策是应收账款的管理政策，是公司为对应收账款进行规划和控制而确立的基本原则与行为规范，包括信用标准、信用期限和收账政策。

(一)信用标准

信用标准是指顾客获得企业提供交易信用所应具备的基本条件。如果顾客达不到信用标准，便不能享受企业的信用或只能享受较少的信用优惠。企业在确定客户的信用标准时，可用“5C”评估法来评价客户的信用状况，即品质(character)、能力(capability)、资本(capital)、抵押(credit)、条件(condition)。

1. 品质

品质是指客户的信誉，即客户履行按期偿还货款的诚意、态度及赖账的可能性。

2. 能力

能力是指顾客的偿债能力，即其流动资产的数量和质量以及与流动负债的比例。资产的变现能力越大，公司的偿债能力越强；相反，负债的流动性越大，公司的偿债能力越弱。

3. 资本

资本是指顾客的财务实力和财务状况，一般以有形资产净值和留存收益表示。表明客户可以偿还债务的背景和最终保证。

4. 抵押品

抵押品是指顾客拒付款项或无力支付款项时能够被用作抵押的资产，是提供作为授信安全保证的资产，客户提供的抵押品越充足，信用安全保障就越大。

5. 条件

条件是指可能影响顾客付款能力的经济环境。公司应主要了解在经济状况发生变化时或一些特殊经济事件发生时，其会对客户的付款能力产生什么影响。对此，公司应着重了解客户在以往面临困境时期的付款表现。

(二)信用期限

信用期限是指企业决定给予客户信用优惠后，要求客户付款的最长期限。

信用期过短，难以吸引顾客，导致企业销售额下降；信用期过长，虽然能够增加企业的销售额，但同时也会增加应收账款的成本费用。信用期的确定，主要是分析改变现行信用期对收入和成本的影响。如果改变现行信用期使增加的销售收入大于增加的相关成本，应延长信用期，否则不宜延长；如果缩短信用期，情况与此相反。具体分析时按以下步骤进行(以延长信用期为例)。

(1) 计算改变现行信用期增加的收益额。其计算公式如下。

收益额增加额=销售量的增加×单位边际贡献

(2) 计算增加信用期引起应收账款占用资金应计利息的增加额。其计算分式如下。

应收账款应计利息=日销售额×平均收现期×变动成本率×资本成本率

(3) 计算收账费用和坏账损失增加额。

(4) 计算改变信用期对净损益的影响额。

【任务演练 6-4】甲企业现在采用 30 天按发票金额付款的信用政策，将信用期放宽至 60 天，该公司的投资最低报酬率为 10%，其他有关资料如表 6-2 所示。试分析是否应该放宽信用期。

表 6-2　甲企业相关信息一览表

项　目	20 000	30 000
销售数量/件	100 000	150 000
销售收入/元(单价：5 元/件)	60 000 30 000	90 000 30 000
销售成本/元 变动成本/元(3 元/件) 固定成本/元	10 000	30 000
毛利/元	3 000	4 500
预计收账费用(3%)/元	5 000	7 500
预计坏账费用(5%)/元	20 000	30 000

【解析】

(1) 计算收益的增加额。

(30 000−20 000)×(5−3)=20 000(元)

(2) 计算应收账款机会成本的增加额(应计利息增加额)。

30 天信用期机会成本=100 000÷360×30×3÷5×10%=500(元)

60 天信用期机会成本=150 000÷360×60×3÷5×10%=1 500(元)

应计利息增加=1 500−500=1 000(元)

(3) 计算收账费用和坏账费用增加额。

收账费用增加=4 500−3 000=1 500(元)

坏账费用增加=7 500−5 000=2 500(元)

(4) 计算改变信用期对损益的影响额。

20 000−(1 000+1 500+2 500)=1 500(元)

由于收益的增加大于成本费用的增加，所以应采用 60 天信用期。

(三)收账政策

收账政策是指当客户违反信用条件，拖欠甚至拒付账时，企业所采取的收账策略与措施。企业如果采取较积极的收账政策，可能会减少应收账款的投资，减少坏账损失，但同时会增加收账成本；企业如果采取较消极的收账政策，可能会增加应收账款的投资，增加坏账损失，但同时也会减少收账成本。在实际工作中，可参照测算信用标准、信用条件的方法来制定收账政策。

1. 催账成本与坏账损失的关系

一般而言，收账费用支出越多，坏账损失越少，但两个指标之间并不存在线性关系。通常情况如下。

在最初支出催账费用时，不会使呆、坏账减少多少。

随着催账费用支出的增加，呆、坏账减少的幅度在明显增强。

但是，一旦催账费用达到某一限度后，应收账款和坏账损失的减少就不再明显了。这个限度称为饱和点。超过饱和点，随着催账费用支出的继续增加，呆坏账减少的幅度开始减弱，此时，继续增加催账费用的行为得不偿失。企业在制定信用政策时，应权衡减少应收账款的机会成本和坏账损失与增加收账费用之间的得失。

坏账损失率随催账成本的变动而变动的模型如图 6-3 所示。

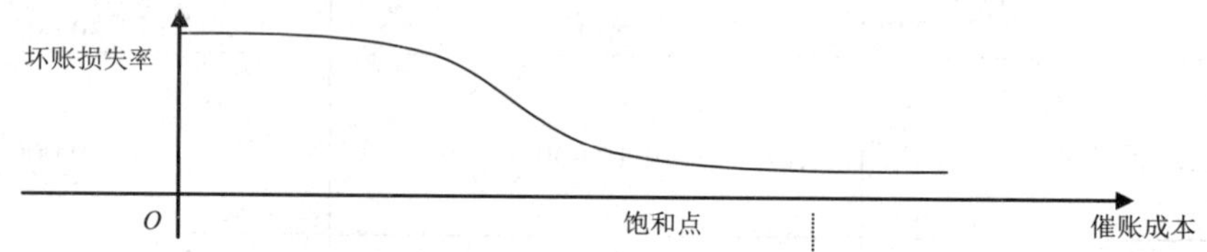

图 6-3 坏账损失率与催账成本关系示意图

2. 判断饱和点的方法

随着催账费用支出对降低坏账的作用的减弱，若催账费用的边际增加额恰好等于坏账的边际减少额及收回账款的再投资边际投资收益额，一般认为达到饱和点。

子任务三 应收账款的分析

(一)应收账款的追踪分析

应收账款的追踪分析是赊销企业在收账前对该项应收账款的运行过程进行追踪分析。货款一旦被客户拖欠，赊销企业就必须考虑如何按期足额收回货款。因此，必须在收款之前对应收账款进行追踪分析。通过追踪分析，有利于赊销企业准确预测应收账款发生坏账风险的可能性，进而研究和制定有效的收账对策，提高收账效率，减少坏账损失。

(二)应收账款的账龄分析

应收账款的账龄分析是企业在某一时点，将发生在外的各笔应收账款按开票日期进行归类(确定账龄)，并计算各账龄应收账款余额占应收账款总额的百分比。

应收账款逾期的时间越短，收回的可能性越大，坏账损失的程度越小；反之，应收账款逾期的时间越长，收回的可能性越小，坏账损失的程度越大。也就是说，账龄越短，坏账损失的程度越小；反之，账龄越长，坏账损失的程度越大。

例如，2019 年 10 月 31 日，甲企业应收账款账龄结构表如表 6-3 所示。

表 6-3　甲企业应收账款账龄结构表

应收账款账龄	账户数量/个	金额/万元	比重/%
信用期内(6 月)	50	4 500	56.25
超过信用期 1 月内	40	1 500	18.75
超过信用期 2 月内	20	600	7.5
超过信用期 3 月内	10	100	1.25
超过信用期 4 月内	15	250	3.125
超过信用期 5 月内	25	250	3.125
超过信用期 6 月内	10	200	2.5
超过信用期 6 月以上	30	600	7.5
合计	200	8 000	100

账龄结构给财务管理人员提供了应收账款占用状况的详尽资料。通常情况下，赊销信用期越短，应收账款的过期数额、比重及坏账风险相应越高。从表 6-3 中可以看出，该企业应收账款余额中，有 4 500 万元还在信用期内，仅占全部应收账款的 56.25%；过期数额 3 500 万元，占全部应收账款的 43.75%。其中逾期 1、2、3、4、5、6 个月内的分别为 18.75%、7.5%、1.25%、3.125%、3.125%、2.5%。另有 7.5%的应收账款已逾期半年以上。此时企业应对应收账款给予足够的重视。一般而言，账款的逾期时间越短，收回的可能性越大，坏账损失的风险越小；反之，收账的难度以及坏账损失的风险越大。

(三)应收账款的收现率分析

应收账款的收现率是指必须收现的应收账款占全部应收账款的比率，是应收账款收现程度的最低控制标准。其计算公式如下

$$\text{应收账款的收现率}=\frac{\text{当期必需的现金支付总额}-\text{当期预计其他稳定可靠的现金来源额}}{\text{当期应收账款总额}}$$

预计现金需要量是指从应收账款收现以外的途径可以取得的各种稳定的、可靠的现金流入数额。它包括短期有价证券变现净值、可随时取得的银行贷款等。

任务四　存货的管理

存货是指企业在日常活动中持有以备出售的产成品或商品、处在生产过程中的产品、在生产过程或提供劳务过程中耗用的材料和物料等。它包括库存商品、原材料、在途材料、在产品、产成品、低值易耗品、包装物、自制半成品等。

企业持有充足数量的存货，有利于保证生产经营活动的顺利进行，避免企业因存货短缺而引起生产经营活动的中断，从而形成各种损失；同时可节约采购及生产的时间及费用。但是，若存货持有量过多，必然会增大资金占用量，不仅会增加存货的仓储保管费用、残存霉变损失，还会增大存货占用资金的机会成本。因此，确定最佳的存货储备量、合理的存货储备期限等，使得与存货储备量以及储存期有关的各项成本之和达到最低，这是存货管理的目标。

企业持有存货的主要功能：一是防止停工待料；二是适应市场变化；三是降低进货成本；四是维持均衡生产。

子任务一　存货的成本

1. 采购成本

采购成本是存货的进价成本，又称购置成本，是存货本身的价值。在一定时期内，假设物价不变且无采购数量折扣，如果存货的总进货量 A 一定，无论企业的采购次数 n 及进货批量 Q 如何变动，总进货量 $n\times Q=A$ 固定不变，因而在一年内，存货的总进价成本$=A\times P$ 也固定不变。由此可见，在一年内的采购总成本 $A\times P$ 是保持相对稳定的，与存货的进货批量 Q 无关，属于一项与决策无关的成本，在决策时无须考虑。

2. 进货成本

进货成本是采购过程中的进货费用。例如，企业为组织进货而开支的办公费、差旅费、邮电费、运输费等。此项费用分两类：一类与每次的进货量多少有关(成正比例变动的关系)，另一类与每次的进货量的多少无关。

与进货量成正比例变动关系的这类进货费用额每次为 $Q\times P_1$(P_1 为每次进货的单位该类进货成本)，在一定时期(一年)内存货的总进货量 A 一定，因而在一年内该类进货总成本为 $Q\times n\times P_1=A\times P_1$。可见，该类进货成本 $A\times P_1$ 与存货的进货批量 Q 无关，属于一项与决策无关的成本。与每次进货量的多少无关的这类进货费用额每次为 F(设每次进货的固定的进货费用为 F)，因而一定时期(一年)内的该类进货总成本为 $n\times F=A/Q\times F$。可见，该类进货成本 $A/Q\times F$ 与进货批量 Q 决策有关，属于与决策有关的成本。我们通常所讲的进货成本就是这类与决策有关的成本 $A/Q\times F$。

3. 储存成本

储存成本是企业为持有存货而发生的仓储费、保险费、残存霉变损失等费用。储存成本可以按照与储存数额的关系分为变动性储存成本和固定性储存成本两类。其中，固定性储存成本与存货储存数额的多少没有直接联系，这类成本属于决策的无关成本；而变动性储存成本则与存货储存数额成正比例变动关系，这类成本属于决策的相关成本。这里所研究的储存成本是后者。在一定时期内，企业储备每一件存货所承担的保险费、残损霉变损失成本都固定不变，可设这类变动性储存成本为 C，那么，在这段时期企业储备整批存货的储备成本总额为 $\frac{Q}{2}\times C$，与 Q 成正比，属于一项与决策相关的成本。

4. 缺货成本

缺货成本是因存货不足而给企业带来的停产损失、延误发货的信誉损失，以及丧失销售机会的损失等。

企业对由于缺货而带来的严重损失有充分的认识，为避免缺货损失成本，企业一般都预留足够的保险储备量以防范缺货，因而一般情况下缺货成本为零，属于一项与经济进货批量决策无关的成本。但缺货成本能否作为决策的相关成本，应视企业是否允许出现存货短缺的不同情形而定。若允许缺货，则缺货成本便与存货数量反向相关，即属于决策相关成本；反之，若企业不允许发生缺货情形，此时缺货成本为零，也就无须加以考虑。

子任务二　存货经济进货批量基本模型

确定最佳存货水平，并对其实施有效控制是存货管理的关键，存货经济进货批量控制是存货控制的基本方法之一。

(一)存货经济进货批量的含义

存货经济进货批量是指能够使一定时期存货的总成本达到最低点的进货数量。决定存货经济进货批量的成本因素主要包括采购成本、进货成本、储存成本、缺货成本。不同的成本项目与进货批量呈现不同的变动关系，因此存在一个最佳的进货批量，使成本总和保持最低水平。

(二)存货经济进货批量基本模型的基本思路、假设、决策

1. 存货经济进货批量基本模型的基本思路

存货经济进货批量控制可以通过建立存货经济进货批量基本模型来实现。

存货经济进货批量基本模型是以许多假设为前提的，包括不允许出现缺货情形，故不存在缺货成本。在这些前提下，与存货订购批量 Q 决策相关的就只有进货成本和储存成本两项。这样，进货成本与储存成本总和最低水平下的进货批量，就是存货经济进货批量。

存货经济进货批量基本模型的基本思路是：能够使得一定时期与存货储备量 Q 有关的各项成本之和 TC 达到最低点的存货进货数量。存货经济进货批量控制的基本思路是：求出一个最佳存货进货数量，使得当企业按该进货批量进货时，与存货储备量 Q 有关的各项成本之和 TC 达到最低状态。

2. 存货经济进货批量基本模型的假设

存货经济进货批量基本模型的假设前提有以下七条。

(1) 假定在一定时期内(一年)，存货的总需要量为 A，固定不变。

(2) 存货的价格稳定，不存在商业折扣。

(3) 不允许出现缺货。

(4) 企业一定时期的进货总量可以较为准确地予以预测。

(5) 企业是每隔一个相等的时间段采购一次数量相等的存货，而存货的发出却是每隔一个相等的时间段均匀地消耗一次。

(6) 仓储条件以及所需现金不受限制。

(7) 所需存货市场供应充足，不会因买不到所需存货而影响其他方面。

3. 存货经济进货批量基本模型的决策

综上所述，与存货经济进货批量决策有关的成本 $TC=\frac{Q}{2}\times C+\frac{A}{Q}\times F$，如图 6-4 所示，其图像为一条开口向上的曲线。要想求出最经济的进货批量——使得总成本 TC 最小的进货批量，无非是求出曲线 TC 上的最低点——点 B 的横坐标。我们知道，曲线 TC 上唯有点 B 的导数为 0，因而我们可通过求导的方法求出点 B 的横坐标。与存货经济进货批量决策有关的成本 TC 随进货量的变动而变动的数学模型图用图 6-4 表示。

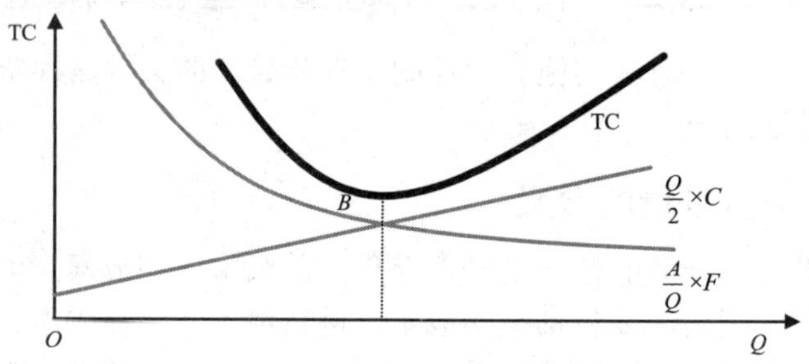

图 6-4 存货经济进货批量基本模型示意图

由
$$TC'=\left(\frac{Q}{2}\times C+\frac{A}{Q}\times F\right)'=\frac{C}{2}+\frac{AF}{Q^2}=0$$

得：
$$Q=\sqrt{2\frac{AF}{C}}$$
$$TC=\sqrt{2AFC}$$
$$N=A/Q=\sqrt{\frac{AC}{2F}}$$
$$W=P\times\frac{Q}{2}$$

式中：Q——存货的每批订货量；

A——存货的全年需要量；

C——每单位存货的年储存成本；

F——每批存货的订货成本；

TC——存货总成本；

N——年度最佳进货批次；

W——经济进货批量的平均占用资金。

【任务演练 6-5】A 公司每年需耗用甲材料 8 000 千克，该材料的单位采购成本 15 元，单位储存成本 5 元，平均每次进货费用为 50 元。试计算该企业经济进货批量、经济进货成本和进货次数。

【解析】

经济进货批量 $Q=\sqrt{2\times 8\,000\times 50\div 5}=400$(千克)

经济进货总成本 $\text{TC}=\sqrt{2\times 8\,000\times 50\times 5}=2\,000$(元)

进货次数 $N=8\,000\div 400=20$(次)

(三)实行数量折扣的经济进货批量模型

上述的经济批量的分析中，我们认为采购成本(金额为 $A\times P$)是一项与决策无关的成本。这是因为我们假定存货的单位采购价格 P(单位进价)是固定不变的，即存货的采购价格 $A\times P$ 与进货批量 Q 无关。然而，在实务中，销货方为了鼓励购货方大量地购买货物，一般都会提供商业折扣。也就是说，销货方对大批量购买货物的客户在价格上会给予一定的优惠。在这种情况下，存货的单位采购价格 P 值的大小与进货批量 Q 有关，因而，随着存货的进货批量 Q 的变动，存货的单位采购价格 P 以及总采购价格也在发生变动。这样，采购成本就成为一项与决策有关的成本，进而成为决策中必须考虑的一项成本。因此有

$$\text{与 } Q \text{ 有关的总成本 TC}=\text{储备成本}+\text{进货成本}+\text{采购成本}$$

$$=\frac{Q}{2}\times C+\frac{A}{Q}\times F+A\times P(1-\text{CD})$$

有数量折扣的经济进货批量决策步骤如下。

(1) 在不考虑数量折扣的情况下，计算经济进货批量 Q_1，并计算包含采购成本在内的与 Q 有关的总成本 TC_1。

(2) 如果 Q_1 大于以可享受数量折扣的最低进货量 Q_2，则 Q_1 为经济进货批量；若 $Q_1< Q_2$，则应当再计算与 Q_2 有关的总成本 TC_2，其中，TC_2 包括已扣除了数量折扣后的采购成本。

(3) 比较 TC_1 与 TC_2 并选择总成本较小的进货量 Q_1 或 Q_2 为经济进货批量。

【任务演练 6-6】A 公司甲材料的年需要量为 8 000 千克，每千克标准进价为 15 元。销售企业规定：客户每批购买量不足 1 000 千克的，按照标准价格计算；每批购买量 1 000 千克以上，2 000 千克以下的，价格优惠 2%。试计算经济进货批量。

【解析】根据题意，已知：$A=8\,000$，$C=5$，$F=50$，$P=15$，$\text{CD}=2\%$，求 Q。

在没有数量折扣(即进货批量 1 000 千克以下)时的经济进货批量和存货成本总额计算如下。

经济进货批量 $Q=\sqrt{2\times 8\,000\times 50\div 5}=400$(千克)

存货成本总额 $\text{TC}_1=8\,000\times 15+8\,000\div 400\times 50+400\div 2\times 5=122\,000$(元)

企业欲得到数量折扣，至少进货 1 000 件。

此时 TC_2=储备成本+进货成本+采购成本

$$=\frac{Q}{2}\times C+\frac{A}{Q}\times F+A\times P(1-\text{CD})$$

$$=\frac{1\,000}{2}\times 5+\frac{8\,000}{1\,000}\times 50+8\,000\times 15\times(1-2\%)$$

=120 500(元)

比较两种进货量下的成本可知，应选择 1 000 千克为经济进货批量。

(四)允许缺货时的经济进货模型

允许缺货的情况下，企业对经济进货批量的确定，不仅要考虑进货成本与储存成本，而且还必须对可能的缺货成本加以考虑，即能够使三项成本总和最低的批量便是经济进货批量。这样企业的年度存货成本就表示为三种成本之和，即

年存货成本=订货成本+储存成本+缺货成本

设缺货量为 S，单位缺货成本为 R，其他符号同上，则有

$$Q=\sqrt{\frac{2AF}{C}\times\frac{C+R}{R}}$$

$$S=QC\div(C+R)$$

【任务演练 6-7】 A 公司甲材料年需要量为 64 000 千克，每次的进货费用为 30 元，单位储存成本为 4 元，单位缺货成本为 8 元。试计算其允许缺货的经济进货批量和平均缺货量。

【解析】 $Q=\sqrt{2\times 64\,000\times 30\div 4\times(4+8)\div 8}=1\,200$(千克)

S=1 200×4÷(4+8)=400(千克)

子任务三　存货的控制与管理

存货储存后，不仅会发生存货的仓储保管费用、残存霉变损失，还会因存货占用货款资金而发生机会成本和利息成本。因此，只有加速存货周转，避免积压，才能提高企业的获利水平。

(一)存货储存期控制

1. 保本储存期

保本储存期是指当商品经营利润为 0 时的储存期。其计算公式如下。

保本储存期=(销售毛利-销售税金及附加-固定储存费)/每日变动储存费

2. 保利储存期

保利储存期是指当经营利润等于目标利润时的储存期。其计算公式如下。

保利储存期=(销售毛利-销售税金及附加-固定储存费-目标利润)/每日变动储存费

当企业储存期<保利储存期时，所获得的利润大于目标利润。

当企业储存期=保利储存期时，所获得的利润等于目标利润。

当企业储存期>保利储存期而小于保本储存期时，所获得的利润>0，但小于目标利润。

当企业储存期=保本储存期时，所获得的利润=0。

当企业储存期>保本储存期时，所获得的利润<0，即亏损。

(二)存货 ABC 分类管理

存货 ABC 分类管理就是按照一定的标准，将企业的存货划分为 A、B、C 三类，分别

实行分品种重点管理、分类别一般控制和按总额灵活掌握的存货管理方法。

1. 存货 ABC 分类的标准

存货 A、B、C 分类的标准主要有两个：一是金额标准；二是数量标准。其中金额标准是最基本的，品种数量标准仅作为参考。

A 类存货特点及分类标准：金额巨大，品种数量较少(家电、家具等)。

B 类存货特点及分类标准：金额一般，数量较少(服装、电话机、布匹、洗具、茶具等)。

C 类存货特点及分类标准：金额很小，品种繁多(铅笔、针线、糖果、纽扣等)。

三者的金额比重为 0.7÷0.2÷0.1，数量比重为 0.1÷0.2÷0.7。

2. A、B、C 三类存货的具体划分步骤

A、B、C 三类存货的具体划分可按以下三个步骤进行。

(1) 列示企业全部存货明细表，并计算出每种存货的价值总额及占全部存货的百分比。

(2) 按照金额标志由大到小进行排序并累加金额百分比。

(3) 当金额百分比累加到 70%左右时，以上存货视为 A 类存货；百分比介于 70%～90%之间的存货视为 B 类存货；其余视为 C 类存货。

【任务演练 6-8】某公司现有 20 种材料，总金额 200 000 元，按照金额多少的顺序排列并按照上述原则将其划分成 A、B、C 三类，详见表 6-4。

表 6-4 ABC 分类表

材料编号	金额/元	金额比重/%	累计金额比重/%	类 别	各类存货数量比/%	各类存货金额比/%
1	80 000	40	40	A	10	70
2	60 000	30	70			
3	15 000	7.5	77.5	B	20	20
4	12 000	6	83.5			
5	8 000	4	87.5			
6	5 000	2.5	90			
7	3 000	1.5	91.5	C	70	10
8	2 500	1.25	92.75			
…	…	…	…			
合计	200 000	100			100	100

从表 6-4 中可见，A 类存货数量只占 10%，但资金额却占全部存货的 70%，因而应集中主要力量进行严格控制和管理；C 类存货数量占全部存货的 70%，但资金占用只有 10%，不必花大量时间和精力进行管理；B 类存货介于 A 类与 C 类之间，应重视对其的管理。

通过对存货进行 ABC 分类，可以使企业分清主次，采取相应的对策进行有效的管理、控制。企业在组织经济进货批量、储存期分析时，对 A、B 两类存货可以分别按照品种、类别进行，对 C 类存货只需加以灵活掌握即可，一般不必进行上述各方面的测算与分析。

项目知识检测

一、单项选择题

1. 企业为满足交易动机持有现金，所考虑的主要因素有( )。

A. 企业销售水平的高低　　B. 企业临时举债能力的大小

C. 企业对待风险的态度　　D. 金融市场投资机会的多少

2. 企业在进行现金管理时，可以利用的现金浮游量是( )。

A. 企业账户所记的存款金额

B. 银行账户所记的企业存款余额

C. 企业账户与银行账户所记录的存款余额之差

D. 企业实际现金余额超过最佳现金持有量之差

3. 在对存货进行 ABC 分类管理的情况下，三种商品数量比重是( )。

A. 0.7∶0.2∶0.1　　B. 0.1∶0.2∶0.7

C. 0.5∶0.3∶0.2　　D. 0.2∶0.3∶0.5

4. 在确定最佳现金持有量时，存货模型不需要考虑的因素是( )。

A. 机会成本　　B. 转换成本

C. 短缺成本　　D. 商业折扣

5. 某公司 2019 年应收账款总计额为 3 000 万元，必要的现金支付为 2 100 万元，应收账款收现以外其他稳定可靠的现金来源为 600 万元，则 2019 年的应收账款收现率为( )。

A. 70%　　B. 20.75%　　C. 50%　　D. 28.57%

6. 下列各项中，属于应收账款机会成本的是( )。

A. 应收账款占用资金的应计利息　　B. 客户资信调查费用

C. 坏账损失　　D. 收账费用

7. 持有过量现金可能导致的不利后果是( )。

A. 财务风险加大　　B. 收益水平下降

C. 偿债能力下降　　D. 资产流动性下降

8. 在计算存货保本储存天数时，下列各项中，不需要考虑的因素是( )。

A. 销售税金　　B. 变动储存费　　C. 所得税　　D. 固定储存费

9. 某企业预测的年赊销额为 2 000 万元，应收账款的平均收账天数为 45 天，变动成本率为 60%，资金成本率为 8%，若一年按照 360 天计，则应收账款的机会成本为( )万元。

A. 250　　B. 200　　C. 15　　D. 12

10. 以下各项与存货相关的成本中，不影响经济进货批量的是( )。

A. 专设采购机构的基本开支　　B. 采购员的差旅费

C. 存货资金占用费　　D. 存货保险费

11. 企业置存现金主要是为了满足( )。

A. 交易性、预防性、收益性需求　　B. 交易性、投机性、收益性需求

C. 交易性、预防性、投机性需求　　D. 交易性、收益性、投机性需求

12. 下列项目中，属于持有现金的机会成本的是(　　)。

A. 现金管理人员工资　　B. 现金安全措施费用
C. 现金被盗损失　　D. 现金的再投资收益

13. 在营运资金管理中，企业将“产品卖出后到收到顾客支付的货款这一时间段”称为(　　)。

A. 现金周转期　　B. 应付账款周转期
C. 存货周转期　　D. 应收账款周转期

14. 采用 ABC 分类管理对存货进行控制时，应当重点控制的是(　　)。

A. 数量较多的存货　　B. 占用资金较多的存货
C. 品种较多的存货　　D. 库存时间较长的存货

15. 某企业按年利率 5.4%向银行借款 100 万元，银行要求保留 10%的补偿性余额，则该项的实际利率是(　　)。

A. 4.86%　　B. 6%　　C. 5.5%　　D. 9.5%

二、多项选择题

1. 下列各项中，属于建立存货经济进货批量基本模型假设前提的有(　　)。

A. 一定时期的进货量总可以较为准确地确定　　B. 允许出现缺货
C. 仓储条件不受限制　　D. 存货的价格稳定

2. 赊销在企业生产经营中发挥的作用有(　　)。

A. 增加现金　　B. 减少存货　　C. 促进销售　　D. 减少借款

3. 下列有关信用期限的描述中，正确的有(　　)。

A. 缩短信用期限可能增加当期现金流量
B. 延长信用期限会扩大销售
C. 降低信用标准化意味着将延长信用期限
D. 延长信用期限将增加应收账款的机会成本

4. 确定在订货点需要考虑的因素有(　　)。

A. 经济订货量　　B. 每天消耗的原材料数量
C. 原材料的在途时间　　D. 每次的订货成本

5. 与应收账款机会成本有关的要素有(　　)。

A. 应收账款平均余额　　B. 变动成本率　　C. 进价成本　　D. 缺货成本

6. 存货在企业生产经营中所发挥的作用主要有(　　)。

A. 有利于销售　　B. 保证生产正常进行
C. 降低储存成本　　D. 维持均衡生产

7. 为了确保公司能一致性运用信用和保证公平性，公司必须保持恰当的信用政策，信用政策必须明确地规定(　　)。

A. 信用标准　　B. 信用条件
C. 收账政策　　D. 商业折扣

8. 下列属于存货的变动储存成本的有(　　)。

A. 存货占用资金的应计利息　　B. 紧急额外购入成本

C. 存货的破损变质损失　　　　　　　　　　D. 存货的保险费用

9. 在确定经济订货批量时，下列表述中，正确的有(　　)。

A. 随每次订货批量的变动，相关订货费用和相关储存成本呈反方向变动

B. 相关储存成本的高低与每次订货批量成正比

C. 相关储存成本的高低与每次订货批量成反比

D. 年相关储存成本与年相关订货成本核算相等时的采购批量，即为经济订货批量

10. 在确定因放弃现金折扣而发生的信用成本时，需要考虑的因素有(　　)。

A. 数量折扣百分比　　　　　　　　　　B. 现金折扣百分比

C. 折扣期　　　　　　　　　　　　　　D. 信用期

三、判断题

1. 在利用存货模型确定现金最佳持有量时，可以不考虑缺货成本的影响。(　　)

2. 在年需要量确定的情况下，经济进货批量越大，单位年储存成本越大。(　　)

3. 现金折扣是为了鼓励顾客多买商品而对一次性购货量较大的顾客给予的价格上的优惠。(　　)

4. 银行业务集中法能加速现金回收，但只有当分散收账收益净额为正时采用此法才有利。(　　)

5. 企业采用严格的信用标准，虽然会增加应收账款的机会成本，但能扩大商品销售额，从而给企业带来更多的收益。(　　)

6. 存货储备不足而造成的损失，不属于存货储存成本。(　　)

7. 短期借款属于商业信用筹资方式。(　　)

8. 存货周转期是指将原材料转化成产成品所需要的时间。(　　)

9. 进行正常的短期投资活动所需要的现金属于交易性需求所需现金。(　　)

10. 在利用存货模型确定现金最佳持有量时，可以不考虑管理成本的影响。(　　)

四、实务操作题

1. 某企业去年现金总需要量为 400 000 元，预计今年总需要量增加 50%。假定年内收支状况稳定，每次买卖有价证券发生的固定费用为 1 200 元，证券市场平均利率为 10%。使用存货模型求 Q、TC、$\dfrac{A}{Q}$。

2. 某企业全年从外部购零件 2 400 件，每批进货费用为 800 元，单位零件的年储存成本为 6 元，该零件每件进价为 10 元。销售企业规定：客户每批购买量不足 1 200 件，按标准计算，每批购买量超过 1 200 件，价格优惠 3%。

要求：

(1) 计算该企业进货批量为多少时，才是有利的。

(2) 计算该企业最佳的进货次数。

(3) 计算该企业最佳的进货间隔期。

(4) 计算该企业经济进货批量的平均占用资金。

3. 某公司资金成本率为 10%。现采用 30 天按发票金额付款的信用政策，销售收入为

1 600 万元，边际贡献率为 20%，平均收现期为 45 天，收账费用和坏账损失均占销售收入的 1%。公司为了加速账款回收和扩大销售收入，以充分利用剩余生产能力，准备将信用政策调整为“2/20、1/30、N/40”。预计调整后销售收入将增加 5%，收账费用和坏账损失分别占销售收入的 1%、1.2%，有 30%的客户在 20 天内付款，有 40%的客户在 30 天内付款。

要求：根据计算结果说明公司是否应改变信用政策。

五、任务训练

承接本项目的案例导入，结合本项目所学知识对甲公司的应收账款信用政策进行选择，并阐述理由。

(扫一扫，获取相关微课视频)

项目七 收益分配的管理

【能力目标】

- ◆ 依法进行利润分配。
- ◆ 正确选择利润分配方案。

【知识目标】

- ◆ 理解收益分配政策及其影响的因素。
- ◆ 掌握收益分配的程序。

案例导入

王文京、苏启强于1988年成立的北京市海淀区双榆树用友财务软件服务社最初的注册资本为5万元人民币。后于1990年3月正式组建为有限责任公司，同时更名为北京市海淀区用友电子财务技术有限责任公司。1995年1月18日，用友组建成立用友集团公司，注册资本增加至2 000万元人民币。1999年12月6日，用友由有限责任公司变更为股份有限公司，注册资本最终增至7 500万元人民币。2001年5月18日，用友软件(600588)作为中国证券市场上第一家核准制下发行的股票，以每股36.68元的价格发行，上市当天该股最高摸至100元，收盘价92元，创下中国证券市场新纪录，王文京个人身价一度超过50亿元人民币。

中国软件业的风云人物王文京再一次成了媒体聚焦的对象。他在上市第一年的0.6元(含税)分红中得到了3 321万元人民币的红利。根据计算，用友软件出资8 000多万元人民币的大股东，一年分得红利4 500万元人民币，回报率高达54%，不到两年就能收回投资。而出资20亿元的流通股股东分得红利1 500万元人民币，回报率只有1.6%，需要133年才能收回投资。

思考：

(1) 什么是收益分配？

(2) 如何制定收益分配政策？

任务导图

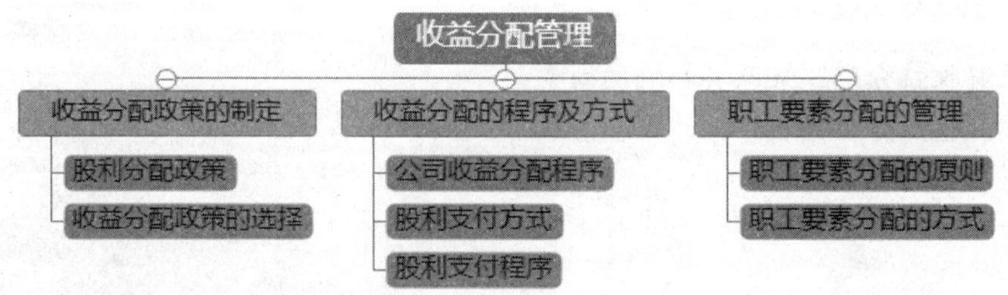

理论认知

任务一　收益分配的描述

一、收益分配的概念和基本原则

(一)收益分配的概念

收益分配是指分配主体对分配对象(企业经营收益)在各个分配参与者之间进行的分割和平衡。具体来讲收益分配就是企业将净利润在投资者、经营者以及其他有特殊贡献的职工、企业留存之间进行的合理、有效的分配。

收益分配管理，从企业外部来看，体现了国家引导和监督企业合理确定对经营成果分配的办法和标准，以保证企业之间、职工之间应有的公平，保护分配主体的合法权益，保障国家财经法规的有效执行和经济秩序的正常运转；从企业内部来看，则体现着企业是否遵守了国家有关收益分配的规定，是否贯彻了多贡献多回报的分配原则，是否实施了公平和效率的分配原则，有无个别分配主体侵害其他分配主体利益的不公平现象。

与税收管理相比，税收是对企业经营成果的法定分配，但无法规范税收以外的收益分配行为，如企业是否允许职工参与收益分配，给经营者分配多少奖励，企业给投资者分配多少利润，分配方案是否合理等。而《企业会计准则》对这些问题进行了具体的规范，较好地体现了公平合理的原则。

(二)利润分配(收益分配)的基本原则

1. 合法性原则

国家有关法律如《公司法》《民法通则》等对社会成员之间的分配关系做出了基本的规定，《企业会计准则》和相关政策、制度对企业收益分配的内容、顺序等进一步做出了具体的规定，企业必须严格遵照执行。

2. 利益相关原则

企业的收益分配必须由相关的利益主体按与企业收益相关的要素进行分配。对这些分配主体、分配对象以及这些要素相互关系的调整办法，应当以企业章程、内部管理制度、股东大会决议等形式进行规定。分配对象从形式上说是企业的净利润，实质上是一定时期内企业经营所得的可供分配的经济资源。

3. 效率优先，兼顾公平原则

根据国家制定和完善的一系列关于收入分配的方针政策和法律法规的规定，企业在进行收益分配时应该坚持以效率为主，兼顾公平的基本分配原则。企业在制定收益分配方案和处理收益分配事项时，应当充分考虑眼前利益与长远利益的关系，局部利益与全局利益的关系，投资者利益与职工利益的关系以及企业资本积累与投资回报的关系。

二、国有资本收益管理的有关规定

(一)利润分配当事各方的利益要求

1. 控股股东和关联股东的利益要求

较重视企业长远发展，股利分配政策的成败，对股东投资积极性影响较小。

2. 零星股东的利益要求

较重视企业的当期收益，股利分配政策可能会对股东的投资积极性产生较大的影响。

(二)利润分配的项目

支付股利是一项税后净利润的分配，但不是利润分配的全部。按照我国《公司法》的规定，公司利润分配的项目包括以下两个部分。

1. 盈余公积金

盈余公积金从净利润中提取形成，用于弥补公司亏损、扩大公司生产经营或者转为增加公司资本。盈余公积金分为法定盈余公积金和任意盈余公积金。公司分配当年税后利润时应当按照10%的比例提取法定盈余公积金；当盈余公积金累计额达到公司注册资本的50%时，可不再继续提取。任意盈余公积金的提取由股东大会根据需要决定。

2. 股利(向投资者分配的利润)

公司向股东(投资者)支付股利(分配利润)，要在提取盈余公积金之后。股利(利润)的分配应以各股东(投资者)持有股份(投资额)的数额为依据，每一股东(投资者)取得的股利(分得的利润)与其持有的股份数(投资额)成正比。股份有限公司原则上应从累计盈利中分派股利，无盈利不得支付股利，即所谓“无利不分”的原则。若公司用盈余公积金抵补亏损以后，为维护其股票信誉，经股东大会特别决议，也可用盈余公积金支付股利，不过这样支付股利后留存的法定盈余公积金不得低于注册资本的25%。

三、影响利润分配的因素

可供分配的利润如何在投资者和企业再投资之间进行分配，构成了企业利润分配的基本内容。企业实现的净利润属于投资者所有，但为了保证企业相关利益者的利益，《企业会计准则》虽未规定企业应当采用何种政策理论来制定企业的利润分配方案，但要求企业应充分考虑现金流量状况，以利于企业长期稳健地发展。通常，企业在制定分配方案时应考虑以下因素。

(一)企业发展战略

一般而言，在可供分配的利润中，企业除按规定提取法定盈余公积金以外，仍可适当留存一部分，用于扩大再生产。企业留用的利润，从产权关系上来看，仍属于企业投资者所有，如果企业使用这部分资金带来了更多的收益，投资者的利益会更有保障。因此，企业在进行利润分配前，应依据企业发展战略的要求，结合企业的经营及财务状况、筹资能力、面临的投资机会，统筹处理好分配与积累的关系，不断增强企业的发展后劲。如果企业有很好的投资项目，又需要筹集大量的资金，当前的现金流又不足以满足发展项目的需求，企业向投资者分配利润的水平可以从低确定，而将实现利润留存企业，作为投资和发展的资金。这样可以降低企业筹资成本，有利于实现企业发展战略。

(二)职工利益

企业的税后利润归投资者所有，这是投资者投资于企业的动力所在。但企业的利润与经营者和其他职工的辛勤工作是分不开的，没有全体职工的参与和努力，企业利润的实现及不断增长将极为困难。效益好的企业，更能够给经营者和其他职工的劳动报酬及福利待遇提供经济保障，也容易给经营者和其他职工带来成就感、荣誉感、归属感，从而激发他们的积极性和创造性。因此，在保障投资者利益的前提下，如何提高经营者和其他职工的参与意识，吸引人才，增强企业竞争力，一直是现代企业管理面临的重要课题。国家允许一些企业实行多种分配形式改革，企业已经按规定实行分配制度改革的，在制定利润分配方案时，要适当考虑经营者和其他职工的利益，以调动各方面的积极性。

(三)利润分配方案

企业实施利润分配方案，可以采取派发现金和送红股的方式，不同的分配方式对企业发展及股权结构会产生不同的影响。采用现金分配方式，企业须支付大量的现金，对现金流不足的企业而言，如果筹资能力不强，对其未来的发展就极为不利。采用送红股分配方式，企业通过扩大股本来实现分配，企业的股权结构一般也不会因此而发生变化，而且不必支付现金，企业实现利润对应的现金仍然留在企业，这样对现金流不足的企业来讲，可以大大缓解其发展资金不足的压力，对其未来的发展就会产生积极的影响。因此，企业进行利润分配时，应当根据已经确定的投资机会和项目，进行可行性研究和分析，拟订合理的利润分配形式和比例，并根据企业现金流的缓急情况，决定利润分配方案的实施时机。

(四)资金成本

企业进行利润分配，实质上是把投资者其他投资机会的再投资收益和企业本身的再投资收益进行比较。投资者分取利润后用于其他项目的投资收益，如果超过留存企业用于企业本身投资项目的收益，投资者就会要求较高的分红比例；反之，投资者就会倾向于将利润留存企业用于发展。因此，在进行利润分配时，企业应当对投资项目所需资金及其可能的筹集渠道进行分析，比较资金成本的大小，确定向投资者分配利润的比例。

(五)同股同权

企业制定利润分配方案，应依据同股同权原则，按照公开、公平、公正的要求，大股东不能侵蚀小股东的既得利益，不能损害企业或者其他投资者的利益。投资者在企业中只以其股权比例享有其合法权益，不得以在企业中的其他特殊地位谋取利益。同时，利润分配方案应当提交股东(大)会等类似权力机构讨论，并充分尊重中小股东的意见。

利润分配贯彻同股同权原则的一个特例，是中外合作经营企业的外方合作者可以加大分红比例，以提前收回投资。但是，必须符合法律法规的要求，并经全部投资者审议批准后，在企业章程、协议中予以明确。

任务二　收益分配政策的制定

一、收益分配政策的含义

股利分配政策是指企业管理层对与股利有关的事项所采取的方针策略。股利分配在公司制企业经营理财决策中，始终占有重要地位。这是因为股利的发放既关系到公司股东的经济利益，又关系到公司的未来发展。通常较高的股利一方面可使股东获取可观的投资收益，另一方面还会引起公司股票市价上涨，从而使股东除股利收入外还获得了资本利得。但是，过高的股利又会使公司留存收益大量减少，从而影响公司未来发展，或者大量举债，增加公司资金成本负担，最终影响公司未来收益，进而降低股东权益。而较低的股利虽然使公司有较多的发展资金，但与公司股东的愿望相背离，股票市价可能下降，公司形象将会受到损害。因而对公司管理当局而言，如何均衡股利发放与企业的未来发展，并使公司股票价格稳中有升，便成为企业经营管理层孜孜以求的目标。

二、股利分配政策

支付给股东的盈余与留在企业的保留盈余，存在此消彼长的关系。因此，股利分配既决定给股东分配多少红利，也决定有多少净利在企业。减少股利分配，会增加保留盈余、减少外部筹资需求。股利决策也是内部筹资决策。

在进行股利分配的实务中，公司经常采用的股利政策如下。

(一)剩余股利政策

股利分配与公司的资本结构相关，而资本结构又是由投资所需资金构成的，因此实际上股利政策要受到投资机会及其资金成本的双重影响。剩余股利政策就是在公司有着良好的投资机会时，根据一定的目标资本结构(最佳资本结构)，测算出投资所需的权益资本，先从盈余中留用，然后将剩余的盈余作为股利予以分配。

采用剩余股利政策时，应遵循四个步骤：①设定目标资本结构，即确定权益资本与债务资本的比率，在此资本结构下，加权平均资本成本将达到最低水平；②确定目标资本结构下投资所需的股东权益数额；③最大限度地使用保留盈余来满足投资方案所需的权益资本数额；④投资方案所需权益资本已经满足后若有剩余盈余，再将其作为股利发放给股东。

【任务演练 7-1】假定某公司某年提取了公积金后的税后净利润为 1 200 万元，第二年的投资计划所需资金为 1 600 万元，公司的目标资本结构为权益资本占 60%、债务资本占 40%，那么，假定该公司当年流通在外的只有普通股 200 万股。按照剩余股利政策，应给投资者分配的股利是多少？

【解析】公司投资方案所需的权益资本数额为：1 600×60%=960(万元)

公司当年全部可用于分配股利的盈余为 1 200 万元，可以满足上述投资方案所需的权益资本数额并有剩余，剩余部分再作为股利发放。当年发放的股利额即为

1 200−960=240(万元)

该公司当年流通在外的只有普通股 200 万股，那么每股股利即为

240÷200=1.2(万元)

【思考 7-1】任务演练 7-1 中，股东大会采用该政策的理由是什么？

【解析】奉行剩余股利政策，意味着公司只将剩余的盈余用于发放股利，即企业的盈余首先用于可接受投资项目的资金需要。若满足需要后还有剩余，才作为股利发放。这样做的根本理由是为了保持理想的资本结构，使加权平均资本成本最低。如任务演练 7-1，如果公司不按剩余股利政策发放股利，将可向股东分配的 1 200 万元全部留用于投资(这样当年将不发放股利)，或全部作为股利发放给股东(这样当年每股股利将达到 6 元)，然后去筹借债务，这两种做法都会破坏目标资本结构，导致加权平均资金成本的提高，不利于提高公司的价值(股票价格)。

【任务演练 7-2】某企业遵循剩余股利政策，其目标资本结构为资产负债率 60%。要求：①如果该年的税后利润为 30 万元，在没有增发新股的情况下，企业可以从事的最大投资支出是多少？②如果企业下一年拟投资 50 万元，企业将支付股利多少？

【解析】

① 企业最大的投资支出=30÷(1−60%)=75(万元)

② 企业支付股利=30−50×(1−60%)=10(万元)

(二)固定或持续增长的股利政策

这一股利政策是将每年发放的股利固定在某一固定的水平上并在较长的时期内不变，只有当公司认为未来盈余会显著地、不可逆转地增长时，才能提高年度的股利发放额。不过，在通货膨胀的情况下，大多数公司的盈余会随之提高，且大多数投资者也希望公司能提供足以抵消通货膨胀不利影响的股利，因此在长期通货膨胀的年代里也应提高股利发放额。

【任务演练 7-3】承任务演练 7-1 的资料，采用每股 0.4 元分配股利的固定股利政策，此时企业给投资者应分配多少股利？

【解析】企业支付股利=200×0.4= 80(万元)

【思考 7-2】股东大会采用固定或持续增长的股利政策的理由是什么？

【解析】固定或持续增长股利政策的主要目的是避免出现由于经营不善而削减股利的情况。采用这种股利政策的理由主要在于以下三点。

(1) 稳定的股利向市场传递着公司正常发展的信息，有利于树立公司的良好形象，增强投资者对公司的信心，稳定股票的价格。

(2) 稳定的股利额有利于投资者安排股利收入和支出，特别是对那些对股利有着很高依赖性的股东更是如此。而股利忽高忽低的股票，则不会受这些股东的欢迎，股票价格会因此而下降。

(3) 稳定的股利政策可能会不符合剩余股利理论，但考虑到股票市场会受到多种因素的影响，其中包括股东的心理状态和其他要求，因此为了使股利维持在稳定的水平上，即使推迟某些投资方案或者暂时偏离目标资本结构，也可能要比降低股利或降低股利增长率更为有利。

该股利政策的缺点在于股利的支付与盈余相脱节。当盈余较低时，仍要支付固定的股利，这可能导致资金短缺，财务状况恶化；同时不能像剩余股利政策那样保持较低的资金成本。

(三)固定股利支付率政策

固定股利支付率政策，是公司确定一个股利占盈余的比率，长期按此比率支付股利的政策。在这一股利政策下，各年股利额随公司经营的好坏而上下波动，获得较多盈余的年份股利额高，获得盈余少的年份股利额低。

【任务演练 7-4】承任务演练 7-1 的资料，采用 10%的固定股利支付率政策，企业给投资者应分配多少股利？

【解析】企业支付股利=1 200×10%= 120(万元)

【思考 7-3】股东大会采用固定股利支付率政策的理由是什么？

【解析】主张实行固定股利支付率的人认为，这样做能使股利与公司盈余紧密地配合，以体现多盈多分、少盈少分、无盈不分的原则，才算真正公平地对待了每一位股东。但是，在这种政策下各年的股利变动较大，极易造成公司不稳定的感觉，对于稳定股票价格不利。

(四)低正常股利加额外股利政策

低正常股利加额外股利政策是公司一般情况下每年只支付固定的、数额较低的股利，在盈余多的年份，再根据实际情况向股东发放额外股利。但额外股利并不固定化，不意味着公司永久地提高了规定的股利率。

【思考 7-4】股东大会采用低正常股利加额外股利政策的理由是什么？

【解析】

(1) 这种股利政策使公司具有较大的灵活性。当公司盈余较少或投资需用较多资金时，可维持设定得较低但正常的股利，股东不会有股利跌落感；而当盈余有较大幅度增加时，则可适度增发股利，把经济繁荣的部分利益分配给股东，使他们增强对公司的信心，这有利于稳定股票的价格。

(2) 这种股利政策可使那些依靠股利度日的股东每年至少可以得到虽然较低，但比较稳定的股利收入，从而吸引住这部分股东。

三、收益分配政策的选择

(一)剩余股利政策

剩余股利政策的优点是：留存收益优先保证了再投资的需要，可保持合理的资本结构，降低了资金成本，从而实现企业价值的长期最大化。其缺点是：发放额每年随投资机会和盈利水平的波动而波动，不利于投资者安排收入与支出，也不利于企业树立良好的社会形象。剩余股利分配政策一般适用于企业初创阶段。

(二)固定股利支付率政策

固定股利支付率政策是指在一个较长的时期内，不管盈利情况好坏，企业都按每股收益的固定比率支付股利。每股股利的多少会随着每股利润的变化而变化。其优点是：使股利与企业盈利紧密结合，体现了多盈多分，不盈不分的原则，对企业的财务压力较小。其缺点是：股利支付的不稳定性会给投资者传递企业发展不稳定的信号，并导致企业股票价格的波动。因此，固定支付率政策适用于稳定发展的企业和企业财务状况比较稳定的阶段。

(三)稳定股利支付政策

企业固定分配股利可使企业树立良好的市场形象，有利于企业股票价格的稳定；投资者可取得稳定的股利收入，从而消除他们内心的不确定性，增加投资信心。

但是，采用固定股利支付率政策会导致股利的支付与企业盈余相脱节。当企业盈余较低时仍需要支付固定的股利，这会导致企业资金紧张，财务状况恶化；同时不能像剩余股利那样保持较低的资金成本。

(四)低正常股利加额外股利政策

低正常股利加额外股利政策，在一般情况下，企业每年只支付较低的正常股利，只有盈利好时才支付额外股利。该政策具有较大的灵活性，当企业盈利较少或投资需要的资金较大时，可维持原定的较低但正常的股利，股东就会有股利跌落感；当企业盈余有较大幅度增加时，又可在原定的较低但正常的股利基础上，向股东增发额外的股利，以增强股东对企业未来发展的信心，进而稳定股价。因此，这种股利政策被多数企业采用，尤其适用于盈利经常波动的企业。

任务三　收益分配的程序及方式

一、收益分配程序

(一)利润分配程序

年度净利润是企业在一个会计年度内实现的税后净利润，也是企业年度经营所获得的剩余价值。依照《公司法》以及企业章程等的规定，企业实现的净利润，归投资者所有，应当依法向投资者分配。利润分配就是将企业的净利润在投资者和企业再投资之间进行分配的过程。企业本年实现的净利润，加上年初未分配利润(或减去年初未弥补亏损)，即为可供分配的利润。

利润分配程序是指公司制企业根据适用法律、法规规定，对企业一定期间实现的净利润进行分派时必须经过的先后步骤。

(二)公司收益分配程序

根据《公司法》的规定，企业的净利润应按下列顺序进行分配。

(1) 弥补以前年度亏损。企业当年实现的净利润，首先应按照规定弥补以前年度发生的亏损。也就是说，将本年度实现的净利润与前期未分配利润或未弥补亏损合并，计算出本年累计盈利或累计亏损。需要说明的是，弥补的亏损是指超过了正常的税前弥补期限(5年)后，应当用所得税后利润弥补的亏损。企业实现的净利润在以前年度亏损未弥补完之前，不得提取法定公积金。

(2) 提取10%法定公积金。经计算有本年累计盈利的，按本年净利润抵减年初累计亏损后的余额，计提10%比例的法定公积金，累计提取的公积金总额达到注册资本50%以后，可以不再提取。需要说明的是，提取法定公积金的基数，不是累计盈利，也不一定是本年的税后利润。只有在年初没有未弥补亏损的情况下，才能按本年净利润计算提取数。

按照《中外合资企业法》的规定，外商投资企业提取的储备基金、职工福利及奖励基金、企业发展基金的提取比例由董事会确定。特别说明的是，外商投资企业提取的储备基金相当于一般企业的法定公积金，应按照法定公积金管理，其用途包括弥补亏损、增加资本、投入再生产，为保持企业长期稳定发展，其提取比例应当执行不低于10%的标准。

(3) 提取任意公积金。企业提取法定公积金后，企业章程对提取任意公积金有规定的，按企业章程的规定提取任意公积金；企业章程没有规定的，可以根据股东(大)会决议的比例提取任意公积金。

(4) 向投资者分配利润。企业应当按照“同股同权、同股同利”的原则，向投资者分配利润。企业以前年度未分配的利润，可以并入本年度利润进行分配。企业需要拿出多大比例的净利润用于向投资者分配利润，除了要有足够的累计盈余外，还要考虑企业盈余的稳定性、投资机会、债务需要和举债能力等因素，尤其是发放现金股利(利润)，需要重点考虑企业的现金流量状况。

在弥补企业以前年度亏损和提取法定公积金之前，企业不得向投资者分配利润。《公司法》第一百六十六条规定：“公司股东会、股东大会或者董事会违反规定，在公司弥补亏损和提取法定公积金之前向股东分配利润的，股东必须将违反规定分配的利润退还公司。” 另外，公司持有的本公司股份不得分配利润。

【任务演练 7-5】某公司 2013 年年初未分配利润账户的贷方余额为 74 万元，2013 年发生亏损 200 万元。2014—2018 年间的每年税前利润为 20 万元，2019 年税前利润为 30 万元。2020 年税前利润为 80 万元。所得税税率为 25%。盈余公积金计提比例为 10%。要求：①计算 2019 年应缴纳的所得税。是否计提盈余公积金？②计算 2020 年可供给投资者分配的利润为多少？

【解析】

① 2019 年年初未分配利润=74−200+20×5=−26(万元) (超过税法规定允许税前弥补亏损的 5 年，应用以后年度税后利润补亏)

2019 年应缴纳所得税=30×25%=7.5(万元)

本年税后利润=30−7.5=22.5(万元)

企业可供分配的利润=22.5−26=−3.5(万元)

因此，不能计提盈余公积金。

② 2020 年税后利润=80×(1−25%) = 60(万元)

可供分配的利润=60−3.5=56.5(万元)

计提盈余公积金=56.5×10% = 5.65(万元)

可供投资者分配的利润=56.5−5.65= 50.85(万元)

二、股份有限公司股利支付的方式和程序

(一)股利支付的方式

股份有限公司支付股利的方式有多种，常见的有以下四种。

1. 现金股利

现金股利是以现金支付的股利，它是股利支付的主要方式。公司支付现金股利除了要有累计盈余(特殊情况下可用弥补亏损后的盈余公积金支付)外，还要有足够的现金，因此公司在支付现金股利前需筹备充足的现金。

2. 财产股利

财产股利是以现金以外的资产支付的股利，主要是以公司所拥有的其他企业的有价证券，如债券、股票，作为股利支付给股东。

3. 负债股利

负债股利是公司以负债支付的股利，通常以公司的应付票据支付给股东；不得已的情况下也有发行公司债券抵付股利的。财产股利和负债股利实际上是现金股利的替代。这两种股利方式目前在我国公司实务中很少使用，但并非法律所禁止。

4. 股票股利

股票股利是公司以发放的股票作为股利的支付方式。股票股利并不直接增加股东的财

富，不会导致公司资产的流出或负债的增加，因而不是公司资金的使用，同时也并不因此而增加公司的财产，但会引起所有者权益各项目的结构发生变化。

【任务演练 7-6】某公司在发放股票股利前，股东权益情况如表 7-1 所示。试分析股利政策对股东权益的影响。

表 7-1　发放股票股利前的股东权益情况

单位：元

项目	金额
普通股面值 2 元，已发行 400 000 股	800 000
资本公积	800 000
未分配利润	2 000 000
股东权益合计	3 600 000

【解析】假定该公司宣布发放 10%的股票股利，即发放 40 000 股普通股股票，并规定现有股东每持 10 股可得 1 股新发放股票。若该股票当时市价 20 元，随着股票股利的发放，需从“未分配利润”项目划转出的资金=20×400 000×10%=800 000(元)。

由于股票面额(2 元)不变，发放 40 000 股，只应增加“普通股”项目 80 000 元，其余的 720000(800 000−80 000)元应作为股票溢价转至“资本公积”项目，而公司股东权益总额保持不变。发放股票股利后，公司股东权益各项目如表 7-2 所示。

表 7-2　发放股票股利后的股东权益情况

单位：元

项目	金额
普通股面值 2 元，已发行 440 000 股	880 000
资本公积	1 520 000
未分配利润	1 200 000
股东权益合计	3 600 000

可见，发放股票股利，不会对公司股东权益总额产生影响，但会发生资金在各股东权益项目间的再分配。发放股票股利后，如果盈利总额不变，会由于普通股股数增加而引起每股收益和每股市价的下降；但又由于股东所持股份的比例不变，每位股东所持股票的市场价值总额仍保持不变。

(二)股利支付的程序

股份有限公司向股东支付股利，其过程主要包括：股利宣告日、股权登记日、除息日和股利支付日。

(1) 股利宣告日，即公司董事会将股利支付情况予以公告的日期。公告中将宣布每股支付的股利、股权登记期限、除去股息的日期和股利支付日期。

(2) 股权登记日，即有权领取股利的股东有资格登记截止日期，也称为除权日。只有在股权登记日前在公司股东名册上有名的股东，才有权分享股利。

(3) 除息日，是指领取股利的权利与股票相互分离的日期。其确定是证券市场交期方式决定的。在我国，由于采用次日交割方式，则除息日与登记日差一个工作日。

(4) 股利支付日，即向股东发放股利的日期。

股利支付程序可举例说明如下。

假定C公司2019年11月15日发布公告："本公司董事会在2019年11月15日的会议上决定，本年度发放每股为5元的股利；本公司将于2020年1月2日将上述股利支付给已在2019年12月15日登记为本公司股东的人士。"

上例中，2019年11月15日为C公司的股利宣告日；2019年12月15日为其股权登记日；2019年12月16日为除息日；2020年1月2日则为其股利支付日。

【思考7-5】公司回购股份在利润分配中如何处理？

【解析】根据《公司法》的规定，公司回购本公司股份属于减少公司注册资本的，应当自收购之日起10日内注销；属于与持有本公司股份的其他公司合并或股东因对股东大会做出的公司合并、分立决议持异议两种情形的，应当在6个月内转让或者注销；属于将股份奖励给本公司职工的，回购的股份应当在1年内转让给职工。对于股份有限公司依法回购后暂未转让或者注销的股份，不具有投票权、收益分配权、优先认股权、资产清偿权以及相关义务，不得参与利润分配。

对于因实施股权激励办法而回购股份的，根据《公司法》的规定，其资金来源应当从公司的税后利润中支出。为此，财政部印发的《关于〈公司法〉施行后有关企业财务处理问题的通知》(财企〔2006〕67号)规定，即回购股份不得超过本公司已发行股份总额的5%，所需资金应当控制在当期可供投资者分配的利润数额之内。如果股份回购日与股东大会通过职工股权激励办法之日不在同一年度，那么，公司应当于通过职工股权激励办法时，将预计的回购支出在当期可供投资者分配的利润中做出预留，对预留的利润不得进行分配。

【任务训练】

A公司制订了未来5年的投资计划，相关信息如表7-3所示。公司的理想资本结构为负债与权益比率为2∶3，公司流通在外的普通股有250 000股。

表7-3 A公司相关信息一览表

元

年 度	年度内的总投资规模	年度内提取公积金后的净利润
1	700 000	500 000
2	950 000	900 000
3	400 000	1 200 000
4	1 960 000	1 300 000
5	1 200 000	780 000

要求：

(1) 若公司每年采用剩余股利政策，每年发放的每股股利是多少？

(2) 若在规划的5年内总体采用固定股利政策，每年的每股固定股利是多少？

(3) 若公司采用每年每股0.5元加上年终额外股利，额外股利为净收益超过500 000元部分的50%，则每年应发放的股利是多少？

任务四　职工要素分配的管理

《企业财务通则》第五十二条规定："企业经营者和其他职工以管理、技术等要素参与企业收益分配的，应当按照国家有关规定在企业章程或者有关合同中对分配办法做出规定，并区别以下情况处理：取得企业股权的，与其他投资者一同进行企业利润分配。没有取得企业股权的，在相关业务实现的利润限额和分配标准内，从当期费用中列支。"

(一)职工要素分配的特点及原则

与实物资产、货币资金等生产要素不同，经营者和其他职工的技术、管理等智力要素参与企业收益分配，有其自身的特点：一是其自身价值不容易度量；二是其对企业收益的贡献度大小不容易准确确定；三是其因存在个体差异而难以模仿，因须依托于企业其他生产要素才能发挥作用而难以鉴别；四是其仅存在于少数人身上或仅为少数人掌握而具有稀缺性，可为企业创造超常效益。

智力要素参与收益分配正是因为具有其自身特点，在实施时，一般应当遵循以下原则。

(1) 分配与贡献挂钩。即经营者和其他职工凭借智力要素获得的报酬或分得的收益，应该与其智力要素的转换效益结合起来。任何一项智力要素，如果它本身具有价值，但并未对企业的收益产生贡献，就不应参与分配。

(2) 效率优先。智力要素对其他生产要素的转化和使用具有促进和催化作用，但其发挥的作用很难制度化和标准化，完全依赖于拥有者的良知，并具有较大的弹性。企业在制定收益分配制度时，应当制定相应的保障措施，将智力资本的作用充分发挥出来。

(3) 以激励为主要目的。智力要素参与企业收益分配，主要目的应当是激励经营者和其他职工最大限度地发挥潜能，实现智力要素的资本价值，提高企业的劳动效率和经济效益。

(4) 合法合理。智力要素参与企业收益分配，要符合国家相关法律、法规和企业财务制度的规定，避免内部人控制或者分配的随意性，防止分配不当而给国家、投资者和企业其他利益相关者的权益造成损失和侵害。

(二)职工要素分配的主要方式

1. 股权激励办法

国有控股上市公司可以对董事(不含独立董事)、高级管理人员以及对公司整体业绩和持续发展有直接影响的核心技术人员和管理骨干实施股权激励办法。股权激励方式包括股票期权、限制性股票以及法律、行政法规允许的其他方式。

股票期权是上市公司授予激励对象在未来一定期限内以预先确定的价格和条件购买本公司一定数量股票的权利。限制性股票是上市公司按照预先确定的条件授予激励对象一定数量的本公司股票，激励对象只有在工作年限或业绩目标符合股权激励计划规定的条件时，才可出售限制性股票并从中获益。

股权激励计划有效期一般不超过 10 年，激励对象在有效期内股权激励预期收益水平应当控制在其薪酬总水平的 30%以内。上市公司实行股权激励的股票总数不得超过公司股本总额的 10%，首次实施股权激励计划授予的股权数量应当控制在股本总额的 1%以内，并不得为激励对象按照股权激励计划获得有关权益提供贷款以及其他任何形式的财务资助。

2. 自主创新激励分配制度

企业可以实行以下自主创新激励分配制度，但对同一研发人员或者同一知识产权不得重复实施不同形式的激励。

(1) 企业在实施公司制改建、增资扩股或者创设新企业的过程中，对职工个人合法拥有的、企业发展需要的知识产权，可以依法吸收为股权投资，并办理权属变更手续。企业也可以与个人约定，待个人拥有的知识产权投入企业实施转化成功后，按照其在近 3 年累计为企业创造净利润的 35%比例之内折价入股。

(2) 企业实现科技成果转化，且近 3 年税后利润形成的净资产增值额占实现转化前净资产总额 30%以上的，对关键研发人员可以根据其贡献大小，按一定价格系数将一定比例的股权(股份)出售给有关人员。价格系数应当综合考虑企业净资产评估价值、净资产收益率和未来收益折现等因素合理确定。企业不得为个人认购股权(股份)垫付款项，也不得为个人融资提供担保。个人持有股权(股份)尚未缴付认购资金的，不得参与分红。

(3) 高新技术企业在实施公司制改建或增资扩股过程中，可以对关键研发人员奖励股权(股份)或者按一定价格系数出售股权(股份)。

奖励股权(股份)和以价格系数体现的奖励额之和，不得超过企业近 3 年税后利润形成的净资产增值额的 35%，其中，奖励股权(股份)的数额不得超过奖励总额的一半；奖励总额一般在 3～5 年内统筹安排使用。

(4) 没有实施技术折股、股权出售和奖励股权办法的企业，可以实施与关键研发人员约定，在其任职期间每年按研发成果销售净利润的一定比例给予奖励；或者根据盈利共享、风险共担的原则，采取合作经营方式，与拥有企业发展需要的成熟知识产权的研发人员约定，对合作项目的收益或者亏损按 30%以内的一定比例进行分成或者分担。

国有及国有控股企业实行股权出售或者奖励股权的，近 3 年税后利润形成的净资产增加值应当占企业净资产总额的 30%以上，且实施股权激励的当年年初未分配利润没有赤字。实行技术奖励或分成的，年度用于技术奖励或分成的金额同时不得超过当年可供分配利润的 30%。

项目知识检测

一、单项选择题

1. 下列公司通常适合采用固定股利政策的是(　　)。

　A. 收益显著增长的公司　　B. 收益相对稳定的公司

　C. 财务风险较高的公司　　D. 投资机会较多的公司

2. 下列在确定公司利润分配政策时应考虑的因素中，不属于股东因素的是(　　)。

　A. 规避风险　　B. 稳定股利收入

C. 防止公司控制权旁落 D. 公司未来的投资机会

3. 剩余股利政策的优点是( )。

A. 有利于企业树立良好的形象 B. 有利于投资者安排收入和支出

C. 有利于企业价值的长期最大化 D. 体现投资风险与收益的对等

4. 某公司2019年度净利润为4 000万元，预计2020年投资所需的资金为2 000万元，假设目标资本结构是负债资金占60%，企业按照10%的比例计提盈余公积金，公司采用剩余股利政策发放股利，则2019年度企业可向投资者支付的股利为( )万元。

A. 2 600 B. 3 200 C. 2 800 D. 2 200

5. 经营比较稳定或正处于成长期、信誉一般的公司应采用的股利分配政策是( )。

A. 剩余股利政策 B. 固定股利政策

C. 固定股利支付率政策 D. 低正常股利加额外股利政策

6. 既可以在一定程度上维持股利的稳定性，又有利于企业的资本结构达到目标资本结构，使灵活性与稳定性较好地结合的股利分配政策是( )。

A. 剩余股利政策 B. 固定股利政策

C. 固定股利支付率政策 D. 低正常股利加额外股利政策

7. 上市公司发放现金股利的原因不包括( )。

A. 投资者偏好 B. 减少代理成本

C. 传递公司的未来信息 D. 减少公司所得税负担

8. 某公司现有发行在外的普通股200万股，每股面值1元，资本公积300万元，未分配利润800万元，股票市价10元。若按10%的比例发放股票股利并按市价折算，公司报表中资本公积的数额将会增加( )万元。

A. 180 B. 280 C. 480 D. 300

9. 按照剩余股利政策，假定某公司资本结构是30%的负债资金，70%的股权资金，明年计划投资800万元，今年年末股利分配时，应当从税后净利中保留( )万元用于投资需要。

A. 180 B. 240 C. 800 D. 560

10. 某公司目前发行在外的股数为1 000万股，2020年拟投资1 200万元，扩大生产能力。该公司想维持目前50%的负债比率，并想继续执行10%的固定股利支付率政策。该公司2019年的税后利润为500万元，则该公司2020年为扩充上述生产能力必须从外部筹措权益资本( )万元。

A. 600 B. 450 C. 300 D. 150

二、多项选择题

1. 公司在制定利润分配政策时须考虑的因素有( )。

A. 通货膨胀因素 B. 股东因素

C. 法律因素 D. 公司因素

2. 影响利润分配的其他因素主要包括( )。

A. 控制权 B. 超额累积利润约束

C. 债务合同限制 D. 通货膨胀限制

3. 公司以支付现金股利的方式向市场传递信息，通常也要付出较为高昂的代价，这些代价包括(　　)。

A. 较高的所得税负担
B. 重返资本市场后承担必不可少的交易成本
C. 摊薄每股收益
D. 产生机会成本

4. 固定股利支付率政策的优点包括(　　)。

A. 使股利与企业盈余紧密结合
B. 体现投资风险与收益的对等
C. 有利于稳定股票价格
D. 缺乏财务弹性

5. 企业选择股利政策类型时通常需要考虑的因素包括(　　)。

A. 企业所处的成长与发展阶段
B. 股利信号传递功能
C. 目前的投资机会
D. 企业的信誉状况

6. 企业确定股利支付水平需要考虑的因素包括(　　)。

A. 企业所处的成长与发展阶段
B. 企业的控制权结构
C. 顾客效应
D. 通货膨胀因素

7. 下列关于股票股利的说法中，正确的有(　　)。

A. 发放股票股利便于今后配股融通更多的资金和刺激股价
B. 发放股票股利不会引起所有者权益总额的变化
C. 发放股票股利会引起所有者权益内部结构的变化
D. 发放股票股利没有改变股东的持股比例，但是改变了股东所持股票的市场价值总额

8. 股份企业的股利形式主要有(　　)。

A. 现金股利　B. 财产股利　C. 股票股利　D. 负债股利

9. 下列关于上市公司发放股票股利的优点的说法中，错误的有(　　)。

A. 促进上市公司股票交易和流通
B. 可以提高公司股票的市场价格
C. 使公司每股利润上升
D. 可以增加所有者权益总额

10. 处于初创阶段的公司，一般不宜采用的股利分配政策有(　　)。

A. 固定股利政策
B. 剩余股利政策
C. 固定股利支付率政策
D. 稳定增长股利政策

三、判断题

1. 成长期的公司多采取多分少留的政策，而陷入经营收缩的公司多采取少分多留的政策。(　　)

2. 股份有限公司利润分配的顺序是：提取法定公积金、提取任意公积金、弥补以前年度亏损、向投资者分配利润或股利。(　　)

3. 法定公积金按照本年实现净利润的10%提取，法定公积金达到注册资本的50%时，可不再提取。(　　)

4. 只要企业有足够的现金就可以支付现金股利。(　　)

5. 在除息日之前进行交易的股票，其价格高于在除息日后进行交易的股票价格。(　　)

6. 出于稳定收入考虑，股东最不赞成固定股利支付率政策。(　　)

7. 公司高速发展阶段，企业往往需要大量资金，宜采用剩余股利政策。　　　（　　）

8. 偿债能力弱的公司一般不应采用高现金股利政策。　　　（　　）

9. 处于衰退期的企业在制定收益分配政策时，应当优先考虑企业积累。　　　（　　）

10. 发放股票股利会引起每股利润的下降，从而导致每股市价有可能下跌，因而每位股东所持股票的市场价值总额也将随之下降。　　　（　　）

四、实务操作题

A 公司 2019 年在提取了公积金之后的税后净利润为 1 700 万元，若 2020 年的投资计划所需资金为 1 600 万元，公司的目标资本结构为自有资金占 60%。

要求：

(1) 若公司采用剩余股利政策，计算 2019 年应派发的股利。

(2) 若公司发行在外的普通股股数为 1 000 万股，计算 2019 年每股股利。

(3) 若 2020 年公司决定将公司的股利政策改为逐年稳定增长的股利政策，设股利的逐年增长率为 2%，投资者要求的必要报酬率为 12%，计算该股票的价值。

五、任务训练

承接本项目的案例导入，结合本项目所学知识对用友集团公司的收益分配政策进行评价，并说明理由。

(扫一扫，获取相关微课视频)

收益分配概述

剩余股利政策

固定股利支付率政策

固定或稳定增长的股利政策

低正常股利加额外股利政策

收益分配程序

项目八 财务预测与预算

【能力目标】

- 正确应用定量预测方法进行资金预测。
- 区分不同预测方法的优缺点。
- 规范编制财务预算。

【知识目标】

- 理解各种财务预测方法的含义。
- 掌握定量预测法的计算公式，理解各种定性预测方法的优缺点。
- 掌握财务预算编制方法。

案例导入

大学生小张毕业后自主创业，准备开办一家销售智能机器人的公司。经过调研，智能机器人每台进价 4 200 元，市场零售价 5 198 元，公司房租每月 4 500 元，预计月销售量 12 台。

思考：

(1) 若你是小张，是否会决定投资经营智能机器人公司？为什么？

(2) 若小张预计每月赚 8 500 元，他每月至少销售多少台机器人才能实现这一目标？

(3) 成本、销售、利润之间有什么关系？

任务导图

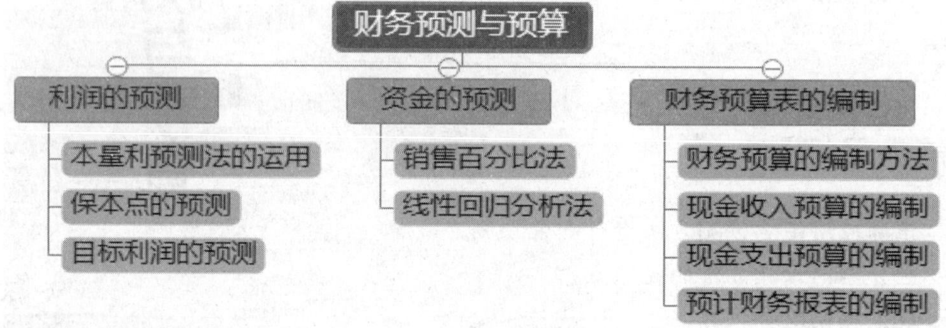

理论认知

任务一　财务预测概述

一、财务预测的含义

财务预测是财务人员根据历史资料，依据现实条件，运用特定的方法，来预测企业未来的财务状况。

“凡事预则立，不预则废”。在现代社会，企业的生产经营活动日趋复杂，所面临的市场也变幻莫测，为了把握企业未来时期的财务活动，必须做好财务预测。具体来说，财务预测主要有以下作用。

1. 财务预测是财务决策和经营决策的前提和基础

财务管理的核心是做出正确的决策，而正确的决策取决于及时、有效的信息，财务预测是为财务决策收集、整理、提供信息的有效工具。

2. 财务预测是财务预算的基础

为了保证预算的科学性，企业在编制预算之前，要对生产经营的各个环节、财务活动的各个方面进行预测。

3. 财务预测是提高企业管理水平的重要手段

财务预测可以提供日常控制所需要的财务信息，找出资金筹措安排中的规律性，有利于企业财务管理人员及时掌握财务信息，适时调整财务方案，确保财务收支的综合平衡，实现财务目标。

二、财务预测的内容

财务预测主要包括销售预测、成本预测、利润预测和资金预测四项内容。

1. 销售预测

销售预测是指企业根据市场调查的有关资料，运用科学的方法对影响企业销售的各种因素进行分析，研究预计企业产品在未来一定时期销售量或销售额水平及其变化趋势。

销售预测的作用主要体现在两个方面：一是根据销售预测情况来改进销售工作，提高销售的效率和效果，为企业实现更大的利润；二是“以销定产”，据此确定生产计划和其他有关的计划，把企业所处的市场环境同自身状况和发展目标结合起来，争取更好的经济效益。

销售预测方法见本项目“财务预算”。

2. 成本预测

成本预测是指在分析企业现有的经济技术条件、市场动态及其发展趋势，以及影响成本变动的有关因素的基础上，预计企业未来一定时期内的成本水平及其变动趋势。

3. 利润预测

利润预测是指在销售预测和成本预测的基础上，通过对影响利润高低的成本、业务量、价格等因素的综合分析，预计企业未来一定时期内可能达到的利润水平及其变动趋势。

4. 资金预测

资金预测是指根据有关的历史资料，采用特定的方法，预计和推算未来一定期间为保证企业经营目标所必需的资金数量。

三、财务预测的方法

财务预测的基本方法可以概括为定性预测法和定量预测法两大类。

(一)定性预测法

定性预测法又称非数量分析法，是根据事物的性质、特点、过去和现在的状况等，对事物进行非数量化的分析，并依据这些分析，对事物未来的发展趋势做出主观预计和判断的预测方法。常用的定性预测法有意见汇集法、专家小组法和德尔菲法。

1. 意见汇集法

意见汇集法也称主观判断法，是由预测人员根据事先拟定好的提纲，对相关人员展开调查，广泛征求意见，然后把各方面的意见进行整理、归纳、分析、判断，最后做出预测结论。该方法能广泛收集专业人员的意见，集思广益，并且耗时和耗费都比较少，运用灵活。但预测结果易受个人主观判断的影响，对一个问题可能产生多种不一致的观点，给预测带来了一定的困难。

2. 专家小组法

专家小组法是指企业组织各方面的专家组成预测小组，通过召开座谈会等方式，进行充分、广泛的调查研究和讨论，然后根据专家小组的集体研究成果做出最后的预测判断。通过专家面对面地进行集体讨论和研究，可以相互启发、印证和补充，使对预测问题的分析和研究更充分、全面和深入，避免各专家因信息资料不能共享而使预测带有片面性。但由于参加讨论的人数有限，因而代表性较差。另外，由于会议上进行的是面对面的讨论，讨论观点特别容易被权威人士所左右。

3. 德尔菲法

德尔菲法又称专家调查法，主要是采用通信方法，通过向有关专家发出预测问题调查表的方式来搜集和征求专家们的意见，并经过多次反复、综合、整理、归纳各专家的意见之后，做出预测判断。采用德尔菲法，各个专家既可以各抒己见，又可以集思广益，取长补短。通过对专家意见进行综合分析做出判断，有助于克服预测中的片面性。但该法占用时间较多，速度较慢。

(二)定量预测法

定量预测法又称数量分析法，它是运用现代数学方法和各种计算工具对预测所依据的各种经济信息进行科学的加工处理，并建立经济预测的数学模型，充分提示各有关变量之间的规律性联系，对事物未来的发展趋势做出预计和测算的一种方法。定量预测法按预测的依据不同，又可分为趋势预测法和因果关系分析法两种类型。

趋势预测法又称外推预测分析法，是根据某项指标过去的、按时间顺序排列的数据，运用一定的数学方法进行加工、计算，据以预测事物未来发展趋势的分析方法。趋势预测法主要有简单平均数法、加权移动平均法、指数平滑法等。

因果关系分析法是根据某项指标与其他有关指标之间相互依存、相互制约的规律性联系，建立相应的因果数学模型进行预测分析的方法。因果关系分析法主要有本量利分析法、销售百分比法和回归分析法等。

任务二　利润的预测

利润预测所采用的主要方法是本量利分析法。通过本量利分析法可以预测保本点、预测目标利润以及为保证目标利润实现的目标销售量(销售额)。本量利分析是“成本—业务量—利润分析”的简称，它研究的内容是成本、业务量和利润之间的内在联系。

子任务一　本量利预测法的运用

(一)成本按其习性进行分类

采用本量利分析原理进行利润预测时，要将企业发生的成本按其习性分为固定成本和变动成本。

1. 固定成本

固定成本是指其总额在一定时期和一定业务量范围内不随业务量发生任何变动的那部分成本。属于固定成本的主要有按直线法计提的折旧费、保险费、管理人员工资、办公费等，这些费用每年支出水平基本相同，即使产销量在一定范围内变动，它们也保持不变。正是由于这些成本是固定不变的，因而，随着产销量的增加，意味着它将分配给更多数量的产品。也就是说，单位固定成本将随产量的增加而逐渐变小。

应当指出的是，固定成本总额只是在一定时期和业务量的一定范围内保持不变。超过了相关范围，固定成本也会发生变动。因此，固定成本必须和一定时期、一定业务量联系起来进行分析。从长期来看，所有的成本都在变化，没有绝对不变的固定成本。

2. 变动成本

变动成本是指其总额随着业务量成正比例变动的那部分成本。直接材料、直接人工等都属于变动成本。与固定成本相同，变动成本也要研究“相关范围”问题。也就是说，只有在一定范围之内，产量和成本才能完全成同比例变化，即完全的线性关系，超过了一定范围，这种关系就不存在了。

(二)本量利之间的相互关系

本量利三者关系可用下列公式表示。

利润=销售数量×单价-销售数量×单位变动成本-固定成本

或　　=销售数量×单位边际贡献-固定成本

【任务演练 8-1】甲企业 3 月份租入一套设备生产 A 产品，月租金 30 000 元，每生产 1 件 A 产品需要耗费原材料、人工等 150 元。本月甲企业共生产销售 A 产品 2000 件，单价为 250 元。试分析：哪些是固定成本？哪些是变动成本？本量利有什么关系？

【解析】20 000 元租金为固定成本，每件产品的耗费 150 元为单位变动成本。

本量利关系表示如下：

利润=2 000×250-2 000×150-30 000=170 000(元)

1. 边际贡献

边际贡献是指产品销售收入减去变动成本后的差额。边际贡献有两种表现形式：一是单位边际贡献，即产品的销售单价减去产品的单位变动成本；二是边际贡献总额，即各种产品的销售收入总额减去各种产品变动成本总额。

【思考 8-1】边际贡献与产品盈利能力水平有什么关系？

【解析】边际贡献反映了产品盈利能力水平，如果企业取得的边际贡献不足以抵补固定成本，经营期就会发生亏损；如果边际贡献等于固定成本，则企业处于保本状态；只有当边际贡献超过固定成本时企业才可能盈利。

2. 边际贡献率

边际贡献率是用相对数反映的边际贡献，即产品边际贡献在产品销售收入中所占的百分比。

承任务演练 8-1，A 产品的边际贡献及边际贡献率计算如下。

单位边际贡献=250−150=100(元)

边际贡献总额=2 000×(250−150)=200 000(元)

边际贡献率=(250−150)÷250=40%

子任务二　保本点的预测

保本点又称盈亏临界点，是指企业达到不盈不亏状态的销售量或销售额。保本点有两种表现形式：一是实物量，即保本销售量；二是货币金额，即保本销售额。

1. 单一品种保本点的计算

(1) 按实物单位计算，其公式如下。

保本点销售量=固定成本÷(单位产品销售收入−单位产品销售成本)

或　　　　　=固定成本÷单位边际贡献

(2) 按金额计算，其公式如下。

保本点销售额=固定成本÷边际贡献率

【任务演练 8-2】某企业生产和销售甲产品 1 000 件，若每件销售价格为 600 元，变动成本为 300 元，固定成本总额为 60 000 元。试计算该企业保本销售量和保本销售额。

【解析】单位边际贡献=600−300=300(元)

边际贡献率=(600−300)÷600=50%

保本销售量=60 000÷300=200(件)

保本销售额=60 000÷50%=120 000(元)

2. 多品种保本点的计算

当企业生产经营多种产品时，保本点的预测分析，只能用销售额来反映，而不能用销售量来计算。一般采用综合边际贡献率法进行保本销售额的计算。

综合边际贡献率法是根据各种产品的销售额比重及各种产品的边际贡献率，计算出综合边际贡献率，再用固定成本与之相比，求出综合保本销售额。然后用综合保本销售额与产品销售比重相乘，分别计算出各种产品保本销售额的方法。其计算公式如下。

某种产品的销售比重=该种产品销售额÷全部产品总销售额×100%

综合边际贡献率=$\sum$(每种产品边际贡献率×该种产品销售比重)

综合保本销售额=固定成本÷综合边际贡献率

某种产品保本点的销售额=综合保本点销售额×该种产品销售比重

【任务演练 8-3】某企业计划生产甲、乙、丙、丁四种产品，其固定成本为 36 000 元，有关资料如表 8-1 所示。试计算各产品的保本销售额。

【解析】

(1) 计算各产品的销售比重如下。

甲产品：4 500÷134 500=3.35%

乙产品：25 000÷134 500=18.59%

丙产品：5 000÷134 500=3.72%

丁产品：100 000÷134 500=74.35%

表 8-1　四种产品的资料一览表

项目＼产品	甲	乙	丙	丁	合　计
产销量/件	10	25	10	50	
销售单价/元	450	1 000	500	2 000	
单位变动成本/元	360	900	300	1 600	
单位边际贡献/元	90	100	200	400	
边际贡献率/%	20	10	40	20	
产品销售收入/元	4500	25 000	5 000	100 000	134 500

(2) 计算综合边际贡献率。

综合边际贡献率=20%×3.35% + 10%×18.59% + 40%×3.72%+20%×74.35% =18.89%

(3) 计算综合保本点销售额。

综合保本点销售额=36 000÷18.89% ≈ 190 577(元)

(4) 计算各产品保本销售额。

甲产品：190 577×3.35%=6 384(元)

乙产品：190 577×18.59%=35 428(元)

丙产品：190 577×3.72%=7 089(元)

丁产品：190 577×74.35%=141 694(元)

3. 与保本点相关指标的计算

1) 保本作业率

保本作业率是指保本点业务量(额)占企业正常开工完成的销售业务量(额)的百分比。其计算公式如下。

保本作业率=保本业务量(额)÷企业正常开工完成的销售业务量(额)

保本作业率反映了企业要达到处于保本状态时，其生产开工率必须达到的百分比。该指标越低，表明企业盈利能力越大；该指标越高，则说明企业盈利能力越低。

2) 安全边际

安全边际是指企业现有正常的销售量(额)与保本业务量(额)之间的差额。该指标说明现有的销售量(额)距离保本点还有多大差距。差距越大，说明企业发生亏损的可能性就越小，企业经营也就越安全。安全边际是衡量企业生产经营安全程度的一项重要指标。其计算公式如下。

安全边际=现有正常的销售量(额)−保本点销售量(额)

3) 安全边际率

安全边际率是用相对数表示的安全边际，是指安全边际与现有正常销售量(额)的比率。其计算公式如下。

安全边际率=[现有正常的销售量(额)−保本点销售量(额)]÷现有正常销售量(额)

或 =安全边际÷现有正常销售量(额)

【任务演练 8-4】某企业甲产品单位售价为 48 元，单位变动成本为 32 元，全年固定成本为 16 000 元。企业正常开工完成的销售量为 2 000 件，销售收入为 96 000 元。要求：计算保本作业率和安全边际指标。

【解析】保本销售量=16 000÷(48−32)=1 000(件)

保本作业率=1 000÷2 000=50%

安全边际=2 000−1 000=1 000(件)

安全边际率=1 000÷2 000=50%

子任务三 目标利润的预测

目标利润是企业在未来一定期间经过努力才能够达到的利润水平，它是企业经营目标的重要部分。利润预测的根本目的就是在确定保本销售量的基础上，提出企业未来一定时期所应实现的利润目标。

在产品销售价格、生产成本和产销结构确定的条件下，企业目标利润的预测方法主要有以下两种。

1. 利用本量利分析法预测目标利润

根据本量利分析法，企业成本、业务量和利润之间的关系可用损益方程式表示如下：

销售利润=(销售数量×销售单价)−(销售数量×单位变动成本)−固定成本总额

企业的目标利润可以根据上式利润构成要素，结合企业计划期间预计生产能力、生产技术条件、材料物资供应情况以及市场需求量等因素确定。

【任务演练 8-5】某企业预测产品的单位变动成本为 40 元，固定成本总额为 20 000 元，计划期产量能达到 2 500 件，经市场预测，每件以 50 元的销售单价出售。试确定该企业计划期能实现的销售利润额。若该企业要实现 10 000 元的利润目标，在其他条件不变的情况下，应将变动成本降为多少元？

【解析】

(1) 销售利润=2 500×50−2 500×40−20 000=5 000(元)

(2) 若要实现目标利润 25 000 元，设单位变动成本降为 x 元，根据下式计算 x 得：

10 000=2 500×50−2500×x−20 000

x=38 元

2. 利用营业杠杆预测目标利润

在其他条件不变的情况下，产销量的增加虽然不会改变固定成本，但会降低单位固定成本，从而提高单位利润，使利润增长率大于产销量增长率；反之，产销量的减少会提高单位固定成本，降低单位利润，使利润下降率大于产销量下降率。这种由于存在固定成本而形成的利润变动率大于产销量变动率的现象称为营业杠杆。利润变动率相当于产销量变动率的倍数称为营业杠杆系数或营业杠杆度数。其计算公式如下。

营业杠杆系数=利润变动率÷产销量变动率

或　　=某产销水平的边际贡献总额÷该产销水平的利润总额

利用营业杠杆系数可以进行目标利润的预测。

计划期利润=基期利润×(1+产销量变动率×营业杠杆系数)

【任务演练 8-6】某企业 A 产品的有关资料如表 8-2 所示。试运用营业杠杆原理，根据产销量计划增减率，预测计划期的利润。

表 8-2　A 产品的资料一览表

单位：万元

项　目	产销量变动前	产销量变动后	增长率/%
销售收入	1 000	1 100	10
变动成本	600	660	10
边际贡献	400	440	10
固定成本	300	300	—
税前利润	100	140	40

【解析】根据表 8-2 的资料，产销量变动率为 10%，利润变动率=(140−100)÷100=40%

则营业杠杆系数=40%÷10%=4

若该企业计划期产销量增加 20%，则计划期利润为

100×(1+20%×4)=180(万元)

若该企业计划期产销量减少 20%，则计划期利润为

100×(1−20%×4)=20(万元)

任务三　资金的预测

子任务一　销售百分比法

销售百分比法是指根据资金各个项目与销售收入总额之间的依存关系，并假定这些关系在未来时期将保持不变，根据计划期销售额的增长比例来预测企业未来资金需要量的方法。

在实际运用销售百分比法时，一般是借助预计利润表和预计资产负债表进行的。

销售百分比法预测资金需求量一般分四个步骤。

(1)　分析资产负债表各项目与销售收入总额的依存关系。

①　资产类项目。货币资金、正常的应收账款和存货等流动资产项目，一般是随着销售额增长而增加的。而项目投资、固定资产及无形资产等项目一般与销售额没有直接的比例关系，不随销售额的增长而增加。但是，若基期固定资产的利用已达饱和状态，则增加销售就需要扩充设备，增加固定资产投资。

②　负债及所有者权益类项目。应付账款、应付票据、应付税费、其他应付款等流动负债项目通常是随销售额的增长而增加。长期负债、实收资本等项目则不随销售额的增长

而增加。

此外，企业在计划期计提的折旧(减去设备更新改造支出)和留存收益项目上，通常可以作为计划期内需要追加资金的内部来源。

(2) 将基期资产负债表中随销售额变化而变化的各项目用销售百分比的形成另行编表。

(3) 计算未来年度每增加 1 元销售量需要增加筹资的百分比，即资产以销售百分比表示的合计减去负债以销售量百分比表示的合计。

(4) 以预测未来年份增加的销售量乘以每增加 1 元销售量需筹集资金的百分比，然后再扣除企业内部形成的资金来源(如未分配利润增加额等)，即可得出未来年度需要增加筹资的预测值。

【任务演练 8-7】某企业 2019 年的销售额为 200 万元，达到该企业目前最大生产能力，假定税后净利润占销售额的 4%，即 8 万元，已分配利润为税后净利润的 50%，即 4 万元。预计 2020 年利润分配率仍为 50%，2020 年的销售量可达到 300 万元。该企业 2019 年的资产负债表如表 8-3 所示。试预测该企业 2020 年资金需要量。

表 8-3 资产负债表

单位：元

资　产	金　额	负债及所有者权益	金　额
银行存款	40 000	应付账款	300 000
应收账款	340 000	应付票据	60 000
存货	400 000	长期借款	400 000
固定资产(净额)	600 000	实收资本	800 000
无形资产	220 000	未分配利润	40 000
资产合计	1 600 000	负债及所有者权益合计	1 600 000

【解析】按照销售百分比法，该企业 2020 年资金需求量计算过程如下。

(1) 编制年度用销售百分比形式反映的资产负债表，如表 8-4 所示。

表 8-4 资产负债表

(按销售百分比形式反映)

资　产	销售百分比	负债及所有者权益	销售百分比
银行存款	40 000÷2 000 000=2%	应付账款	300 000÷2 000 000=15%
应收账款	340 000÷2 000 000=17%	应付票据	不适用
存货	400 000÷2 000 000=20%	长期借款	不适用
固定资产(净额)	600 000÷2 000 000=30%	实收资本	不适用
无形资产	不适用	未分配利润	不适用
资产合计	69%	负债及所有者权益合计	15%

(2) 计算未来年度每增加 1 元销售量需要增加筹资的百分比：69%−15%=54%，表明销售每增加 1 元，全部资产将增加 0.69 元，负债将增加 0.15 元，因此尚需筹资 0.54 元。

(3) 预计 2020 年需追加的资金需求量计算如下。

(300−200)×54%=54(万元)，表明当销售额由 200 万元增加到 300 万元时，预计筹资额需增加 54 万元。由于净利润占销售额的 4%，因此 2020 年净利润为：300×4%=12(万元)，50%留存，即可留存 6 万元，用于充抵筹资额。

所以，2020 年实际需要新增筹资额为 54−6=48(万元)。

子任务二　线性回归分析法

线性回归分析法是假定资金需求量与销售额之间存在线性关系，然后根据一系列历史资料，用回归直线方程确定参数，预测资金需求量的一种方法。

资金需求量回归模型如下。

$$y=a+bx$$

其中

$$a=\left(\sum y-b\sum x\right)\div n$$

$$b=\left(n\sum xy-b\sum x\sum y\right)\div\left[n\sum x^2-\left(\sum x\right)^2\right]$$

式中，y 为资金需求量；a 为资金中固定部分(即不随销售量增加部分)；b 为变动资金率(即每增加 1 元销售额需要增加的资金)；x 为销售额；n 为期数。

在预测出资金需求额后，扣除已有资金来源和留存收益增加额，即可计算出外部融资需求。

【任务演练 8-8】某企业最近 5 年经营甲产品收入和资金需求如表 8-5 所示。试采用线性回归分析法，预测该企业第 6 年销售收入达到 400 万元时的资金需求总额。

表 8-5　近 5 年收入与资金情况一览表

单位：万元

年　度	销售收入	资金总额
第 1 年	192	122.4
第 2 年	208	129.6
第 3 年	204	127.2
第 4 年	216	132
第 5 年	240	140

【解析】

(1) 按回归模型对相关数据进行加工、整理，结果如表 8-6 所示。

表 8-6　相关数据计算一览表

n	x	y	xy	x^2
1	192	122.4	23 500.8	36 864
2	208	129.6	26 956.8	43 264
3	204	127.2	25 948.8	41 616
4	216	132	28 512	46 656
5	240	140	33 600	57 600
n=5	$\sum x$=1060	$\sum y$=651.2	$\sum xy$=138 518.4	$\sum x^2$=226 000

(2) 求 a、b。

b=(5×138 518.4−1 060×651.2)÷(5×226 000−10 602)=0.362 5

a =(651.2−0.362 5×1 060) ÷5=53.39

则可得出回归模型为

y=53.39+0.362 5x

(3) 预测第 6 年销售收入达到 400 万元时的资金需求总额，计算如下：

y=53.39+0.362 5×400=198.39(万元)

任务四　财务预算表的编制

(一)全面预算的概念

全面预算也称总预算，它是以货币为主要计量尺度，对企业的全部生产经营活动计划的数量说明。即以数字和表格的形式，将企业的全部生产经营活动计划具体、系统地反映出来。预算是决策目标的具体化。

(二)全面预算的内容

全面预算一般包括业务预算、财务预算和资本支出预算三个部分。

1. 业务预算

业务预算是全面预算的基础，是反映企业日常发生的各项具有实质性的基本经济活动的预算，是企业全面预算的基本部分。它包括销售预算、生产预算、直接材料预算、直接人工预算、制造费用预算、单位产品生产成本预算、营业及管理费用预算等。其预算特点是，以销售预算为中心进行各项预算及其有关指标之间的平衡，并与财务预算指标协调一致，融为一体。

2. 财务预算

财务预算是反映预算期财务结果、财务状况的预算，包括现金预算、预计损益表、预计资产负债表。各种业务预算最后都会在财务预算中得到反映。因此，财务预算又称总预算。

3. 资本支出预算

资本支出预算是指有关设备扩充或投资的预算，一般是为企业长期投资决策而做出的预算。

三个部分预算中，财务预算的综合性最强，是预算的主体，但是财务预算的各项指标又依赖于业务预算、资本支出预算，因此业务预算和资本支出预算是财务预算的基础。

子任务一　财务预算的编制方法

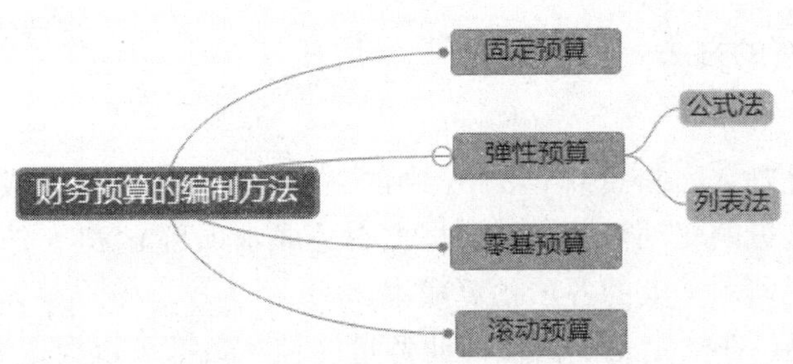

(一)固定预算

固定预算又称静态预算，是根据企业未来既定的业务量水平，不考虑预算期内生产经营活动可能发生的变动而编制的预算。固定预算编制后，除非有特殊情况，一般不做修改或更正，具有相对固定性。其缺点是机械呆板，可比性差。因此，只适用于业务量水平稳定的企业或非营利组织采用。

【任务演练 8-9】某企业生产 A 产品，预计销售量为 10 000 台，预计销售价格为 150 元/台，预计销售成本为销售收入的 60%，销售费用为销售收入的 10%。试编制其销售利润预算。

【解析】根据上述资料编制销售利润预算表，如表 8-7 所示。

表 8-7　销售利润预算表

项　目	金额/元
销售收入	150×10 000=1 500 000
销售成本	1 500 000×60%=900 000
销售费用	1 500 000×10%=150 000
销售利润	450 000

(二)弹性预算

1. 弹性预算的概念

弹性预算又称变动预算或滑动预算，在编制预算时，考虑到预算期业务量可能发生的变动，编制出一套能适应多种业务量的预算，以便分别反映在各种业务量的情况下的收入或费用水平的方法。

弹性预算有两个基本特征：一是它按预算期内某一相关范围内的可预见的多种业务活动水平分别确定不同的预算数，弹性预算的业务量范围一般限定在正常业务量能力的 70%～110%，因此它并不是只适应一个业务量水平的一个预算，而是能够随业务量水平变动而变动的一组预算。二是待实际业务活动发生后，将实际的成本、费用和利润数与预算数进行对比，使预算执行情况的评价与考核建立在更加客观可比的基础之上，能够更好地发挥预算控制的作用。这种方法既可以用于编制成本费用预算，又可以用于编制利润预算。

2. 弹性预算编制的方法

1) 公式法

公式法是指通过确定回归模型 $y=a+bx$ 中的 a 和 b，来编制弹性成本预算的方法。如果事先确定了有关业务量的变动范围，只要根据有关成本项目 a 和 b 的值，就可以推算出业务量允许的范围内任何水平上的各项预算成本。

公式法的优点是，在一定范围内任何业务量的预算数都可以根据 $y=a+bx$ 这一公式计算出来，不受业务量波动的影响。其缺点是，成本项目较多，固定成本和变动成本分解的工作量较大，同时特定业务量下的预算数不能直接查出，不能及时考核和分析成本开支与预算的差异，不能满足日常控制的需要。

2) 列表法

列表法是通过列表的方式，把一定业务量范围内若干相等间隔的预算数进行反映的方法。此法可以在一定程度上克服公式法不能直接查到不同业务量下总成本预算的弱点。

【任务演练 8-10】某企业拟编制 2019 年度的制造费用弹性预算，业务量有效变动范围为 350～550 工时。试编制该企业制造费用弹性预算。

【解析】根据上述资料编制制造费用弹性预算表，如表 8-8 所示。

表 8-8 制造费用弹性预算表

业务量/工时		350	400	450	500	550
变动成本	运输费用/元(1 元/工时)	350	400	450	500	550
	电力/元(2 元/工时)	700	800	900	1 000	1 100
	消耗材料/元(10 元/工时)	3 500	4 000	4 500	5 000	5 500
	小计/元	4 550	5 200	5 850	6 500	7 150
混合费用	辅助材料/元	2 800	3 200	3 680	4 280	5 160
	修理费用/元	2 000	2 200	2 420	2 520	2 600
	水费/元	600	760	980	1 300	1 720
	小计/元	5 400	6 160	7 080	8 100	9 480
固定成本	设备租金/元	1 000	1 200	1 400	1 600	1 800
	管理人员工资/元	2 000	2 200	2 400	2 600	2 800
	小计/元	3 000	3 400	3 800	4 200	4 600
制造费用预算额/元		12 950	1 4760	16 730	18 800	21 230

弹性预算可以根据各项成本间业务量变动不同关系，采用不同方法确定预算成本，来评价和考核实际成本。例如，业务量(工时)为 420 小时，变动成本可根据资料计算得出，为 5 460(1×420+2×420+10×420)元，固定成本保持不变，为 3 800 元。混合成本可用内插法逐项计算，设实际业务量的预算辅助材料费为 x，由于业务量 420 介于 400～450 之间，对应

辅助材料费分别为 3 200 元和 3 680 元，可按下式求得 x:

$(420-400)\div(450-400)=(x-3\ 200)\div(3\ 680-3\ 200)$

$x=3\ 392$ 元

以此类推，计算出业务量为 420 工时的修理费为 2 288 元，水费为 848 元。则业务量为 420 工时的预算成本=5 460+3 392+2 288+848+3 800=15 788(元)。

(三)零基预算

零基预算是以零为基础编制计划和预算的方法。即在编制成本费用预算时，不考虑以往所发生的费用项目或费用数额，重新考虑每项收支的可能性、必要性及其数额大小，逐项审议预算期内各项费用的内容及开支标准是否合理，在综合平衡的基础上编制费用预算的一种方法。

零基预算对于任何一笔预算支出，不是以现有费用水平为基础，而是一切以零为起点，从根本上考虑它们的必要性及其数额的多少，能使所编制的预算更切合当期的实际情况，从而使预算充分发挥其控制实际支出的作用。但其预算工作量大，编制预算的时间较长。一般适用于产出较难辨认的服务性部门费用预算的编制。

(四)滚动预算

滚动预算又称连续预算或永续预算。其特点是凡预算执行一个月后，即根据前一个月的经营成果并结合执行中发生的变化等新信息，对剩余的 11 个月进行修订，并自动后续一个月，重新编制新一年的预算，从而使总预算经常保持 12 个月的预算期。滚动预算能够长短期结合，时效性强，但预算编制工作量较大。

具体编制时，为了做到长计划、短安排，远略近详，可以采用按季度滚动来编制预算，前 3 个月按月编制详细预算，而对以后 9 个月则按季编制粗略预算，待第一个滚动期过后，根据其实际情况随时调整下一滚动期，并对其做出详细安排。

子任务二　现金收入预算的编制

现金预算又称现金收支预算，是反映预算期内由于营业和资本支出而引起的企业现金流转状况的预算。这里的现金是指货币资金。编制现金预算的目的在于合理地处理现金收支业务，调度资金，保证企业财务的正常流转。

现金预算由以下四部分内容组成。

(1) 现金收入，是指预算期内预计现金的收入数，包括期初现金结存数和预算期内预计现金收入数，如现金销售收入、应收款项、票据贴现等。

(2) 现金支出，是指预算期内预计的现金支出数，如支付采购材料款、支付工资、支付部分制造费用、支付销售及管理费用、偿还应付款项等。

(3) 现金余缺，是指现金收支相抵后的余额。

(4) 资金筹集和运用，是指根据预计现金收支差额，确定筹措或使用资金的数额。如果收入大于支出，除了可用于偿还银行借款之外，还可购买短期证券；如果收入小于支出，则现金不足，需要设法筹资。

由于企业现金收支活动涉及生产经营活动和投资、筹资的各个方面，因此编制现金预算要以各项业务预算和资本预算为基础。

现金收入包括营业现金收入和其他现金收入。营业现金收入是指企业产品销售收入，是现金收入的主要来源。因此，销售预算是编制现金预算的起点。其他现金收入，如租金收入、固定资产出售收入等。

销售预算是编制全面预算的起点，也是编制其他预算的基础。企业在对有关销售历史资料分析预测的基础上，根据市场动态、企业的具体情况和年度目标利润确定的销售量和销售额，可按产品的名称、数量、单价、金额编制销售预算。在实际工作中，当期的销售往往存在赊销等因素，可能存在一部分应收账款。为了方便现金预算的编制，在销售预算编制完毕后，应编制“预计现金收入计算表”。预计现金收入的计算公式如下。

预计现金收入=该期现销收入+该期回收前期的应收账款

【任务演练 8-11】某企业生产和销售一种产品，预算期内预计销售量为 12 000 台，其中预计四个季度销售量分别为 2 000 台、3 000 台、4 000 台、3 000 台。预计销售价格为 160 元/台。预计每季度销售的产品在当季可收回货款 60%，其余 40%要在下一季收讫。该企业期初应收账款为 50 000 元。试编制该企业的销售预算和预计现金收入表。

【解析】根据上述资料，编制销售预算表，如表 8-9 所示；编制现金收入表，如表 8-10 所示。

表 8-9　销售预算表

季　度	第一季度	第二季度	第三季度	第四季度	全　年
预计销售量/台	2 000	3 000	4 000	3 000	12 000
预计销售单价/(元/台)	160	160	160	160	160
销售收入/元	320 000	480 000	640 000	480 000	1 920 000

表 8-10　预计现金收入表

元

季　度	第一季度	第二季度	第三季度	第四季度	全　年
期初应收账款	50 000				50 000
第一季度销售收入	192 000	128 000			320 000
第二季度销售收入		288 000	192 000		480 000
第三季度销售收入			384 000	256 000	640 000
第四季度销售收入				288 000	288 000
现金收入合计	242 000	416 000	576 000	544 000	1 778 000

销售预算通常要分品种、分月份、分销售区域、分销售人员来编制，为简化起见，上例只编制了分季度销售预算。

子任务三　现金支出预算的编制

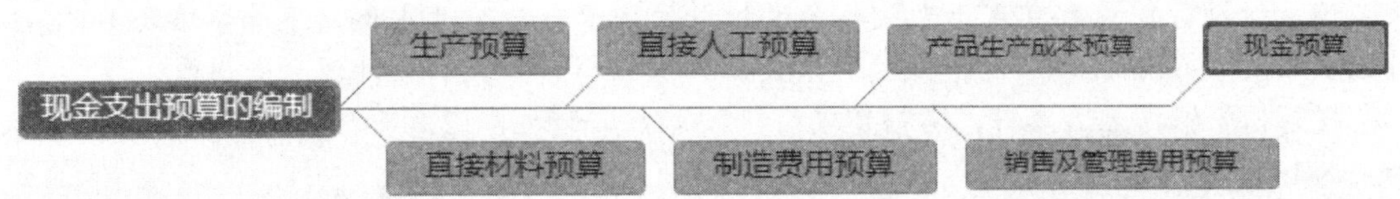

现金支出主要包括材料采购支出、支付人工工资、制造费用、管理费用、财务费用和销售费用等支出。这些项目的现金支出预算主要来源于生产预算、直接材料预算等业务预算。如果企业有长期资本预算，则长期资本预算的现金支出数也应包括在现金预算之内。

1. 生产预算

生产预算是在销售预算的基础上编制的，其主要内容有销售量、期初存货、期末存货和生产量。预计生产量的计算公式如下。

预计生产量=预计销售量+预计期末存货量-预计期初存货量

式中，销售量来自销售预算；期末存货量按下一季度销售量的一定百分比确定；期初存货量等于上一季度末存货量。

【任务演练 8-12】承任务演练 8-11，若该企业预算期内每季度末存货占其下一季度销售量的 10%，年初存货为 200 台，预计年末存货量为 200 台。试编制该企业的生产预算。

【解析】根据上述资料，编制生产预算表，如表 8-11 所示。

表 8-11　生产预算表

单位：台

季　度	第一季度	第二季度	第三季度	第四季度	全　年
预计销售量	2 000	3 000	4 000	3 000	12 000
加：期末存货	300	400	300	200	200
合计	2 300	3 400	4 300	3 200	12 200
减：期初存货	200	300	400	300	200
预计生产量	2 100	3 100	3 900	2 900	12 000

2. 直接材料预算

直接材料预算是指为生产需要的直接材料采购而编制的预算。它是以生产预算为基础，考虑期初与期末材料存货数量而确定的。其计算公式如下。

直接材料预计采购量=预计生产需要量+预计期末材料存货量-预计期初材料存货量

式中，预计生产需要量=预计生产量×单位产品材料用量；年初和年末的材料存货量是根据当前情况和长期销售预测估计的。各季度“期末材料存货量”根据下一季度生产需要量的一定百分比确定，各季度“期初材料存货量”是上季度的期末存货量。

为了便于以后编制现金预算，在直接材料预算中还包括预计现金支出的计算。其计算公式如下。

采购材料预计现金支出=上期采购材料应付货款的偿还额+本期采购材料支付的价款

【任务演练 8-13】承任务演练 8-11，若该企业单位产品材料用量为 4 千克，单价 10 元，各季末材料存货量为下一季度生产需要量的 20%，年初预计材料存货量为 840 千克，年末预计材料存货量为 920 千克。各季度材料款购于当季支付 40%，下一季偿还 60%，应付账款年初余额为 12 000 元。试编制该企业的直接材料预算和预计现金支出表。

【解析】根据上述资料，编制直接材料预算表，如表 8-12 所示；编制预计现金支出表，如表 8-13 所示。

表 8-12　直接材料预算表

季　度	第一季度	第二季度	第三季度	第四季度	全　年
预计生产量/台	2 100	3 100	3 900	2 900	12 000
单位产品耗用量/千克	4	4	4	4	4
材料耗用量/千克	8 400	12 400	15 600	11 600	48 000
加：期末库存/千克	2 480	3 120	2 320	920	920
减：期初库存/千克	840	2 480	3 120	2 320	840
预计采购量/千克	10 040	13 040	14 800	10 200	48 080
材料单价/(元/千克)	10	10	10	10	10
预计采购金额/元	100 400	130 400	148 000	102 000	480 800

表 8-13　预计现金支出表

元

季　度	第一季度	第二季度	第三季度	第四季度	全　年
期初应付账款	12 000				12 000
第一季度采购(100 400)	40 160	60 240			100 400
第二季度采购(130 400)		52 160	78 240		130 400
第三季度采购(148 000)				88 800	148 000
四季度采购(102 000)				40 800	40 800
现金支出合计	52 160	112 400	137 440	129 600	431 600

3. 直接人工预算

直接人工预算是指为规划一定预算期内人工工时的消耗水平和人工成本水平而编制的一种经营预算。其主要内容包括：预计生产量、单位产品需用的直接人工工时、每小时人工成本和人工总成本。人工总成本的计算公式如下。

直接人工成本=预计生产量×单位产品需用工时×每小时人工成本

式中，预计生产量来自生产预算。

如果产品生产过程中直接人工为两个或两个以上工种，必须先按工种类别分别计算人工成本，然后加以汇总。

【任务演练 8-14】承任务演练 8-13，若该企业预算期内所需人工只有一个工种，单位产品需用工时为 10 小时，每小时人工成本为 5 元。假定每季度需用的直接人工小时可按当季预计产品生产量计算。试编制该企业的直接人工预算。

【解析】根据上述资料，编制直接人工预算表，如表 8-14 所示。

表 8-14　直接人工预算表

季　度	第一季度	第二季度	第三季度	第四季度	全　年
预计生产量/台	2 100	3 100	3 900	2 900	12 000
单位产品直接人工/小时	10	10	10	10	10
预计工时/小时	21 000	31 000	39 000	29 000	120 000
每小时人工成本/(元/小时)	5	5	5	5	5
直接人工成本/元	105 000	155 000	195 000	145 000	600 000

4. 制造费用预算

制造费用预算是指除直接材料和直接人工以外的一切生产费用预算。在编制制造费用预算时，应将制造费用分为变动制造费用预算和固定制造费用预算两部分。固定制造费用因与本期产量无关，因此需要逐项进行预计。变动制造费用预算以生产预算为基础编制。变动制造费用应根据预算产量或工时需要量和变动制造费用分配率计算确定。制造费用分配率计算公式如下。

变动制造费用分配率=变动制造费用总额÷相关分配标准预算(工时或产量)

由于固定资产折旧是无须用现金支出的项目，因此计算制造费用预期现金支出时，应将折旧项目扣除。

【任务演练 8-15】承任务演练 8-14，若该企业预算期内预计变动总成本为 240 000 元，其中间接人工费 60 000 元；间接材料 72 000 元；修理费 48 000 元；水电费 24 000 元；其他 36 000 元；固定成本总额为 280 000 元，其中修理费 120 000 元；计提折旧费为 24 000 元；管理人员工资 80 000 元；保险费 36 000 元；其他 20 000 元。试编制该企业的制造费用预算。

【解析】根据上述资料，先计算变动制造费用各项目分配率。分配率计算如下。

间接人工分配率=间接人工费总额÷全年预计总工时

=60 000÷120 000=0.5

则第一季度间接人工费为 21 000×0.5=10 500(元)

以此类推，计算出间接材料、修理费、水电费、其他变动制造费用分配率分别为：0.6、0.4、0.2、0.3。编制制造费用预算表，如表 8-15 所示。

表 8-15　制造费用预算表

项　目		分配率/(元/小时)	第一季度 21 000 小时	第二季度 31 000 小时	第三季度 39 000 小时	第四季度 29 000 小时	全年 120 000 小时
变动制造费用	间接人工	0.5	10 500	15 500	19 500	14 500	60 000
	间接材料	0.6	12 600	18 600	23 400	17 400	72 000
	修理费	0.4	8 400	12 400	15 600	11 600	48 000
	水电费	0.2	4 200	6 200	7 800	5 800	24 000
	其他	0.3	6 300	9 300	11 700	8 700	36 000
	小计	2	42 000	62 000	78 000	58 000	240 000

续表

项目		分配率/(元/小时)	第一季度 21 000 小时	第二季度 31 000 小时	第三季度 39 000 小时	第四季度 29 000 小时	全年 120 000 小时
固定制造费用	修理费		30 000	30 000	30 000	30 000	120 000
	折旧		6 000	6 000	6 000	6 000	24 000
	管理人员工资		20 000	20 000	20 000	20 000	80 000
	保险费		9 000	9 000	9 000	9 000	36 000
	其他		5 000	5 000	5 000	5 000	20 000
	小计		70 000	70 000	70 000	70 000	280 000
合计			112 000	132 000	148 000	128 000	520 000
减：折旧			6 000	6 000	6 000	6 000	24 000
现金支出的制造费用			106 000	126 000	142 000	122 000	496 000

5. 产品生产成本预算

产品生产成本预算是反映预算期内各种产品生产成本水平的一种业务预算。为正确计算预计损益表中的产品销售成本和资产负债表中的期末产成品存货，要确定产品成本预算。该预算是将生产预算、直接材料预算、直接人工预算和制造费用预算进行汇总编制而成的，其内容包括单位成本和总成本。

【任务演练 8-16】承任务演练 8-13 至任务演练 8-15，试编制该企业产品单位成本预算。

【解析】根据上述资料，编制产品单位成本预算表，如表 8-16 所示。

表 8-16　产品单位成本预算表

成本项目		计量单位	单耗数量	金额/元	单位成本/元
产品单位成本预算	直接材料	千克	4	10	40
	直接人工	小时	10	5	50
	变动制造费用	小时	10	2	20
	单位产品成本				110
期末存货成本预算	期末存货数量	200 台			
	产品单位成本	110 元			
	期末存货成本	22 000 元			

6. 销售及管理费用预算

销售及管理费用预算是指预算期内，除制造业务外因销售业务和日常管理活动所发生的各项费用预算。它类似于制造费用预算，其内容分为变动部分、固定部分以及与此相联系的预计现金支出。其编制的主要依据是销售预算和生产预算。

【任务演练 8-17】承任务演练 8-11，该企业预算期内发生销售人员工资、运杂费、办公费等变动成本预计为 24 000 元。发生广告费、保险费、财产税等固定费用为 16 000 元。试编制该企业销售及管理费用预算。

【解析】根据上述资料，先计算变动费用分配率。分配率计算如下。

变动费用分配率=销售及管理变动费用总额÷销售量

=24 000÷12 000=2

则第一季度预计销售与管理变动费用为：2 000×2=4 000(元)，以此类推。

编制销售及管理费用预算表，如表 8-17 所示。

表 8-17　销售及管理费用预算表

季度	第一季度	第二季度	第三季度	第四季度	全　年
预计销售量/台	2 000	3 000	4 000	3 000	12 000
单位变动费用/元	2	2	2	2	2
变动费用/元	4 000	6 000	8 000	6 000	24 000
固定费用/元	4 000	4 000	4 000	4 000	16 000
合计/元	8 000	10 000	12 000	10 000	40 000

7. 现金预算

在各业务部门的分预算编制完成以后，财务部门即可根据各分预算列示的现金收支预计数及有关资本预算资料编制现金预算。

【任务演练 8-18】承任务演练 8-11 至任务演练 8-17，若该企业各季度末至少备有现金余额 10 000 元。若资金不足或多余，可以从银行借入资金，年利率为 10%，在季度初借入，第三季度末还款，借款利息于偿还时一起支付。每月所得税为 8 000 元。年初现金余额为 34 000 元。该企业计划在预算年度购买设备 50 000 元，其中第一季度支付 20 000 元，以后每季度支付 10 000 元。试汇总编制该企业的现金预算。

【解析】根据前述各业务预算汇总编制现金预算表，如表 8-18 所示。

表 8-18　现金预算表

单位：元

季　度	第一季度	第二季度	第三季度	第四季度	全　年
期初余额	34 000	10 000	10 000	40 243	34 000
本期收入(见表 8-10)	242 000	416 000	576 000	544 000	1 778 000
收入小计	276 000	426 000	586 000	584 243	1 812 000
本期支出：					
材料采购(见表 8-13)	52 160	112 400	137 440	129 600	431 600
直接人工(见表 8-14)	105 000	155 000	195 000	145 000	600 000
制造费用(见表 8-15)	106 000	126 000	142 000	122 000	496 000
销售及管理费用(见表 8-17)	8 000	10 000	12 000	10 000	40 000
预计所得税	8 000	8 000	8 000	8 000	32 000
购买设备	20 000	10 000	10 000	10 000	50 000
支出小计	299 160	421 400	504 440	424 600	1 649 600

续表

现金结余	−23 160	4 600	81 560	159 643	162 400
银行借款	33 160	5 400			38 560
偿还借款			38 560		38 560
支付利息			2 757		2 757
期末余额	10 000	10 000	40 243	159 643	159 643

注：第三季度偿还利息=(33 160×10%×9÷12)+(5 400×10%×6÷12)=2757(元)。

子任务四　预计财务报表的编制

预计财务报表主要包括预计利润表和预计资产负债表。预计财务报表与实际的财务报表不同，它是企业财务管理的重要工具。

1. 预计利润表

预计利润表是综合反映企业在预算期间生产经营活动最终成果的一个预算表。企业日常经营业务预算编制完成后，即可以确定预计利润，编制预计利润表。

【任务演练 8-19】承任务演练 8-11 至任务演练 8-17，试编制该企业的预计利润表。

【解析】根据前述业务预算资料编制预计利润表，如表 8-19 所示。

表 8-19　预计利润表

单位：元

项　目	金　额
销售收入(见表 8-9)	1 920 000
减：销售成本(见表 8-9、表 8-16)	1 320 000
销售费用(见表 8-17)	40 000
小计	1 360 000
毛利	560 000
减：固定制造费用(见表 8-15)	280 000
利息支出(见表 8-18)	2 757
利润总额	277 243
减：所得税(见表 8-18)	32 000
税后净利润	245 243

2. 预计资产负债表

预计资产负债表是反映企业预算期末财务状况的一种财务预算，表中除上年末数是事先已知外，其余项目应在前面所列的各项预算指标的基础上分析填列。编制预计资产负债表的目的在于判断预算期财务状况的稳定性和流动性。

【任务演练 8-20】承任务演练 8-11 至任务演练 8-17，试编制该企业的预计资产负债表(年初数如表 8-20“年初数”栏所示)。

【解析】根据前述业务预算资料编制预计资产负债表，如表8-20所示。

表8-20 预计资产负债表

单位：元

资 产	年初数	期末数	负债及所有者权益	年初数	年末数
流动资产：			流动负债：		
货币资金(见表8-18)	34 000	159 643	应付账款(见表8-12)	12 000	61 200
应收账款(见表8-9)	50 000	192 000			
原材料(见表8-12)	8 400	9 200			
产成品(见表8-16)	22 000	22 000			
流动资产合计	114 400	382 843	流动负债合计	12 000	61 200
非流动资产：			股东权益：		
固定资产(见表8-18)	328 000	378 000	股本	300 000	300 000
减：累计折旧(见表8-15)	72 400	96 400	未分配利润	58 000	303 243
非流动资产合计	255 600	281 600	股东权益合计	358 000	603 243
资产合计	370 000	664 443	负债及股东权益合计	370 000	664 443

注：应付账款61 200=第四季度采购金额102 000×60%。

项目知识检测

一、单项选择题

1. 利润变动率相当于产销量变动率的倍数，称为(　　)。

A. 边际贡献　　B. 边际贡献率
C. 安全边际　　D. 营业杠杆系数

2. 需按成本性态分析的方法将企业划分为固定成本和变动成本的预算编制方法是(　　)。

A. 固定预算　　B. 零基预算
C. 弹性预算　　D. 滚动预算

3. 生产预算的编制依据是(　　)。

A. 成本预算　　B. 现金预算
C. 销售预算　　D. 利润预算

4. 零基预算在编制时，其费用支出的基数为(　　)。

A. 上期实际发生数　　B. 可能需要
C. 零　　D. 同行业同类企业的发生额

5. 编制生产预算的关键是合理确定(　　)。

A. 销售价格　　B. 销售数量
C. 期初存货量　　D. 期末存货量

6. 下列各项费用预算项目中，最适宜采用零基预算编制方法的是(　　)。

A. 人工费 B. 培训费

C. 材料费 D. 折旧费

7. 下列各项中，综合性较强的预算是(　　)。

A. 销售预算 B. 直接材料预算

C. 现金预算 D. 资本支出预算

8. 下列各项中，可能会使预算期间与会计期间相分离的预算方法是(　　)。

A. 固定预算法 B. 弹性预算法

C. 零基预算法 D. 滚动预算法

9. 下列各项中，不属于财务预算内容的是(　　)。

A. 预计资产负债表 B. 现金预算

C. 预计利润表 D. 销售预算

10. 下列各项中，不属于业务预算内容的是(　　)。

A. 生产预算 B. 产品成本预算

C. 销售及管理费用预算 D. 资本支出预算

二、多项选择题

1. 下列属于固定成本的有(　　)。

A. 直接材料费 B. 直接人工费

C. 折旧费 D. 财产保险费

2. 下列关于本量利之间的相互关系的表述中，正确的有(　　)。

A. 利润=销售数量×单价-销售数量×单位变动成本-固定成本

B. 利润=销售数量×单位边际贡献-变动成本

C. 利润=销售数量×单位边际贡献-固定成本

D. 利润=销售数量×单价-销售数量×单位变动成本

3. 预算的编制方法有(　　)。

A. 全面预算 B. 固定预算

C. 弹性预算 D. 零基预算

4. 编制生产预算中的“预计生产量”时，需要考虑的因素有(　　)。

A. 预计期初存货 B. 预计期末存货

C. 前期销售量 D. 预计销售量

5. 下列属于业务预算的有(　　)。

A. 资本支出预算 B. 生产预算

C. 管理费用预算 D. 销售预算

6. 下列预算中，能够既反映经营业务又反映现金收支内容的有(　　)。

A. 销售预算 B. 生产预算

C. 直接材料预算 D. 制造费用预算

7. 相对固定预算而言，弹性预算的优点有(　　)。

A. 预算成本低 B. 预算工作量小

C. 预算可比性强 D. 预算范围宽

8. 与生产预算有直接联系的预算有( )。

A. 直接材料预算　　B. 变动制造和预算

C. 管理费用预算　　D. 直接人工预算

9. 在编制现金预算的过程中，可以作为其编制依据的有( )。

A. 业务预算　　B. 利润表预算

C. 资产负债表预算　　D. 资本支出预算

三、判断题

1. 保本作业率指标越低，表明企业盈利能力越小；指标越高，表明企业盈利能力越强。( )

2. 安全边际越大，说明企业发生亏损的可能性越大，企业经营风险就越大。( )

3. 计划期利润=基期利润×(1+产销量变动率×营业杠杆系数)。( )

4. 生产预算是整个预算的起点，其他业务预算均以生产预算为基础。( )

5. 生产预算中各季度预计生产量应为各季度预计销售量。( )

6. 直接材料预算的主要编制基础是销售预算。( )

7. 企业在编制零基预算时，需要以现有的费用项目为依据，但不以现有的费用水平为基础。( )

8. 生产预算属于业务预算。( )

9. 生产数量不能在销售预算中找到。( )

10. 销售预算能够同时以实物量指标和价值指标分别反映企业经营收入和相关现金收入。( )

四、实务操作题

1. 某产品的销售单价为 30 元，单位变动成本为 20 元，假定该企业的固定成本总额为 50 000 元。上一年度的实际销售量为 6 000 件。

要求：

(1) 计算该企业上年度的销售利润。

(2) 计算保本销售量和保本销售额。

(3) 计算安全边际销售量、安全边际销售额和安全边际率。

2. 某企业生产一种产品，其销售单价为 100 元，单位变动成本为 60 元，企业的固定成本总额为 300 000 元，上一年度的实际销售量为 10 000 只。

要求：

(1) 计算上一年度的营业杠杆系数；

(2) 估计当年的销售量将增加 10%，则利润将增加百分之几？

3. 某企业计划生产 A、B、C 三种产品，其固定成本为 35 000 元，有关资料如表 8-21 所示。

要求：计算该公司计划期内多种产品综合保本销售额以及三种产品各自的保本销售额。

表 8-21　三种产品资料一览表

项　目	A	B	C	合　计
产销量/件	50	100	40	
销售单价/元	1 000	2 500	500	
单位变动成本/元	800	2 100	350	
产品销售收入/元	50 000	250 000	20 000	320 000

4. 某企业 2019 年的销售额为 100 万元，达到该企业目前最大生产能力，假定税后净利润占销售额的 4%，即 4 万元，并发放了股利 2 万元。2019 年年末资产负债表相关数据如表 8-22 所示。预计 2020 年的销售量可达 160 万元，利润分配率仍为 50%，折旧提取数为 4 万元，其中 70%用于更新改造现有的厂房设备；其他资金需要量为 2.8 万元。要求：

(1) 编制 2019 年度用销售百分比形式反映的资产负债表，填入表 8-23 中。

(2) 试预测该企业 2020 年需要追加的资金数量。

表 8-22　资产负债表

单位：元

资　产	金　额	负债及所有者权益	金　额
银行存款	20 000	应付账款	100 000
应收账款	170 000	应付税费	50 000
存货	200 000	长期借款	200 000
厂房设备(净额)	300 000	实收资本	400 000
无形资产	110 000	未分配利润	50 000
资产合计	800 000	负债及所有者权益合计	800 000

表 8-23　资产负债表

(按销售百分比形式反映)

资　产	销售百分比	负债及所有者权益	销售百分比
银行存款		应付账款	
应收账款		应付税费	
存货		长期借款	
厂房设备(净额)		实收资本	
无形资产		未分配利润	
资产合计		负债及所有者权益合计	

5. 某企业预计 2020 年甲产品单位变动成本为 3 万元，固定成本为 1 000 万元，当年生产产品当年销售，销售业务量的有效变动范围为 700～1 000 台，预计销售单价为 5 万元。要求：以 100 台为业务量间隔，编制该企业甲产品的弹性利润预算(填入表 8-24 中)。

6. 某企业生产和销售甲产品，预算期内预计销售量为 31 500 台，其中预计四个季度销售量分别为 5 000 台、7 500 台、10 000 台、9 000 台。预计销售价格为 20 元/台。预计每季度销售的产品在当季可收回货款 60%，其余 40%要在下一季度收讫。该企业期初应收账款为 31 000 元。试编制该企业的销售预算和预计现金收入表，分别填入表 8-25、表 8-26 中。

表 8-24 甲产品弹性利润预算表

单位：元

销售量/台				
销售收入				
变动成本				
边际贡献				
固定成本				
利润总额				

表 8-25 销售预算表

季 度	第一季度	第二季度	第三季度	第四季度	全 年
预计销售量/台					
预计销售单价/(元/台)					
销售收入/元					

表 8-26 预计现金收入表

单位：元

季 度	第一季度	第二季度	第三季度	第四季度	全 年
期初应收账款					
第一季度销售收入					
第二季度销售收入					
第三季度销售收入					
第四季度销售收入					
现金收入合计					

7. 某公司生产 A 产品，预算期内各季度销售量分别为 10 000 件、12 000 件、16 000 件和 14 000 件。每季度末存货量为下一季度预计销售量的 10%，年初存货量为 1 500 件，年末存货量为 1 400 件。要求：编制该企业的生产预算表(填入表 8-27 中)。

表 8-27 生产预算表

季 度	第一季度	第二季度	第三季度	第四季度	全 年
预计销售量/台 加：期末存货/台					
合计 减：期初存货/台					
预计生产量/台					

五、任务训练

承接本项目案例导入，结合本项目所学知识，帮助小张进行决策，并说明理由。

项目九 财务控制

【能力目标】

- 正确计算成本中心、利润中心和投资中心的考核指标。
- 正确评价责任中心业绩。
- 合理制定内部转移价格。

【知识目标】

- 掌握财务控制的概念、特征和分类。
- 掌握责任中心的分类、三个责任中心的特点及其考核指标的计算方法。
- 掌握内部转移价格的种类及其应用。

案例导入

中国华能集团从建立之初就建立了比较清晰的产权关系。目前，华能集团内部可以分为三个层次：中国华能集团公司(母公司)、成员公司(子公司)和下设的生产经营单位。华能集团公司从 1997 年年初由国家电力公司组建后，成为国家电力公司的全资子公司；华能集团各专业成员公司和各地分公司所属的地方实业公司是华能集团公司的全资子公司；集团公司和各成员公司向下投资设立了一些全资、控股和参股的直接生产经营企业。第一层次的集团公司是华能集团的决策中心和资产运作中心；第二层次的成员和各地实业公司起着专业化发展、职能化经营和对生产经营企业进行监督管理的作用，并且有一定的投资功能；第三层次的企业是直接生产经营单位，不具有对外投资功能，只能从事生产经营业务。在 20 世纪 80 年代的经济过热期，华能集团曾经还有过第四层和第五层。但是，经过几年重组和改进，华能集团现在只有三个层次。以前，母公司对子公司只考评“两张表”(资产负债表和利润表)和“一个人”(总经理)，对子公司监管不严。这种模式存在很大弊端，因为它无法控制子公司决策错误及其由此所产生的巨大损失，而且这类损失常常是不可逆转的。“事后控制”的风险相当大。目前，中国华能集团对其子公司既给予一定的灵活性，又实行必要的监控。母公司对子公司的财务控制主要体现在三个领域：①筹资控制。集团各成员企业的筹资由集团母公司统一规划，子公司筹集的资本金额较大时必须经母公司审批。②投资控制。现有规定是，投资金额超过一定限额就需母公司批准。如对一些大的子公司，自主投资限额为三千万元人民币，小公司则为五百万元人民币。③财务业绩控制。每年的财务目标即为上一年的实际经营成果。财务业绩从三个方面来评价：利润、净资产收益率和经营活动中产生的现金流量。从结果来看，几乎没有哪家子公司不能达到它们的目标。期望的净资产收益率(ROE)是 15%，但电力业务由于政策性补贴等因素，其净资产收益率可以稍低，为 10%左右。

思考：

(1) 中国华能集团在财务控制方面都采取了哪些措施？

(2) 对于一个企业来说，财务控制的意义是什么？

任务导图

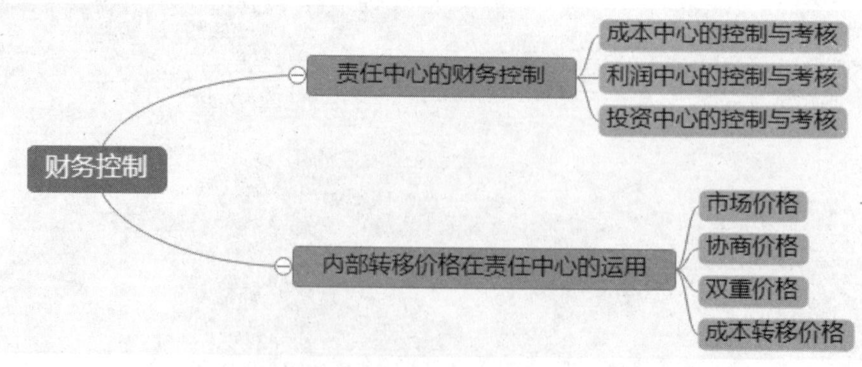

理论认知

任务一　财务控制概述

一、财务控制的含义和特征

(一)财务控制的含义

控制是指对客观事物进行约束和调节，使之按照设定的目标和轨迹运行的过程。财务控制是指按照一定的程序和方法，确保企业及其内部机构和人员全面落实及实现财务预算的过程。

(二)财务控制的特征

财务控制具有以下特征。

(1)　以价值控制为手段。财务控制以实现财务预算为目标。财务预算所包括的现金预算、预计利润表和预计资产负债表都是以价值形式予以反映的。财务控制必须以价值手段进行。

(2)　以综合经济业务为控制对象。财务控制以价值为手段，可以将不同岗位、不同部门、不同层次的业务活动综合起来进行控制。

(3)　以现金流量控制为日常控制的内容。由于日常的财务活动过程表现为组织现金流量的过程，因此控制现金流量成为日常财务控制的主要内容。在控制过程中要以现金预算为依据，通过编制现金流量表来考核评价现金流量运行状况。

二、财务控制的种类

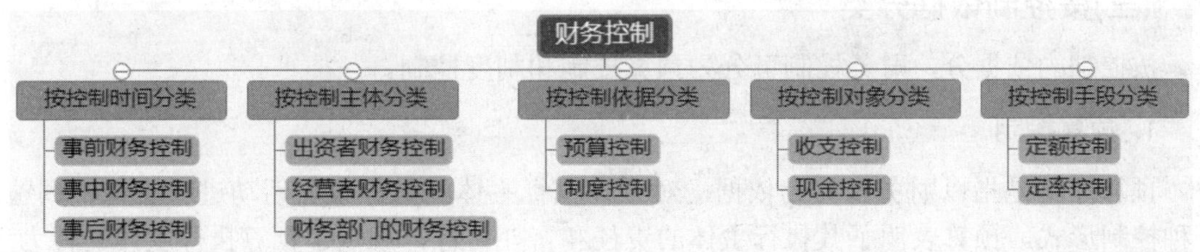

(一)按控制时间分类

按控制时间分，财务控制可分为事前财务控制、事中财务控制和事后财务控制。

1. 事前财务控制

事前财务控制是指财务收支活动发生之前所进行的控制。如财务收支活动发生之前的申报审批制度、产品设计成本的规划等。

2. 事中财务控制

事中财务控制是指财务收支活动发生过程中所进行的控制。如按财务预算要求监督预算的执行过程，对各项收入的去向和支出的用途进行的监督，对产品生产过程中发生成本进行约束等。

3. 事后财务控制

事后财务控制是指对财务收支活动的结果所进行的考核及其相应的奖惩。如按财务预算的要求对各责任中心的财务收支结果进行评价，并以此实施奖惩标准，在产品成本形成后进行综合分析与考核，以确定各责任中心和企业的成本责任。

(二)按控制主体分类

按控制主体分，财务控制可分为出资者财务控制、经营者财务控制和财务部门的财务控制。

1. 出资者财务控制

出资者财务控制是指为了实现其资本保全和资本增值目标而对经营者的财务收支活动进行的控制，如对成本开支范围和标准的规定等。

2. 经营者财务控制

经营者财务控制是指为了实现财务预算目标而对企业及各责任中心的财务收支活动进行的控制，这种控制是通过经营者制定财务决策目标，并促使这些目标被贯彻执行而实现的，如企业的筹资、投资、资产运用、成本支出决策及其执行等。

3. 财务部门的财务控制

财务部门的财务控制是指财务部门为了有效地组织现金流动，通过编制现金预算，执行现金预算，对企业日常财务活动所进行的控制，如对各项货币资金用途的审查等。通常认为，出资者财务控制是一种外部控制，而经营者和财务部门的财务控制是一种内部控制。

(三)按控制依据分类

按控制的依据分，财务控制可分为预算控制和制度控制。

1. 预算控制

预算控制是指以财务预算为依据，对预算执行主体的财务收支活动进行监督、调整的一种控制形式。预算表明了其执行主体的责任和奋斗目标，规定了预算执行主体的行为。

2. 制度控制

制度控制是指通过制定企业内部规章制度，并以此为依据约束企业和各责任中心财务收支的一种控制形式。制度控制通常规定只能做什么，不能做什么。与预算控制相比较，制度控制具有防护性的特征，而预算控制主要具有激励性的特征。

(四)按控制对象分类

按控制的对象分，财务控制可分为收支控制和现金控制(或货币资金控制)。

1. 收支控制

收支控制是指对企业和各责任中心的财务收入活动和财务支出活动所进行的控制。控制财务收入活动，旨在达到高收入的目的；控制财务支出活动，旨在降低成本，减少支出，实现利润最大化。

2. 现金控制

现金控制是对企业和各责任中心的现金流入和现金流出活动所进行的控制。由于企业财务会计采取权责发生制，导致利润不等于现金流入。所以，对现金有必要单独控制。并且，日常财务活动主要是组织现金流动的过程。因此，现金控制就十分重要。通过现金控制应力求实现现金流入流出的基本平衡，既要防止因现金短缺而可能出现的支付危机，也要防止因现金沉淀而可能出现的机会成本增加。

(五)按控制手段分类

按控制的手段分，财务控制可分为定额控制和定率控制，也可称为绝对控制和相对控制。

1. 定额控制

定额控制是指对企业和责任中心的财务指标采用绝对额进行控制。一般而言，对激励性指标确定最低控制标准，对约束性指标确定最高控制标准。

2. 定率控制

定率控制是指对企业和责任中心的财务指标采用相对比率进行控制。一般而言，定率控制具有投入与产出对比、开源与节流并重的特征。相比较而言，定额控制没有弹性，定率控制具有弹性。

任务二　责任中心的财务控制

(一)责任中心的含义

企业为了实行有效的内部协调与控制，通常都按照统一领导、分级管理的原则，在其内部合理划分责任单位，明确各责任单位应承担的经济责任、应有的权力和利益，促使各责任单位应尽其责任协同配合。责任中心就是承担一定经济责任，并享有一定权力和利益的企业内部(责任)单位。

企业为了保证预算的贯彻落实和最终实现，必须把总预算中确定的目标和任务，按照责任中心逐层进行指标分解，形成责任预算，使各个责任中心据以明确目标和任务。责任预算执行情况的揭示和考评可以通过责任会计来进行。责任会计围绕各个责任中心，把衡量工作成果的会计同企业生产经营的责任制紧密结合起来，成为企业内部控制体系的重要组成部分。由此可见，建立责任中心是实行责任预算和责任会计的基础。

(二)责任中心的特征

(1) 责任中心是一个责权利结合的实体。它意味着每一个责任中心都要对一定的财务指标承担完整的责任；同时，赋予责任中心与其所承担责任的范围和大小相适应的权利，并规定出相应的业绩考核标准和利益分配标准。

(2) 责任中心所承担的经济责任和行使的权利都是可控的。每个责任中心只能对其责权范围内可控的成本、收入、利润和投资负责，在责任预算和业绩考核中也只应包括他们能控制的项目。可控是相对于不可控而言的，不同的责任层次，其可控的范围并不一样。一般而言，责任层次越高，其可控范围也就越大。

(3) 责任中心具有承担经济责任的条件。它有两方面的含义：一是责任中心具有履行经济责任中各条款的行为能力；二是责任中心一旦不能履行经济责任，能对其后果承担责任。

(4) 责任中心具有相对独立的经营业务和财务收支活动。它是确定经济责任的客观对象，是责任中心得以存在的前提条件。

(5) 责任中心便于进行责任会计核算或单独核算。责任中心不仅要划清责任，而且要单独核算，划清责任是前提，单独核算是保证。只有既划清责任又能进行单独核算的企业内部单位，才能作为一个责任中心。

根据企业内部责任中心的权责范围及业务活动的特点不同，它可以分为成本中心、利润中心和投资中心三大类。

子任务一　成本中心的控制与考核

(一)成本中心的含义

成本中心是只对成本或费用承担责任的责任中心。它不会形成可以用货币计量的收入，因而不对收入、利润或投资负责。成本中心一般包括负责产品生产的生产部门、劳务提供部门以及给予一定费用指标的管理部门。

成本中心的应用范围最广，从一般意义出发，企业内部凡有成本发生，需要对成本负责，并能实施成本控制的单位，都可以成为成本中心。工业企业上至工厂一级，下至车间、工段、班组，甚至个人都有可能成为成本中心。成本中心规模不一，各个较小的成本中心共同组成一个较大的成本中心，各个较大的成本中心又共同构成一个更大的成本中心，从而，在企业形成一个逐级控制，并层层负责的成本中心体系。规模大小不一和层次不同的成本中心，其控制和考核的内容也不尽相同。

(二)成本中心的类型

成本中心的类型有两种：标准成本中心和费用成本中心。

1. 标准成本中心

标准成本中心又称技术性成本中心，是以实际产量为基础，按标准成本进行成本控制的成本中心。通常，标准成本中心的典型代表是制造业工厂、车间、班组等。其特点是，技术投入量与产出量有着密切联系，可以通过实施标准成本和弹性预算予以控制。

2. 费用成本中心

费用成本中心又称酌量性成本中心，是指产出物不能用财务指标来衡量，或投入和产出之间没有密切关系的责任中心。其费用是否发生以及发生数额的多少由管理人员决定，主要包括各种管理费用和某些间接成本项目，如研究开发费用、广告宣传费用、职工培训费用等。这种费用的发生主要是为企业提供一定的专业服务，一般不能产生可以用货币计量的成果。在技术上，投入量与产出量之间没有直接关系。费用成本的控制应着重于预算总额的审批上。

【思考 9-1】下列费用哪些属于技术性成本，哪些属于酌量性成本？(　　)

A. 直接材料　　　　　　　　B. 职工培训费用

C. 固定资产折旧费用　　　　D. 研发费用

【解析】选项 A 属于技术性成本；选项 B、C、D 属于酌量性成本，其是否发生以及发生数额的多少由管理人员决定，投入量与产出量之间没有直接关系。

(三)成本中心的特点

1. 成本中心只考核成本费用

成本中心一般不具备经营权和销售权，其经济活动的结果不会形成可以用货币计量的收入；有的成本中心可能有小量的收入，但从整体上来讲，其产出与投入之间不存在密切的对应关系。因而，这些收入不作为主要的考核内容，也不必计算这些货币收入，不以货币形式计量产出。

2. 成本中心只对可控成本考核

成本费用依其责任是否能控制分为可控成本和不可控成本。凡是责任中心能控制其发生及其数量的成本称为可控成本；凡是责任中心不能控制其发生及其数量的成本称为不可控成本。

属于某成本中心的各项可控成本之和即构成该成本中心的责任成本。从考评的角度来看，成本中心工作成绩的好坏，应以可控成本作为主要依据，不可控成本核算只有参考意义。在确定责任中心成本责任时，应尽可能使责任中心发生的成本转换成为可控成本。

3. 成本中心只对责任成本进行考核和控制

责任成本是各成本中心当期确定或发生的各项可控成本之和。它又可分为预算责任成本和实际责任成本。前者是指由预算分解确定的各责任中心应承担的责任成本；后者是指各责任中心从事业务活动实际发生的责任成本。对成本费用进行控制，应以各成本中心的预算责任成本为依据，确保实际责任成本不会超过预算责任成本；对成本中心进行考核，应通过各成本中心的实际责任成本与预算责任成本进行比较，确定其成本控制的绩效，并采取相应的奖惩措施。

(四)成本中心的考核指标

成本中心考核主要是将成本中心发生的实际责任成本同预算责任成本进行比较，从而判断成本中心业绩的好坏。成本中心的考核指标主要采用相对指标和比较指标，包括成本

(费用)变动额和成本变动率两个指标，其计算公式如下。

成本(费用)变动额=实际责任成本(费用)−预算责任成本(费用)

成本(费用)变动率=成本(费用)变动额÷预算责任成本(费用)

【任务演练 9-1】某企业内部一车间为成本中心，生产 A 产品，预算产量为 6 000 件，单位成本为 100 元；实际产量为 7 000 件，单位成本为 95 元。试计算该成本中心的成本变动额和成本变动率。

【解析】成本(费用)变动额=7 000×95−7 000×100=−35 000(元)

成本(费用)变动率=−35 000÷(7 000×100)=−5%

即该成本中心的成本降低额为 35 000 元，降低率为 5%。

【思考 9-2】如果预算产量与实际产量不一致，如何计算成本变动额和成本变动率？

【解析】先按实际产量将预算责任成本进行调整后，再进行计算。

(五)成本中心的业绩考核

成本中心没有收入来源，只对成本负责，因而也只考核其责任成本。由于不同层次成本费用控制的范围不同，计算和考评的成本费用指标也不尽相同，层次越往上，计算和考评的指标越多，考核内容也越多。

成本中心的业绩考核是以责任报告为依据，将实际成本与预算成本或责任成本进行比较，确定两者差异的性质、数额以及形成的原因，并根据差异分析的结果，对各成本中心进行奖惩，以督促成本中心努力降低成本。

子任务二　利润中心的控制与考核

(一)利润中心的含义

利润中心是指对利润负责的责任中心。由于利润是收入扣除成本费用之差，利润中心还要对成本和收入负责。这类责任中心一般是指有产品或劳务生产经营决策权的企业内部部门。

利润中心往往处于企业内部的较高层次，如分厂、分店、分公司，一般具有独立的收入来源或能视同为一个有独立收入的部门，一般还具有独立的经营权。利润中心与成本中心相比，其权利和责任都相对较大，它不仅要绝对地降低成本，而且更要寻求收入的增长，并使之超过成本的增长。换言之，利润中心对成本的控制是联系着收入进行的，它强调相对成本的节约。

(二)利润中心的类型

利润中心分为自然利润中心和人为利润中心两种。

1. 自然利润中心

自然利润中心是指可以直接对外销售产品并取得收入的利润中心。这种利润中心本身直接面向市场，具有产品销售权、价格制定权、材料采购权和生产决策权。它虽然是企业内的一个部门，但其功能同独立企业相近。最典型的形式是公司内的事业部，每个事业部都具有销售、生产、采购的职能，有很大的独立性，能独立地控制成本、取得收入。

2. 人为利润中心

人为利润中心是指只对内部责任单位提供劳务而取得“内部销售收入”的利润中心。这种利润中心一般不直接对外销售产品。工业企业的大多数成本中心都可以转化为人为利润中心。人为利润中心一般也应具备相对独立的经营权，即能自主决定本利润中心的产品品种(含劳务)、产品质量、作业方法、人员调配及资金使用等。

(三)利润中心的考核指标

利润中心的考核指标为利润，通过比较一定期间实际实现的利润与责任预算所确定的利润，可以评价其责任中心的业绩。由于成本计算方式不同，各利润中心的利润指标的表现形式也不同。一般有四种选择，即边际贡献、可控边际贡献、部门可控利润和税前部门利润。

边际贡献=部门销售收入总额-部门变动成本总额

可控边际贡献=部门边际贡献-部门经理可控固定成本

部门边际贡献=部门经理边际贡献-部门经理不可控固定成本

部门税前利润=部门边际贡献-分配的公司管理费用

以边际贡献作为考核指标不够全面，可能导致部门管理尽可能多地支出固定成本以减少变动成本支出。虽然增加了边际贡献，但会增加固定成本。

以可控制边际贡献来评价业绩更为合理，该指标能够反映部门经理在其权限范围内有效使用资源的能力。它主要用于评价部门经理的经营业绩。

部门边际贡献主要用于对部门的业绩评价和考核，用以反映该部门补偿共同性固定成本后对企业利润所做的贡献。对决定该部门的取舍有重要意义。

部门税前利润用于计算部门提供的边际贡献必须抵补总部管理费用等，否则企业作为一个整体就不会盈利。它有利于部门经理集中精力增加收入，降低可控成本，实现企业预期的利润目标。

【任务演练 9-2】某企业甲车间是一个人为的利润中心。本期实现内部销售收入 800 000 元，销售变动成本为 550 000 元，该中心负责人可控固定成本为 50 000 元，中心负责人不可控应由该中心负担的固定成本为 70 000 元。试计算该利润中心的各项指标。

【解析】边际贡献=800 000−550 000=250 000(元)

可控边际贡献=800 000−550 000−50 000=200 000(元)

部门可控利润总额=200 000−70 000=130 000(元)

(四)利润中心的业绩考核

利润中心既对成本负责，又对收入和利润负责，在进行考核时，应以销售收入、边际贡献和息税前利润为重点进行分析、评价。特别是应通过一定期间实际利润与预算利润的对比，分析差异及其形成原因，明确责任，借以对责任中心的经营得失和有关人员的功过做出正确评价，做到奖惩分明。

在考核利润中心业绩时，也只是计算和考评本利润中心权责范围内的收入和成本。凡不属于本利润中心权责范围内的收入和成本，尽管已由本利润中心实际收进或支付，仍应予以剔除，不能作为本利润中心的考核依据。

【任务训练】

计算填列表 9-1 中用字母表示的项目。

表 9-1 甲、乙、丙投资中心相关资料一览表

单位：元

投资中心	甲	乙	丙
销售收入	300 000	(F)	600 000
销售成本费用	180 000	(G)	(K)
利润	(A)	(H)	180 000
净资产平均占用额	(B)	200 000	1 200 000
资本周转率	(C)	6	(L)
销售成本率	(D)	(I)	(M)
成本费用利润率	(E)	(J)	(N)
投资利润率	24%	20%	(O)

子任务三 投资中心的控制与考核

(一)投资中心的含义

投资中心是指既对成本、收入和利润负责，又对投资效果负责的责任中心。

投资中心是最高层次的责任中心，它具有最大的决策权，也承担最大的责任。投资中心的管理特征是较高程度的分权管理。一般而言，大型集团所属的子公司、分公司、事业部往往都是投资中心。在组织形式上，成本中心一般不是独立法人，利润中心可以是也可以不是独立法人，而投资中心一般都是独立法人。

由于投资中心独立性较高，它一般应向公司的总经理或董事会直接负责。对投资中心不应干预过多，应使其享有投资权和较为充分的经营权；投资中心在资产和权益方面应与其他责任中心划分清楚。如果对投资中心干预过多，或者其资产和权益与其他责任中心划分不清，会出现互相扯皮的现象，也无法对其进行准确的考核。

【思考 9-3】投资中心与利润中心有什么区别？

【解析】一是权利不同，利润中心没有投资决策权，它只是在企业投资形成后进行具体的经营；而投资中心不仅在产品生产和销售上享有较大的自主权，而且能相对独立地运用所掌握的资产，有权购置或处理固定资产，扩大或缩减现有的生产能力。二是考核办法不同，考核利润中心的业绩时，不联系投资多少或占用资产的多少，即不进行投入产出的比较；相反，考核投资中心业绩时，必须将所获得的利润与所占用的资产进行比较。

(二)投资中心的考核指标

投资中心评价与考核的内容是利润及投资效果，反映投资效果的指标主要是投资利润率和剩余收益。

1. 投资利润率

投资利润率又称投资报酬率，是指投资中心所获得的利润与投资额之间的比率。其计算公式如下。

投资利润率=利润÷投资额×100%

投资利润率指标可分解为

投资利润率=资本周转率×销售成本率×成本费用利润率

=资本周转率×销售利润率

以上公式中的投资额是指投资中心的总资产扣除负债后的余额，即投资中心的净资产。因此，该指标也可以称为净资产利润率，它主要说明投资中心运用“公司产权”提供的每一元资产对整体利润贡献的大小，或投资中心对所有者权益的贡献程度。

【思考 9-4】用投资利润率指标评价投资业务有什么优点？

【解析】投资利润率是广泛采用的评价投资中心业绩的指标，其优点是：①投资利润率能反映投资中心的综合盈利能力。投资利润率的高低与收入、成本、投资额和周转能力有关，提高投资利润率应通过增收节支、加速周转，减少投入来实现。②投资利润率具有横向可比性。投资利润率将各投资中心的投入与产出进行比较，剔除了因投资额不同而导致的利润差异的不可比因素，有利于进行各投资中心经营业绩比较。③投资利润率可以作为选择投资机会的依据，有利于调整资产的存量，优化资源配置。由于该指标反映了投资中心运用资产并使资产增值的能力，如果投资中心资产运用不当，会增加资产或投资占用规模，也会降低利润。因此，以投资利润率作为评价与考核的尺度，将促使各投资中心盘活闲置资产，减少不合理资产占用，及时处理过时、变质、毁损资产等。

2. 剩余收益

剩余收益是一个绝对数指标，是指投资中心获得的利润扣减其最低投资收益后的余额。最低投资收益是投资中心的投资额(或资产占用额)按规定或预期的最低报酬率计算的收益。其计算公式如下。

剩余收益=利润-投资额×规定或预期的最低投资报酬率

如果考核指标是总资产息税前利润率时，则剩余收益计算公式应做相应调整，其计算公式如下。

剩余收益=息税前利润-投资额×规定或预期的总资产息税前利润率

这里所说的规定或预期的最低投资报酬率和总资产息税前利润率通常是指企业为保证其生产经营正常、持续进行所必须达到的最低报酬水平。

以剩余收益作为投资中心经营业绩评价指标，各投资中心只要投资利润率大于规定或预期的最低投资报酬率(或总资产息税前利润率大于规定或预期的最低息税前利润率)，该项投资(或资产占用)便是可行的。

【任务演练 9-3】某公司下设投资中心 A 和投资中心 B，该公司加权平均最低投资利润率为 10%，现两个中心追加投资，有关资料如表 9-2 所示。试对这两个中心追加投资进行评价。

表 9-2　A、B 两个投资中心相关资料一览表

项　目		投资额/万元	利润/万元	投资利润率/%	剩余收益
追加投资前	A	20	1	5	1-20×10%=-1
	B	30	4.5	15	4.5-30×10%=1.5
	合计	50	5.5	11	5.5-50×10%=0.5
投资中心 A 追加投资 10	A	30	1.8	6	1.8-30×10%=-1.2
	B	30	4.5	15	4.5-30×10%=1.5
	合计	60	6.3	10.5	6.3-60×10%=0.3
投资中心 B 追加投资 20	A	20	1	5	1-20×10%=-1
	B	50	7.4	14.8	7.4-50×10%=2.4
	合计	70	8.4	12	8.4-70×10%=1.4

【解析】采用投资利润率为评价指标时，追加投资后 A 的利润率由 5%提高到 6%，B 的利润率由 15%降低到 14.8%，则向 A 投资好。

以剩余收益作为考核指标，A 的剩余收益由原来的-1 变成了-1.2，B 的剩余收益由原来的 1.5 提高到 2.4，应当向 B 投资。

从整个公司进行评价，就会发现 A 追加投资时全公司总体投资利润率由 11%下降到 10.5%，剩余收益由 0.5 下降到 0.3；B 追加投资时全公司总体投资利润率由 11%上升到 12%，剩余收益由 0.5 上升到 1.4，和以剩余收益指标评价各投资中心的业绩的结果一致。

可见，以剩余收益作为评价指标可以保持各投资中心获利目标与公司总的获利目标达成一致。在以剩余收益作为考核指标时，所采用的规定或预期最低投资报酬率的高低对剩余收益的影响很大，通常可用公司的平均利润率(或加权平均利润率)作为基准收益率。

(三)投资中心的业绩考核

投资中心业绩考核，除收入、成本和利润指标外，考核重点应放在投资利润率和剩余收益两项指标上。从管理层次来看，投资中心是最高一级的责任中心，业绩考核的内容或指标涉及各个方面，是一种较为全面的考核。考核时通过将实际数与预算数进行比较，找出差异，进行差异分析，查明差异的成因和性质，并据以进行奖惩。由于投资中心层次高、涉及的管理控制范围广，内容复杂，考核时应力求原因分析深入、依据确凿、责任落实具体，这样才可以达到考核的效果。

【任务训练】

某企业下设甲投资中心和乙投资中心，要求的总资产息税前利润率为 10%，两个投资中心均有一投资方案可供选择，预计产生的影响如表 9-3 所示。

表 9-3　甲、乙投资中心相关资料一览表

项　目	甲投资中心		乙投资中心	
	追加投资前	追加投资后	追加投资前	追加投资后
总资产/万元	50	100	100	150
息税前利润/万元	4	8.6	15	20.5
息税前利润率/%	8		15	
剩余收益	−1		5	

要求：

(1) 计算并填列表 9-3 中的空白。

(2) 运用剩余收益指标分别就两个投资中心是否应追加投资进行决策。

任务三　内部转移价格在责任中心的运用

一、内部转移价格的含义和特征

(一)内部转移价格的含义

内部转移价格是指企业内部各责任中心之间转移中间产品或相互提供劳务，而发生内部结算和进行内部责任结转所使用的计价标准。

在任何企业中，各责任中心之间的相互结算，以及责任成本的转账业务都是经常发生的，这就需要一个公正、合理的内部转移价格作为计价的标准。

(二)内部转移价格的特征

由于内部转移价格对于提供方的生产部门来说表示收入，对于接受方来说则表示成本。因此，内部转移价格有两个明显特征。

1. 有效促进买卖双方提高效益

在内部转移价格一定的情况下，提供方必须不断改善经营管理，降低成本费用，以其收入抵偿支出，取得更多的利润；接受方必须在一定的购置成本下，千方百计降低自身的成本费用，提高产品或劳务的质量，争取获得更多的利润。

2. 内部转移价格不影响企业整体利润

内部转移价格所影响的买卖双方都存在于同一个企业中，在其他条件不变的情况下，内部转移价格的变化会使买卖双方的收入或内部利润向相反方向变化，但从企业整体来看，内部转移价格无论怎样变化，一方增加的收入或利润正是另一方减少的收入或利润。一增一减，数额相等、方向相反，企业总利润是不变的。变动的只是内部利润在各责任中心之间的分配数额。

二、内部转移价格的应用

1. 市场价格

市场价格是根据产品或劳务的市场价格作为基价的价格。采用市场价格，一般假定各责任中心处于独立自主的状态，可自由决定从外部或内部进行购销，同时产品或劳务有客观的市价可采用。

以市场价格作为内部转移价格时，应注意以下两个问题：①在中间产品有外部市场，可向外部出售或从外部购进时，用市场价格作为内部转移价格，但并不等于直接将市场价格用于内部结算，而应在此基础上，对外部价格做一些必要调整。外部售价一般包括销售费、广告费以及运输费等，这些在内部转移价格中不应包含。当企业各责任中心不是独立核算分厂，而是车间或部门时，产品的内部转移价格不必支付销售税金，这些税金一般也是外部销售价格的组成部分。在制定内部转移价格时如果不在市场价格中做出扣除，这两个方面的好处都会被供应方获得，对利润分配的公平性不利。②以市场价格为依据制定内部转移价格，一般假设中间产品有完全竞争的市场，或中间产品提供部门无闲置生产能力。

在采用市场价格作为内部转移价格时，应尽可能使各责任中心进行内部转让，除非责任中心有充分理由说明对外交易比内部转让更为有利。

【思考 9-5】以市场价格作为内部转移价格，有什么优缺点？

【解析】市场价格意味着客观公平，意味着在企业内部引进了市场机制，有利于各责任中心相互竞争，最终通过利润指标考核和评价其业绩。但是，由于企业内部转移的中间产品往往是本企业专门生产的，具有特定的规格或需经过进一步加工才能出售，往往没有相应的市价作为依据。

2. 协商价格

协商价格又称议价，是企业内部各责任中心以正常的市场价格为基础，通过定期共同协商所确定的为双方所接受的价格。采用协商价格的前提是责任中心转移的产品应有在非竞争性市场买卖的可能性，在这种市场内买卖双方有权自行决定是否买卖这种中间产品。如果买卖双方不能自行决定，或当价格协商的双方发生矛盾而又不能自行解决，或双方协商定价不能导致企业最优决策时，企业高一级的管理层要进行必要的干预，这种干预应以有限、得体为原则，不能使整个谈判变成上级领导完全决定一切。

协商价格的上限是市价，下限是单位变动成本，具体价格应由各相关责任中心在这一相关范围内协商议定。当产品或劳务没有适当的市价时，也只能采用议价方式来确定。协商价格的缺陷是：协商定价的过程要花费人力、物力和时间，当协商的各方相持不下时，往往需要企业高层领导裁定。这样，弱化了分权管理的作用，也难以发挥激励责任中心的作用。

3. 双重价格

双重价格就是针对责任中心各方面分别采用不同的内部转移价格所制定的价格。例如，对产品(半成品)的供应方，可按协商的市场价格计价；对使用方则按供应方的产品(半成品)的单位变动成本计价。其差额由会计最终调整。之所以采用双重价格，是因为内部转移价格主要是为了对企业内部各责任中心的业绩进行评价、考核，故各相关责任中心所采用的价格并不需要完全一致，可分别选用对责任中心最有利的价格为计价依据。双重价格有以下两种形式。

(1) 双重市场价格，就是当某种产品或劳务在市场上出现几种不同的价格时，供应方采用最高市价，使用方采用最低市价。

(2) 双重转移价格，就是提供方按市场价格或议价作为基础，而接受方按供应方的单位变动成本作为计价的基础。

双重价格的好处是，既可较好地满足供应方和使用方的不同需要，也能激励双方在经营上充分发挥其主动性和积极性。

4. 成本转移价格

成本转移价格就是以产品或劳务的成本为基础而制定的内部转移价格。由于成本的概念不同，成本转移价格也有多种不同形式，其中用途较为广泛的成本转移价格有三种。

(1) 标准成本法。即以产品(半成品)或劳务标准成本作为内部转移价格。它适用于成本中心产品(半成品)的转移。其优点是将管理和核算工作结合起来，可以避免供应方成本高低对使用方的影响，有利于调动供需双方降低成本的积极性。

(2) 标准成本加成。即按产品(半成品)或劳务标准成本加计一定的合理利润作为计价的基础。它的优点是能分清相关责任中心的责任，但确定加成利润率时，也难免带有主观随意性。

(3) 标准变动成本。它是以产品(半成品)或劳务标准变动成本作为内部转移价格。它符合成本习性，能够明确揭示成本与产量的关系，便于考核各责任中心的业绩，也利于经营决策。不足之处是产品(半成品)或劳务中不包含固定成本，不能反映劳动生产率变化对固定成本的影响，不利于调动各责任中心提高产量的积极性。

项目知识检测

一、单项选择题

1. 具有独立和相对独立的收入和生产经营决策权，并对成本、收入和利润负责的责任中心是(　　)。

A. 成本中心　　B. 投资中心

C. 利润中心　　D. 财务中心

2. 在投资中心的主要考核指标中，能够全面反映责任中心投入产出的关系，避免本位主义发生，并使个别投资中心的利益和企业整体利益保持一致的指标是(　　)。

A. 可控成本　　B. 利润总额

C. 投资利润率　　D. 剩余收益

3. 在选择计算剩余收益指标时所使用的规定和预期的最低报酬率时，通常考虑的指标是公司的(　　)。

A. 最高利润率　　B. 最低利润率

C. 平均利润率　　D. 销售利润率

4. 投资中心所考核的投资利润率指标等于以下两个指标的乘积，它们是资本周转率和(　　)。

A. 剩余利润　　B. 销售利润率
C. 资本利润率　　D. 销售成本率

5. 只能按内部转移价格取得收入的利润中心是(　　)。

A. 自然利润中心　　B. 人为利润中心
C. 成本中心　　D. 投资中心

6. 具有最大的决策权，承担最大的责任，处于最高层次的责任中心是(　　)。

A. 人为利润中心　　B. 利润中心
C. 成本中心　　D. 投资中心

7. 甲利润中心向乙利润中心提供劳务，假定今年使用的内部结算价格比去年有所提高，在其他条件不变的情况下，下列各项中不可能发生的事项是(　　)。

A. 甲中心取得了更多的内部利润　　B. 乙中心因此而减少了内部利润
C. 企业的总利润有所增加　　D. 企业的总利润没有变化

8. 从引进市场机制，营造竞争气氛，促进客观和公平竞争的角度来看，制定内部转移价格的最好依据是(　　)。

A. 市场价格　　B. 内部协商价格
C. 双重价格　　D. 成本价格

9. 当内部产品或劳务有外界市场，供应方有剩余生产能力，而且其单位成本要低于市场价格，而采用单一的内部转移价格又不能调动各责任中心的积极性和确保责任中心与整个企业的经营目标实现时，可考虑采用(　　)。

A. 市场价格　　B. 内部协商价格
C. 双重价格　　D. 成本价格

10. 在确定内部转移价格中的协商价格下限时，可供选择的标准是(　　)。

A. 市价　　B. 标准成本　　C. 单位变动成本　　D. 单位成本

二、多项选择题

1. 内部转移价格的主要种类有(　　)。

A. 市场价格　　B. 内部协商价格
C. 双重价格　　D. 成本转移价格

2. 利润中心的考核总指标为利润，具体内容有(　　)。

A. 利润中心边际贡献总额　　B. 利润中心负责人可控利润总额
C. 利润中心可控利润总额　　D. 总资产息税前利润

3. 在下列各项中，属于揭示投资中心特征的表述包括(　　)。

A. 所处的责任层次最高　　B. 具有投资决策权
C. 承担最大责任　　D. 分权管理程度比较高

4. 下列各项中，属于投资中心主要考核指标的有(　　)。

A. 可控成本　　B. 收入和利润　　C. 投资利润率　　D. 剩余收益

5. 已知甲利润中心生产的半成品既可以出售，又可以供乙利润中心使用，甲利润中心全年最大产量为 50 000 件，全年最大外销量为 40 000 件，售价为 100 元/件，单位变动成本为 80 元。双方决定按双重转移价格计价，则甲乙双方在结算时使用的内部转移价格为(　　)。

A. 甲利润中心以 80 元/件出售，乙利润中心以 100 元/件采购

B. 甲利润中心以 100 元/件出售，乙利润中心以 80 元/件采购

C. 甲利润中心以 90 元/件出售，乙利润中心以 80 元/件采购

D. 甲利润中心以 90 元/件出售，乙利润中心以 100 元/件采购

6. 投资利润率可以进一步分解为三个相对数指标之积，它们包括(　　)。

A. 资本周转率　　　　B. 销售成本率

C. 贡献毛利率　　　　D. 成本费用利润率

三、判断题

1. 按企业内部责任单位的控制区域和权责范围的大小不同，可将责任中心分为成本中心、利润中心和投资中心。因为成本中心的范围最大，所以其承担的责任也最大。(　　)

2. 公司的事业部属于自然利润中心，只要制定合理的内部转移价格，就可以将企业大多数生产半成品或提供劳务的成本中心改造成人为利润中心。(　　)

3. 某项会导致个别投资中心的投资利润率提高的投资，不一定会使整个企业的投资利润率提高；某项会导致个别利润中心的剩余收益指标提高的投资，则一定会使整个企业的剩余收益提高。(　　)

4. 内部转移价格只能用于企业内部各责任中心之间由于进行产品(半成品)或劳务的流转而进行的内部结算。(　　)

5. 为体现公平原则，内部转移价格双方必须一致，否则，将有失公正。(　　)

四、实务操作题

1. 某公司一投资中心的本年数据如下(单位：元)。

销售收入 18 000 元，销售成本 10 000 元；折旧费 2 000 元；其他间接费用 1 000 元；该中心占用资产 40 000 元；公司规定的最低投资报酬率为 10%。

要求：计算该投资中心的投资利润率、剩余收益。

2. 英达公司下设 A、B 两个投资中心。A 投资中心的投资额为 200 万元，投资利润率为 15%；B 投资中心的投资利润率为 17%，剩余收益为 20 万元；英达公司要求的平均最低投资利润率为 12%。英达公司决定追加投资 100 万元，若投向 A 投资中心，每年可增加利润 20 万元；若投向 B 投资中心，每年可增加利润 15 万元。

要求：

(1) 计算追加投资前 A 投资中心的剩余收益。

(2) 计算追加投资前 B 投资中心的投资额。

(3) 计算追加投资前英达公司的投资利润率。

(4) 若 A 投资中心接受追加投资，计算其剩余收益。

(5) 若 B 投资中心接受追加投资，计算其投资利润率。

3. A、B 两公司相关资料如表 9-4 所示。

表 9-4　A、B 两公司财务资料一览表

单位：元

项　目	A 公 司	B 公 司
利润	56 000	320 000
净资产平均占用额	224 000	4 000 000
规定的最低投资报酬率	15%	10%

要求：

(1)　分别计算 A、B 两公司的剩余收益。

(2)　假如有一项可带来 11%投资报酬率的投资机会，试分析 A、B 两公司是否均愿意进行投资。

五、任务训练

承接本项目的案例导入，结合本项目所学知识，对中国华能集团的财务控制进行分析，并形成分析报告。

项目十 财务分析

【能力目标】

- 正确运用偿债指标进行短期、长期偿债能力的分析。
- 正确运用营运能力指标进行营运能力分析。
- 正确运用盈利能力指标和发展能力指标进行财务能力分析。
- 运用杜邦财务分析体系评价企业业绩。

【知识目标】

- 掌握偿债能力分析指标的计算及运用。
- 掌握营运能力分析指标的计算及运用。
- 掌握盈利能力分析指标的计算及运用。
- 理解杜邦财务分析体系。
- 理解现金流量分析的内容。

案例导入

小李毕业后自己创业，开办了一家物流公司，目前公司运转良好，小李准备扩大公司规模，需要向银行申请贷款。银行要求他提供会计报表及财务分析报告。财务人员递交的财务报告中，该公司流动比率为1.6，速动比率为0.9，资产负债率为51%。

思考：

(1) 小李能否取得银行贷款？为什么？

(2) 什么是流动比率、速动比率、资产负债率？

(3) 如何评价该企业的财务状况？

任务导图

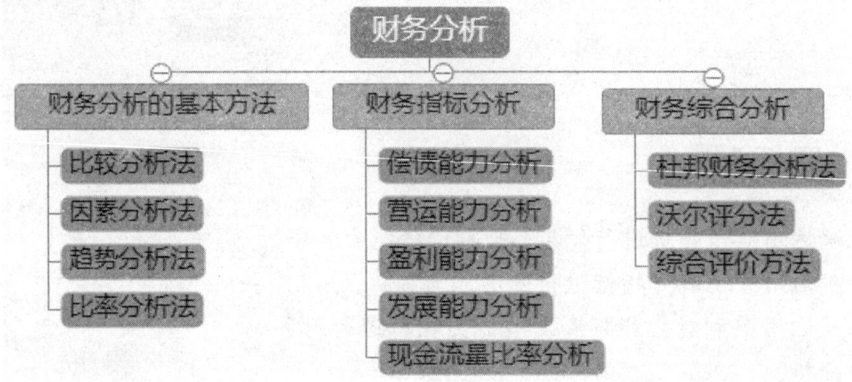

理论认知

任务一　财务分析概述

一、财务分析的含义

财务分析也称财务报表分析，是指以财务报表和其他资料为依据和起点，采用专门方法，系统分析和评价企业的过去和现在的经营成果、财务状况及其变动，目的是了解过去、评价现在、预测未来，帮助相关利益团体或个人做出决策。财务分析的最基本功能，是将大量的报表数据转换成对特定决策有用的信息，减少决策的不确定性。

财务报表分析的起点是财务报表，分析使用的数据大部分来源于公开发布的财务报表。因此，财务分析的前提是正确理解财务报表。财务报表分析的结果是对企业的偿债能力、盈利能力和抵抗风险能力做出评价，或找出存在的问题。

二、财务分析的目的

对外发布的财务报表，是根据全体使用人的一般要求设计的，并不适合特定报表使用人的特定要求。报表使用人要从中选择自己需要的信息，重新排列，并研究其相互关系，使之符合特定决策要求。

(一)财务分析的一般目的

财务报表分析的一般目的可以概括为：评价过去的经营业绩；衡量现在的财务状况；预测未来的发展趋势。根据分析的具体目的，财务报表分析可以分为：流动性分析；营利性分析；财务风险分析；专题分析，如破产预测、审计师的分析性检查程序等。

(二)财务分析的具体目的

企业财务报表的主要使用人有七种，他们的分析目的不完全相同，具体如下。

(1) 投资人：为决定是否投资，要分析企业的资产和盈利能力；为决定是否转让股份，要分析盈利状况、估价变动和发展前景；为考查经营者业绩，要分析资产盈利水平、破产风险和竞争能力；为决定股利分配政策，要分析筹资状况。

(2) 债权人：为决定是否给企业贷款，要分析贷款的报酬和风险；为了解债务人的短期偿债能力，要分析其流动状况；为了解债务人的长期偿债能力，要分析其盈利状况；为决定是否出让债权，要评价其价值。

(3) 经理人员：为改善财务决策而进行财务分析，涉及的内容最广泛，几乎包括外部使用人关心的所有问题。

(4) 供应商：要通过分析，看企业是否能长期合作；了解销售信用水平如何；是否应对企业延长付款期。

(5) 政府：要通过财务分析了解企业纳税情况；遵守政府法规和市场秩序的情况；职工收入和就业状况。

(6) 雇员和工会：要通过分析判断企业盈利与雇员收入、保险、福利之间是否相适应。

(7) 中介机构(审计师、咨询人员等)：审计师通过财务报表分析可以确定审计的重点。财务报表分析领域的逐渐扩展与咨询业务的发展有关，在一些国家，“财务分析师”已成为专门职业，他们为各类报表使用人提供专业咨询。

任务二　财务分析的基本方法

财务报表分析的方法很多，其中常用的方法主要有比较分析法、因素分析法、趋势分析法和比率分析法。

一、比较分析法

比较分析法是通过实际数与指标评价标准对比，来揭示实际数与指标评价标准之间的差异，据以了解经济活动中取得的成绩和存在的问题的一种分析方法。

比较是分析的最基本方法，没有比较，分析就无法开始。运用这一方法时，要注意可比性，要求相互比较的指标必须性质(或类别)相同，并且所包含的内容、计价标准、时间长度和计算方法都应保持一致，以保证比较结果的正确性。

采用比较分析法进行报表分析时，常用的指标评价标准有以下四个。

1. 公认标准

公认标准是对各类企业不同时期都普遍适用的指标评价标准。典型的公认标准是 2∶1 的流动比率和 1∶1 的速动比率。利用这些标准能揭示企业短期偿债能力及财务风险的一般状况。

2. 行业标准

行业标准是反映某行业水平的指标评价标准。在分析时，运用的行业标准有同行业平均水平指标、同行业先进水平指标、同行业公认标准指标。

3. 目标标准

目标标准是反映本企业目标水平的指标评价标准。

4. 历史标准

历史标准是反映本企业历史水平的指标评价标准。在分析中运用的历史标准有前期实际指标、历史同期指标、历史最好水平等。

二、因素分析法

因素分析法又称连环替代法，是依据分析指标和影响因素的关系，从数量上确定各因素对指标的影响程度的一种分析方法。

企业的活动是一个有机整体，每个指标的高低都会影响企业的整体效益。从数量上测定各因素的影响程度，可以帮助人们抓住主要矛盾，或更有说服力地评价经营状况。

【任务演练 10-1】甲公司 2019 年主营业务收入、销售量、单价的计划数与实际数如表 10-1 所示，试运用因素分析法分析销售量和单价对主营业务收入的影响程度。

表 10-1　主营业务收入变动的因素分析

项　目	单　位	计 划 数	实 际 数	差　异
销售量	万件	3 000	4 000	+1 000
单价	元/件	6	5	−1
主营业务收入	万元	18 000	20 000	+2 000

【解析】根据表 10-1 中的资料，主营业务收入增加了 4 000 元，显然是受销售量与单价这两个因素变动的影响。这两个因素的影响程度计算如下。

计划指标：3 000×6=18 000(万元)

第一次替代(销量)：4 000×6=24 000(万元)，24 000−18 000=6 000(万元)。说明由于销售量增加 1 000 万件，使主营业务收入增加了 6 000 万元。

第二次替代(单价)：4 000×5=20 000(万元)，20 000−24 000=−4 000(万元)。说明由于单价比计划下降了 1 元，使主营业务收入减少了 4 000 万元。

二者的综合影响：6 000+(−4 000)=2000(万元)

注意：替代因素时，必须按照各因素的排列顺序依次替代，不可随意加以颠倒；否则就会得出不同的计算结果。确定各因素排列顺序的一般原则是：如果既有数量因素又有质量因素，先计算数量因素变动的影响，后计算质量因素变动的影响；如果既有实物数量因素又有价值数量因素，先计算实物数量因素变动的影响，后计算价值数量因素变动的影响；如果同时有几个数量和质量因素，还应区分主要和次要因素变动的影响。

三、趋势分析法

趋势分析法是根据企业连续几年的财务报表来比较各项目在前后期间的增减变动方向和幅度，分析其经营成果和财务状况的变化趋势的一种分析方法。用于进行趋势分析的数据既可以是绝对值，也可以是比率或百分比数据。趋势分析以本企业的历史数据作为比较基础。历史数据代表过去，并不代表合理性。经营的环境是变化的，今年比去年利润提高了，不一定说明已经达到应该达到的水平，甚至不一定说明管理有了改进。

四、比率分析法

比率分析法是通过计算各种比率指标来确定经济活动变动程度的分析方法。比率分析法在财务分析中的应用十分广泛。比率是相对数，采用这种方法，能够把某些条件下的不可比指标变为可比指标，以便于分析。

任务三　财务指标分析

1. 偿债能力分析

偿债能力是指企业偿还到期债务的能力。企业偿债能力包括短期偿债能力和长期偿债能力两个方面。从债权人的角度来看，通过偿债能力分析，有助于了解其贷款的安全性。

2. 营运能力分析

营运能力是指通过企业生产经营资金周转速度等指标反映出来的企业资金使用的效率。通过营运能力分析，可分析企业各项资产的使用效果、资金周转的快慢以及挖掘资金的潜力，提高资金的使用效率。

3. 盈利能力分析

盈利能力分析主要通过对资产、负债、所有者权益与经营成果相结合来分析企业的各项报酬指标，从而从不同角度判断企业的获利能力。

4. 发展能力分析

发展能力是在企业生存的基础上，扩大规模、壮大实力的潜在能力。发展能力分析主要通过营业收入增长率、资本保值增值率、总资产增长率等指标进行分析。

5. 现金流量比率分析

现金流量比率分析主要考查和评价企业的支付能力和偿还能力。其主要指标有现金流量负债比、现金到期债务比率、现金负债总额比率、现金流量与现金股利之比等。

子任务一　偿债能力分析

偿债能力分析分为短期偿债能力分析和长期偿债能力分析两种。

(一)短期偿债能力分析

短期偿债能力是指企业偿付流动负债的能力，是衡量企业当前财务能力，特别是流动资产变现能力的重要标志。其衡量指标主要有流动比率、速动比率和现金比率。

1. 流动比率

流动比率是流动资产除以流动负债的比值。其计算公式如下。

流动比率=流动资产÷流动负债

【任务演练 10-2】ABC 公司 2019 年年末的流动资产是 600 万元，流动负债是 200 万元。试计算其流动比率。

【解析】流动比率=600÷200=3。表明企业每 1 元流动负债有 3 元的流动资产作为支付的保障。

【思考 10-1】流动比率高，企业短期偿债能力强。因此，流动比率越高越好。这一观点正确吗?

【解析】不正确。一般来说流动比率较高，说明短期偿债能力较强，但流动比率过高，不能说是好现象。因为一个经营活动正常的企业，资金应当有效率地在生产经营过程中运转，充分发挥资金效益。如果过多地滞留在流动资产形态上，就会影响企业的获利能力。

根据经验判定，生产企业合理的最低流动比率是 2。这是因为流动资产中变现能力最差的存货金额约占流动资产总额的一半，剩下的流动性较大的流动资产至少要等于流动负债，企业的短期偿债能力才会有保证。人们长期以来的这种认识，因其未能从理论上得到证明，还不能成为一个统一标准。

计算出来的流动比率，只有和同行业平均流动比率、本企业历史的流动比率进行比较，才能知道这个比率是高还是低。一般情况下，营业周期、流动资产中的应收账款数额和存货的周转速度是影响流动比率的主要因素。

2. 速动比率

流动比率虽然可以用来评价流动资产总体的变现能力，但人们(特别是短期债权人)还希望获得比流动比率更进一步的有关变现能力的比率指标。这个指标被称为速动比率，也被称为酸性测试比率。

速动比率是从流动资产中扣除存货、预付账款等变现能力较差且不稳定的部分，再除以流动负债的比值。即速动资产与流动负债的比值。在实务中一般用流动资产扣除存货后的余额来表示速动资产。速动比率的计算公式如下。

速动比率=速动资产÷流动负债

=(流动资产−存货)÷流动负债

【任务演练 10-3】承任务演练 10-2，若 ABC 公司 2019 年年末的存货为 120 万元，试计算其速动比率。

【解析】速动比率=(600−120)÷200=2.4。表明甲公司每1元流动负债有2.4元速动资产来保证偿还。

【思考10-2】为什么在计算速动比率时要把存货从流动资产中剔除？

【解析】主要因为：一是在流动资产中存货的变现速度最慢；二是由于某种原因，部分存货可能已损失报废还没做处理；三是部分存货已抵押给某债权人；四是存货估价还存在着成本与合理市价相差悬殊的问题。综合上述原因，在不希望企业用变卖存货的办法还债，以及排除使人产生种种误解因素的情况下，把存货从流动资产总额中减去而计算出的速动比率反映的短期偿债能力更加令人可信。

通常认为正常的速动比率为1，低于1的速动比率被认为是短期偿债能力偏低。这仅是一般的看法，因为行业不同，速动比率会有很大差别，没有统一标准的速动比率。例如，采用大量现金销售的商店，几乎没有应收账款，大大低于1的速动比率则是很正常的。相反，一些应收账款较多的企业，速动比率可能要大于1。影响速动比率可信性的重要因素是应收账款的变现能力。

3. 现金比率

现金比率是现金与流动负债对比所确定的比率。其计算公式如下。

现金比率=现金÷流动负债

【任务演练10-4】承任务演练10-2，若ABC公司期末现金为50万元。试计算其现金比率。

【解析】现金比率=50÷200=25%，说明该企业每1元的流动负债有0.25元的现金保证偿付。

运用该指标评价企业偿债能力更为谨慎。一般该比率越大，说明企业现金流动性越好，短期偿债能力越强。但从企业资金的合理使用角度来看，比率过高意味着企业拥有闲置资金过多，资金使用效率差。因此，企业应根据行业实际情况确定最佳比率。

(二)长期偿债能力分析

企业的长期偿债能力，是企业支付长期债务的能力。企业长期偿债能力与企业的盈利能力、资金结构有着十分密切的关系。企业长期偿债能力评价指标主要有资产负债率、产权比率、已获利息倍数。

1. 资产负债率

资产负债率是负债总额除以资产总额的百分比，也就是负债总额与资产总额的比例关系。资产负债率反映在总资产中有多大比例是通过借债来筹资的，也可以衡量企业在清算时保护债权人利益的程度。其计算公式如下。

资产负债率=负债总额÷资产总额

式中，负债总额不仅包括长期负债，还包括短期负债。资产总额是扣除累计折旧后的净额。

【任务演练10-5】ABC公司2019年度负债总额为400万元，资产总额为1 000万元。试计算其资产负债率。

【解析】资产负债率=400÷1 000=40%，表明该公司40%的资产是债权人提供的。

资产负债率反映债权人所提供的资本占全部资本的比例，也被称为举债经营比率。比率越高，说明长期偿债能力越差；比率越低，说明偿债能力越好。当然，也并不是说这个比率越低越好，应注意从以下不同角度进行分析。

(1) 从债权人的立场来看，他们最关心的是贷给企业的款项的安全程度，也就是能否按期收回本金和利息。如果股东提供的资本与企业资本总额相比，只占较小的比例，则企业的风险将主要由债权人负担，这对于债权人来讲是不利的。因此，他们希望债务比例越低越好，企业偿债有保证，贷款不会有太大的风险。

(2) 从股东的角度来看，由于企业通过举债筹措的资金与股东提供的资金在经营中发挥同样的作用，因此股东所关心的是全部资本利润率是否超过借入款项的利率，即借入资本的代价。在企业所得的全部资本利润率超过因借款而支付的利息率时，股东所得到的利润就会加大。如果相反，运用全部资本所得的利润率低于借款利息率，则对股东不利，因为借入资本的多余的利息要用股东所得的利润份额来弥补。因此，从股东的立场来看，在全部资本利润率高于借款利息率时，负债比例越大越好。

(3) 从经营者的立场来看，如果举债很大，超出债权人的心理承受程度，则认为是不保险的，企业就借不到钱。如果企业不举债，或负债比例很小，说明企业畏缩不前，对前途信心不足，利用债权人资本进行经营活动的能力很差。借款比率越大(当然不是盲目地借款)，越显得企业活力充沛。

2. 产权比率

产权比率是负债总额与股东权益总额之比率，也叫债务股权比率。其计算公式如下

产权比率=负债总额÷股东权益

式中，股东权益也就是所有者权益。

【任务演练10-6】承任务演练10-5，若ABC公司期末所有者权益合计为300万元。试计算其产权比率。

【解析】产权比率=400÷300=133%

产权比率反映企业在偿还债务时股东权益对债权人权益的保障程度，是企业财务结构稳健与否的重要标志。该比率越低，说明企业长期偿债能力越强，对债权权益的保障程度越高，财务风险越小，是低风险、低收益的财务结构；否则，则反之。

资产负债率与产权比率具有共同的经济意义，两个指标可以相互补充。因此，对产权比率的分析可以参见对资产负债率指标的分析。

3. 已获利息倍数

已获利息倍数是指企业经营业务收益与利息费用的比率，用以衡量偿付借款利息的能力，也称为利息保障倍数。其计算公式如下。

已获利息倍数=息税前利润÷利息费用

式中，息税前利润是指损益表中未扣除利息费用和所得税之前的利润。由于我国现行损益表“利息费用”没有单列，而是混在“财务费用”之中，外部报表使用人只好用“利润总额加财务费用”来估计。利息费用是指本期发生的全部应付利息，不仅包括财务费用

中的利息费用，还应包括计入固定资产成本的资本化利息。资本化利息虽然不在损益表中扣除，但仍然是要偿还的。利息保障倍数的重点是衡量企业支付利息的能力，没有足够大的息税前利润，资本化利息的支付就会发生困难。

【任务演练 10-7】ABC 公司 2019 年度税后净收益为 90 万元，利息费用为 40 万元，所得税为 30 万元。试计算其已获利息倍数。

【解析】已获利息倍数=(90+40+30)÷40=4(倍)。

已获利息倍数指标反映企业经营收益为所需支付的债务利息的多少倍。只要已获利息倍数足够大，企业就有充足的能力偿付利息；否则会相反。一般来说，企业的利息保障倍数至少要大于 1；否则，就难以偿付债务及利息。

【思考 10-3】如何合理确定企业的已获利息倍数？

【解析】这需要将该企业的这一指标与其他企业，特别是本行业平均水平进行比较，来分析决定本企业的指标水平。同时从稳健性的角度出发，最好比较本企业连续几年的该项指标，并选择最低指标年度的数据作为标准。这是因为，企业在经营好的年头要偿债，而在经营不好的年头也要偿还大约同量的债务。某一个年度利润很高，已获利息倍数也会很高，但不能年年如此。采用指标最低年度的数据，可保证最低的偿债能力。一般情况下应采纳这一原则，但遇有特殊情况，需结合实际来确定。

子任务二 营运能力分析

营运能力是指企业资金的使用效率，即资金周转的速度快慢及有效性。企业营运能力指标包括：存货周转率、应收账款周转率、营业周期、流动资产周转率、总资产周转率和固定资产周转率。

1. 存货周转率

存货周转率是销售成本和存货平均占用额进行对比所确定的指标，有存货周转次数和周转天数两种表示方法。其计算公式如下。

存货周转次数=销售成本÷平均存货

存货周转天数=360÷存货周转率

=360÷(销售成本÷平均存货)

=(平均存货×360)÷销售成本

公式中的销售成本数据来自损益表，平均存货来自资产负债表中的“期初存货”与“期末存货”的平均数。

【任务演练 10-8】ABC 公司 2019 年度产品销售成本为 1 300 万元，期初存货为 150 万元，期末存货为 60 万元。试计算其存货周转次数和周转天数。

【解析】该公司存货周转率计算如下。

存货周转次数=1 300÷[(150+60)÷2]=12.38(次)

存货周转天数=360÷12.5=30(天)

一般来讲，存货周转速度越快，存货的占用水平越低，流动性越强，存货转换为现金或应收账款的速度越快。提高存货周转率可以提高企业的变现能力，而存货周转速度越慢，则变现能力越差。

2. 应收账款周转率

应收账款周转率是利用赊销收入净额与应收账款平均占用额进行对比所确定的一个指标。有周转次数和周转天数两种表示方法，其计算公式如下。

应收账款周转次数=赊销收入净额÷平均应收账款

应收账款周转天数=360÷应收账款周转率

=(平均应收账款×360)÷销售收入

【任务演练 10-9】ABC 公司 2016 年度销售收入为 1 500 万元，年初应收账款余额为 100 万元；年末应收账款余额为 200 万元。试计算其应收账款周转次数与周转天数。

【解析】应收账款周转次数=1 500÷[(100+200)÷2]=10(次)

应收账款周转天数=360÷10=36(天)

一般来说，应收账款周转率越高，平均收账期越短，说明应收账款的收回越快。否则，企业的营运资金会过多地呆滞在应收账款上，影响正常的资金周转。

3. 营业周期

营业周期是指从取得存货开始到销售存货并收回现金为止的这段时间。营业周期的长短取决于存货周转天数和应收账款周转天数。其计算公式如下。

营业周期=存货周转天数+应收账款周转天数

一般情况下，营业周期短，说明资金周转速度快；营业周期长，说明资金周转速度慢。

【任务演练 10-10】承任务演练 10-8、任务演练 10-9，试计算 ABC 公司的营业周期。

【解析】营业周期=30+36=66(天)

4. 流动资产周转率

流动资产周转率是销售收入与全部流动资产的平均占用额的比值。有周转次数和周转天数两种表示方式。其计算公式如下。

流动资产周转次数=销售收入÷平均流动资产

流动资产周转天数=360÷流动资产周转次数

=(平均应收账款×360)÷销售收入

【任务演练 10-11】承任务演练 10-9，ABC 公司年初流动资产为 300 万元，年末流动资产为 350 万元。试计算其流动资产周转率。

【解析】流动资产周转次数=1 500÷[(300+350)÷2]=4.62(次)

流动资产周转天数= 360÷4.62=78(天)

流动资产周转率反映流动资产的周转速度。周转速度快，会相对节约流动资产，相当于扩大资产投入，增强企业盈利能力；而延缓周转速度，需要补充流动资产参加周转，形成资金浪费，降低企业盈利能力。

5. 总资产周转率

总资产周转率是销售收入与平均资产总额的比值。其计算公式如下。

总资产周转率=销售收入÷平均资产总额

式中，平均资产总额=(年初资产总额+年末资产总额)÷2。

【任务演练 10-12】承任务演练 10-9，ABC 公司年初资产为 800 万元，年末资产为 1 000 万元。试计算其总资产周转率。

【解析】总资产周转率=1 500÷[800+1 000)÷2]=1.67(次)

总资产周转率反映资产总额的周转速度。周转越快，反映销售能力越强。企业可以通过薄利多销的办法，加速资产的周转，带来利润绝对额的增加。

6. 固定资产周转率

固定资产周转率是销售净额与平均固定资产净值的比值，反映了企业固定资产在一定时期(360 天)的周转次数。其计算公式如下。

固定资产周转率(次数)=销售净额÷固定资产平均净值

比率是反映固定资产周转速度的指标，该比率越高，表明企业固定资产利用充分，投资得当，结构合理，能充分发挥效率；反之亦然。

【任务训练】

凯旋公司总资产期初数为 800 万元，期末数为 1 000 万元，其中：存货期初数为 180 万元，期末数为 240 万元；期初流动负债为 150 万元，期末流动负债为 225 万元，期初速动比率为 0.75，期末速动比率为 1.6，本期总资产周转次数为 1.2 次(假定该公司流动资产等于速动资产加存货)。

要求：

(1) 计算该公司流动资产的期初数与期末数。

(2) 计算该公司本期销售收入。

(3) 计算该公司本期流动资产平均余额和流动资产周转次数。

子任务三 盈利能力分析

盈利能力就是企业赚取利润的能力。不论是投资人、债权人还是企业经理人员，都日益重视和关心企业的盈利能力。反映企业盈利能力的指标很多，通常使用的主要有销售净利率、资产净利率、净资产收益率、资本收益率、普通股每股收益、市盈率等。

(一)一般企业盈利能力指标

1. 销售净利率

销售净利率是指净利与销售收入的百分比。其计算公式如下。

销售净利率=(净利÷销售收入)×100%

式中，净利是指税后利润。

【任务演练 10-13】ABC 公司的净利为 86 万元，销售收入为 1 500 万元。试计算其销售净利率。

【解析】销售净利率=(86÷1 500)×100%=5.73%

销售净利率反映每 1 元销售收入带来的净利润的多少，表示销售收入的收益水平。从销售净利率的指标关系来看，净利润与销售净利率是正比关系，而销售收入额与销售净利率是反比关系。企业在增加销售收入额的同时，必须相应地获得更多的净利润，才能使销售净利率保持不变或有所提高。通过分析销售净利率的升降变动，可以促使企业在扩大销售的同时，注意改进经营管理，提高盈利水平。

2. 资产净利率

资产净利率是企业净利润与平均资产总额的百分比。其计算公式如下。

资产净利率=(净利润÷平均资产总额)×100%

【任务演练 10-14】ABC 公司 2019 年度期初资产为 800 万元，期末资产为 1 000 万元，净利润为 86 万元。试计算其资产净利率。

【解析】资产净利率=86÷[(800+1 000)÷2]×100%=9.56%

资产净利率表明企业资产利用的综合效果。指标越高，表明资产的利用效率越高，说明企业在增加收入和节约资金使用等方面取得了良好的效果；否则相反。

资产净利率是一个综合指标，企业的资产是由投资人投入或举债形成的。净利的多少与企业资产的多少、资产的结构、经营管理水平有着密切的关系。为了正确评价企业经济效益的高低、挖掘提高利润水平的潜力，可以用该项指标与本企业前期、计划、本行业平均水平和本行业内先进企业进行对比，分析形成差异的原因。影响资产净利率高低的因素主要有：产品的价格、单位成本的高低、产品的产量和销售的数量、资金占用量的大小等。

3. 净资产收益率

净资产收益率是净利润与平均净资产的百分比，也称净值报酬率或权益报酬率。其计算公式如下。

净资产收益率=净利润÷平均净资产×100%

上市公司的股东权益报酬率可按下列公式计算：

净资产收益率=净利润÷年度股东权益×100%

【任务演练 10-15】承任务演练 10-14，ABC 公司 2019 年度所有者权益期初为 440 万元，期末为 490 万元，净利润为 86 万元。试计算其净资产收益率。

【解析】净资产收益率=86÷[(440+490)÷2]×100%

=18.49%

净资产收益率反映公司所有者权益的投资报酬率。指标越高，投资者投入资本所获得的收益就越高，对投资者的吸引力越大；反之亦然。

4. 资本收益率

资本收益率是净利润与平均资本(即实收资本和资本溢价的平均数)的比率。它反映企业实际获得投资额的回报水平。其计算公式为

资本收益率=净利润÷实收资本(或股本)×100%

【任务演练 10-16】ABC 公司 2019 年实收资本 70 万元，年末未变动，无资本公积。试计算其资本收益率。

【解析】资本收益率=(86÷70)×100% =123%

(二)上市公司盈利能力指标

1. 每股收益

每股收益又称每股盈利或每股净利，是指本年净收益与年末普通股份总数的比值。其计算公式如下。

每股收益=(净利润-应付优先股股利)÷流通在外普通股平均股数

每股收益是衡量上市公司获利水平的主要指标，也是影响股价的一个重要财务指标。在其他因素不变的情况下，该指标越大，说明公司获利能力越强。但是，分红多少要取决于公司股利分配政策。

【任务演练 10-17】甲公司是一个上市公司，发行在外的普通股为 5 000 万股，没有变动。本年实现净利润为 1 000 万元，公司没有优先股。试计算该公司每股收益。

【解析】每股收益=1 000÷5 000=0.20(元)

2. 市盈率

市盈率是指普通股每股市价与每股收益的比率。其计算公式如下。

市盈率(倍数)=普通股每股市价÷普通股每股收益

【任务演练 10-18】承任务演练 10-17，甲公司的普通股每股市价为 6 元。试计算其市盈率。

【解析】市盈率=6÷0.20=30(倍)

市盈率越高，表明市场对企业未来越看好，投资风险越大；市盈率越低，表明市场对企业前景信心不足，投资风险越小。当市价确定时，每股利润与市盈率成反比关系；当每股利润确定时，市盈率与每股市价成正比关系。市盈率指标不能用于不同行业公司的比较，其可比性差。一般成熟行业市盈率较低，而新兴行业市盈率较高。

3. 每股股利

每股股利是指上市公司本期发放的普通股现金股利与期末普通股总数之比。其计算公式如下。

每股股利=普通股现金股利总额÷期末普通股总数

【任务演练 10-19】承任务演练 10-17，甲公司发放普通股现金股利 500 万元。试计算其每股股利。

【解析】每股股利=500÷5 000=0.1(元/股)

每股股利越高，说明每一股普通股所获得的现金股利越高。但是，公司当年的获利水平及股利政策会直接影响每股股利的高低。每股股利偏低，说明企业积累资金以备扩大生产经营规模，将来获利水平有望提高；反之，说明企业收益大部分用来支付股息。每股股利与每股收益比较可以看出企业的股利政策。

4. 每股净资产

每股净资产又称每股账面价值或每股权益，是年末净资产(即股东权益)与年末普通股份总数的比值。其计算公式如下。

每股净资产=(年末股东权益-优先股股东权益)÷年度末普通股股数

【任务演练 10-20】承任务演练 10-17，甲公司年末股东权益为 16 000 万元。试计算每股净资产。

【解析】每股净资产=16 000÷5 000=3.2(元/股)

每股净资产，在理论上提供了股票的最低价值。如果公司的股票价格低于净资产的成本，成本又接近变现价值，说明公司已无存在价值，清算是股东最好的选择。把每股净资产和每股市价联系起来，可以用来判断以当前的投资代价换取该股票既定的账面价值是否值得；另外，在企业兼并时，该指标与公允市价往往是兼并方需要考虑的指标。

子任务四　发展能力分析

评价发展能力的指标主要有营业收入增长率、资本保值增值率、资本积累率等。

1. 营业收入增长率

营业收入增长率是企业本年营业收入增长额与上年营业收入总额的比率。它反映企业营业收入的增减变动情况，是评价企业成长状况和发展能力的重要指标。其计算公式如下。

营业收入增长率=本年营业收入增长额÷上年营业收入总额

在实际工作中，可以使用销售增长率来分析企业营业收入的增减情况。其计算公式如下。

销售增长率=本年销售收入增长额÷上年销售收入总额

营业收入增长率若大于零，表示企业本年的营业收入有所增长，指标值越高，表明增长速度越快，企业市场前景越好；若该指标小于零，则说明产品或服务销售不畅。

【任务演练 10-21】乙公司本年度销售收入为 5 000 万元，上年度销售收入为 4500 万元。试计算其销售增长率。

【解析】销售增长率=(5 000−4500)÷4500=11.11%

2. 资本保值增值率

资本保值增值率是企业扣除客观因素后的年末所有者权益总额与年初所有者权益总额的比率。它反映企业当年资本在企业自身努力下的实际增减变动情况。其计算公式如下。

资本保值增值率=扣除客观因素后的年末所有者权益总额÷年初所有者权益总额

一般认为，资本保值增值率越高，表明企业的资本保全状况越好，所有者权益增长越快，债权人的债务越有保障。该指标通常应大于 1。

【任务演练 10-22】乙公司年末所有者权益总额为 5 000 万元，年初所有者权益总额为 4 000 万元。假如不存在客观因素，试计算其资本保值增值率。

【解析】资本保值增值率=5 000÷4 000=125%

3. 资本积累率

资本积累率是指企业本年所有者权益增长额与年初所有者权益总额的比率。其计算公式如下。

资本积累率=本年所有者权益增长额÷年初所有者权益总额

或　　=资本保值增值率−1

资本积累率反映企业资本的积累情况，是企业发展的标志，也是企业扩大再生产的源泉，是评价企业发展潜力的重要指标。该指标若大于零，越高表明企业的资本积累越多，企业资本保全性越强，应付风险、持续发展能力越大。若小于零，表明企业的资本受到侵蚀，所有者权益受到损害，应予以高度重视。

【任务演练 10-23】承任务演练 10-22，试计算其资本积累率。

【解析】资本积累率=(5 000−4 000)÷4 000=25%

子任务五 现金流量比率分析

现金流量比率分析主要考查和评价企业的支付能力和偿还能力。其主要指标有现金流量负债比、现金到期债务比率、现金负债总额比率、现金流量与现金股利之比等。下面对常用的几种进行介绍。

1. 现金流量负债比

现金流量负债比是指经营活动现金净流量与流动负债的比率。其计算公式如下。

现金流量负债比=经营活动现金净流量÷流动负债

该指标越高，表明企业现金流入对当期债务清偿的保障越强；反之，对当期债务清偿的保障越差。

【任务演练 10-24】若乙企业经营活动现金净流量为 660 000 元，流动负债为 600 000 元。试计算其现金流量负债比。

【解析】现金流量负债比=660 000÷600 000=1.1

2. 现金到期债务比率

现金到期债务比率是指经营活动现金净流量与企业到期债务的比率。其计算公式如下。

现金到期债务比率=经营活动现金净流量÷到期债务额

该指标比率越大，企业现金流动性越好，短期偿债能力越强。

【任务演练 10-25】承任务演练 10-24，乙企业到期债务额为 550 000 元。试计算现金到期债务比率。

【解析】现金到期债务比率=660 000÷550 000=1.2

3. 现金负债总额比率

现金负债总额比率是指经营活动净现金流量与全部负债之比。其计算公式如下。

现金负债总额比率=经营活动现金净流量÷全部负债

该指标可以衡量企业用经营活动产生的现金净额偿还全部负债的能力。比率越高，说明企业偿债能力越强。

【任务演练 10-26】承任务演练 10-24，乙企业全部债务额为 2 120 000 元。试计算现金负债总额比率。

【解析】现金负债总额比率=660 000÷2 120 000 ≈ 0.31

任务四　财务综合分析

一、财务指标分析研究的局限性

前述财务指标分析，虽然能够为分析企业的营运和财务状况提供有用信息，但是还存在以下局限性。

(1) 指标分析的资料都是过去的，一般都未按物价指数进行调整，用作预测未来时只有参考价值，并不一定可靠。

(2) 使用不同的会计方法计算出的财务指标数据可能会大不相同。如不同的折旧方法和存货计价会影响财务报表数据，从而增加企业之间比较分析的难度。

(3) 很难判断一个特定指标的好坏。例如，流动比率高，说明流动性状况好，但是，企业很可能存在现金盈余，而盈余现金则是一种非盈利资产，说明企业资金使用效率不高。

(4) 一个企业可能有些财务指标好，而另外一些财务指标又很糟糕，因而很难判断该企业的情况是好还是坏。

综上所述，单一财务指标分析难以全面评价企业的财务状况和经营成果，因此，我们需要对企业财务进行综合分析，以科学评价企业的经营绩效。

二、财务综合分析的方法

财务综合分析就是将企业营运能力、偿债能力、盈利能力和发展能力等诸方面的分析纳入一个有机的整体之中，全面地对企业经营状况、财务状况进行揭示与披露，从而对企业经济效益的优劣做出准确的评价与判断。

财务综合分析的方法很多，其中应用较为广泛的有杜邦财务分析法和沃尔评分法。

子任务一　杜邦财务分析法

(一)杜邦财务分析的概念

杜邦财务分析方法是由美国杜邦公司的经理创造，故称为杜邦系统(the Du Pont System)，它是利用各财务指标之间的内在关系，对企业综合经营理财及经济效益进行系统分析评价的方法。该体系中以净资产收益率为核心，将其分解为若干财务指标，通过分析各分解指标的变动对净资产收益率的影响来揭示企业获利能力及其变动原因。

(二)主要指标的关系

净资产收益率=总资产净利率×权益乘数

=主营业务收入净利率×总资产周转率×权益乘数

权益乘数即权益总资产率，是指资产总额与股东权益的比率。反映总资产与所有者权益之间的倍数关系，由股东权益融资的资产比例越大，权益乘数越小。其计算公式如下。

权益乘数=资产÷所有者权益

=1÷(1−资产负债率)

公式中的资产负债率是指全年平均资产负债率，它是企业全年平均负债总额与全年平均资产总额的百分比。

【任务演练 10-27】若 ABC 公司 2019 年度年初负债总额为 400 万元(流动负债为 110 万元，长期负债为 290 万元)，年末负债总额为 600 万元(流动负债为 150 万元，长期负债为 450 万元)。试计算其权益乘数。

【解析】权益乘数$=1\div\left[1-\frac{(400+600)\div 2}{(800+1\,000)\div 2}\times 100\%\right]$

$=1\div(1-55.56\%)$

$=2.25$

可见，权益乘数主要受资产负债比率的影响。权益乘数就高，说明企业有较高的负债程度，能给企业带来较大的财务杠杆收益，但是，同时企业也要承受较大的财务风险。

(三)杜邦财务分析体系的运用

决定净资产收益率(权益净利率)高低的因素有三个：销售净利率、资产周转率和权益乘数。这样分解之后，可以把权益净利率这样一项综合性指标发生升、降变化的原因具体化，比只用一项综合性指标更能说明问题。

销售净利率高低的因素分析，需要我们从销售额和销售成本两个方面进行(见第一节)，也可以参见有关盈利能力指标的分析，还可以根据企业的一系列内部报表和资料进行更详尽的分析，而企业外部财务报表使用人不具备这个条件。

资产周转率是反映运用资产以产生销售收入能力的指标。对资产周转率的分析，则需对影响资产周转的各因素进行分析。除了对资产的各构成部分从占用量上是否合理进行分析外，还可以通过对流动资产周转率、存货周转率、应收账款周转率等有关各资产组成部分使用效率的分析，判明影响资产周转的主要问题出在哪里。

杜邦分析体系的作用是解释指标变动的原因和变动趋势，为采取措施指明方向。

【任务演练 10-28】假设 ABC 公司第二年有关数据如下：销售净利率为 3%，资产周转率为 2，净资产收益率为 13.5%，资产负债率未变，权益乘数仍为 2.25。试分析净资产收益率下降的原因。

【解析】净资产收益率=资产净利率×权益乘数

第一年：21.51%=9.56%×2.25

第二年：13.5%=6%×2.25

可见，权益净利率的下降不在于资本结构(权益乘数没变)，而是资产利用或成本控制发生了问题，造成资产净利率下降。

这种分解可以在任何层次上进行，如可以对资产净利率进一步分解：

资产净利率=销售净利率×资产周转率

第一年：9.56% =5.73%×1.67

第二年：6%=3%×2

通过分解可以看出，资产的使用效率提高了，但由此带来的收益不足以抵补销售净利率下降造成的损失。至于销售净利率下降的原因是售价太低、成本太高还是费用过大，则需进一步通过分解指标来揭示。

此外，通过与本行业平均指标或同类企业对比，杜邦分析体系有助于解释变动的趋势。

【任务演练 10-29】承任务演练 10-28，假设 D 公司是一个同类企业，有关比较数据如表 10-2 所示。试分析两公司资产净利率下降的原因。

表 10-2　两公司资产净利率变化情况一览表

年　份	ABC 公司	D 公司
	资产净利率=销售净利率×资产周转率	
第一年	9.56% =5.73%×1.67	9.56% =5.73%×1.67
第二年	6%=3%×2	6%=5%×1.2

【解析】两个企业利润水平的变动趋势是一样的，但通过分解可以看出原因各不相同。ABC 公司是成本费用上升或售价下跌，而 D 公司是资产使用效率下降。

杜邦分析方法是一种分解财务比率的方法，而不是另外建立新的财务指标，它可以用于各种财务比率的分解。前面的举例，是通过资产净利率的分解来说明问题的，我们也可以通过分解利润总额和全部资产的比率来分析问题。为了显示正常的盈利能力，我们还可以使用非经常项目前的净利和总资产的比率的分解来说明问题，或者使用营业利润和营业资产的比率的分解来说明问题。总之，杜邦分析方法和其他财务分析方法一样，关键不在于指标的计算而在于对指标的理解和运用。

子任务二　沃尔评分法

财务状况综合评价的先驱者之一是亚历山大·沃尔，他在 20 世纪初出版的《信用晴雨表研究》和《财务报表比率分析》中提出了信用能力指数的概念，把若干个财务比率用线性关系结合起来，以此评价企业的信用水平。他选择了七种财务比率，分别给定了其在总评价中占的比重，总和为 100 分。然后确定标准比率，并与实际比率相比较，评出每项指标的得分，最后求出总评分。沃尔评分法的使用如表 10-3 所示。

表 10-3　沃尔比重评分法评价表

财务比率	比重 1	标准比率 2	实际比率 3	相对比率 4=3÷2	评分 1×4
流动比率	25	2.00	2.33	1.17	29.25
净资产/负债	25	1.50	0.88	0.59	14.75
资产/固定资产	15	2.50	3.33	1.33	19.95
销售成本/存货	10	8	12	1.50	15.00
销售额/应收账款	10	6	10	1.70	17.00
销售额/固定资产	10	4	2.66	0.67	6.70
销售额/净资产	5	3	1.63	0.54	2.70
合　计	100				105.35

沃尔的评分法从理论上讲，有一个弱点，就是未能证明选择这七个指标的原因，而不

是更多或更少些，或者选择别的财务比率，以及未能证明每个指标所占比重的合理性。

从技术上来看，当某一个指标严重异常时，会对总评分产生不合逻辑的重大影响。这个缺陷是由相对比率与比重相“乘”引起的。财务比率提高一倍，其评分增加 100%；而降低一半，其评分只减少 50%。

尽管沃尔的方法在理论上还有待证明，在技术上也不完善，但它还是在实践中被应用。

子任务三　综合评价方法

现代社会与沃尔的时代相比，已有很大变化。一般认为企业财务评价的内容主要是盈利能力，其次是偿债能力，此外还有成长能力。它们之间大致可按 5∶3∶2 来分配比重。盈利能力的主要指标是资产净利率、销售净利率和净值报酬率，三个指标可按 2∶2∶1 来安排。偿债能力有四个常用指标，成长能力有三个常用指标(都是本年增量与上年实际的比值)。如果仍以 100 分为总评分，则评分的标准分配如表 10-4 所示。表中“标准比率”应以本行业平均数为基础，适当进行理论修正。

表 10-4　综合评分的标准

指　标	评分值	标准比率/%	行业最高比率/%	最高评分	最低评分	每分比率的差/%
盈利能力：						
总资产净利率	20	10	20	30	10	1
销售净利率	20	4	20	30	10	1.6
净值报酬率	10	16	20	15	5	0.8
偿债能力：						
自有资本比率	8	40	100	12	4	15
流动比率	8	150	450	12	4	75
应收账款周转率	8	600	1 200	12	4	150
存货周转率	8	800	1 200	12	4	100
成长能力：						
销售增长率	6	15	30	9	3	5
净利增长率	6	10	20	9	3	3.3
人均净利增长率	6	10	20	9	3	3.3
合　计	100			150	50	

在给每个指标评分时，应规定上限和下限，以减少个别指标异常对总分造成不合理的影响。上限可定为正常评分值的 1.5 倍，下限定为正常评分值的 1/2。此外，给分时不采用“乘”的关系，而采用“加”或“减”的关系来处理，以克服沃尔评分法的缺点。例如，总资产净利率的标准值为 10%，标准评分为 20 分；行业最高比率为 20%，最高评分为 30 分，则每分的财务比率差为 1%[(20%−10%)÷(30−20)]。总资产净利率每提高 1%，多给 1 分，但该项得分不超过 30 分。综合评价方法的关键技术是“标准评分值”的确定和“标准比率”的建立。只有长期连续实践、不断修正，才能取得较好成果。

【任务训练】

华东公司 2019 年年末资产负债表(简表)如表 10-5 所示。

表 10-5　华东公司资产负债表

单位：万元

资　产		负债及所有者权益	
现金(年初 1 528)	620	应付账款	1 032
应收账款(年初 2 312)	2 688	应付票据	672
存货(年初 1 400)	1 932	其他流动负债	936
固定资产净额(年初 2 340)	2 340	长期负债	2 052
		实收资本	2 888
资产总计(年初 7 580)	7 580	负债及所有者权益总计	7580

2019 年利润表有关资料如下：销售收入 12 860 万元，销售成本 11 140 万元，毛利 1 720 万元，管理费用 1 160 万元，利息费用 196 万元，利润总额 364 万元，所得税 144 万元，净利润 220 万元。

要求：

(1)　计算并填列该公司财务比率表(见表 10-6)。

(2)　与行业平均财务比率比较，说明该公司经营管理可能存在的问题。

表 10-6　财务比率表

比率名称		本 公 司	行业平均数
流动比率	①		1.98
资产负债率	②		62%
利息保障倍数	③		3.8
存货周转率	④		6 次
应收账款周转天数	⑤		35 天
固定资产周转率	⑥		13 次
总资产周转率	⑦		3 次
销售净利率	⑧		1.3%
总资产净利率	⑨		3.4%
净资产收益率	⑩		8.3%

项目知识检测

一、单项选择题

1. (　　)不是获取现金能力分析的指标。

A. 销售现金比率　　　B. 每股营业现金净流量

C. 全部资产现金回收率　　D. 现金负债率

2. 关于权益乘数计算公式，正确的是(　　)。

A. 1÷(1−产权比率)　　B. 1÷(1−资产负债率)

C. 1−资产负债率　　D. 1−净资产收益率

3. 某企业 2016 年年初与年末所有者权益分别为 250 万元和 400 万元，则资本保值增值率为(　　)。

A. 62.5%　　B. 160%　　C. 60%　　D. 40%

4. 如果营运资金大于 0，则以下结论正确的是(　　)。

A. 速动比率大于 1　　B. 现金比率大于 1

C. 流动比率大于 1　　D. 短期偿债能力绝对有保障

5. (　　)指标不是评价企业短期偿债能力的指标。

A. 流动比率　　B. 速动比率

C. 现金比率　　D. 产权比率

6. (　　)是企业财务结构稳健与否的重要标志。

A. 资产负债率　　B. 产权比率　　C. 现金比率　　D. 流动比率

7. 当企业流动比率大于 1 时，增加流动资金借款会使当期流动比率(　　)。

A. 降低　　B. 不变　　C. 提高　　D. 不确定

8. (　　)指标是一个综合性最强的财务比率，也是杜邦财务分析体系的核心。

A. 销售利润率　　B. 资产周转率

C. 权益乘数　　D. 净资产收益率

9. 下列指标中，其数值大小与偿债能力大小同方向变动的是(　　)。

A. 产权比率　　B. 资产负值率

C. 权益乘数　　D. 利息保障倍数

10. 影响速动比率可信性的最主要因素是(　　)。

A. 存货的变现能力　　B. 短期证券的变现能力

C. 产品的变更能力　　D. 应收账款的变现能力

二、多项选择题

1. 获取现金能力分析的指标有(　　)。

A. 销售现金比率　　B. 每股营业现金净流量

C. 全部资产现金回收率　　D. 现金营运指数

2. 财务分析的基本内容包括(　　)。

A. 现金流量分析　　B. 营运能力分析

C. 盈利能力分析　　D. 偿债能力分析

3. 衡量企业短期偿债能力的指标有(　　)。

A. 资产负债率　　B. 流动比率

C. 速动比率　　D. 现金比率

4. 应收账款周转率提高，意味着企业(　　)。

A. 短期偿债能力增强　　B. 盈利能力提高

C. 坏账成本下降　　D. 流动比率提高

5. 影响存货周转率的因素有(　　)。

A. 销售收入　　B. 销货成本

C. 存货计价方法　　D. 存货余额

6. 反映企业长期偿债能力的指标有(　　)。

A. 产权比率　　B. 资产总负债

C. 总资产周转率　　D. 利息保障倍数

7. 属于营运能力分析的指标有(　　)。

A. 存货周转率　　B. 应收账款周转率

C. 固定资产周转率　　D. 流动资产周转率

8. 企业盈利能力分析可以运用的指标有(　　)。

A. 资本保值增值率　　B. 成本利润率

C. 权益乘数　　D. 总资产周转率

9. 从杜邦财务分析体系可知，提高净资产收益率的途径在于(　　)。

A. 加强负债管理，降低负债比率　　B. 加强成本管理，降低成本费用

C. 加强销售管理，提高销售净利率　　D. 加强资产管理，提高资产周转率

10. 某公司当年的经营利润很多，却不能偿还到期债务。为查清其原因，应检查的财务比率包括(　　)。

A. 资产负债率　　B. 流动比率

C. 现金比率　　D. 应收账款周转率

三、判断题

1. 相关比率反映部分与总体的关系。(　　)

2. 存货周转率是销售收入与存货平均余额之比。(　　)

3. 负债比率越高，则权益乘数越低，财务风险越大。(　　)

4. 获取现金能力可通过经营现金净流量与投入资源之比来反映。(　　)

5. 在杜邦分析体系中计算权益乘数时，资产负债率是用期末负债总额与期末资产总额来计算的。(　　)

6. 采用因素分析法，可以分析引起变化的主要原因、变动性质，并可预测企业未来的发展前景。(　　)

7. 在总资产净利率不变的情况下，资产负债率越低，净资产收益率越高。(　　)

8. 产权比率高是低风险、低报酬的财务结构，表明债权人的利益因股东提供的资本所占比重较大而具有充分保障。(　　)

9. 在财务分析中，企业经营者应对企业财务状况进行全面的综合分析，并关注企业财务风险和经营风险。(　　)

10. 从股东的立场来看，在全部资本利润率高于借款利息率，负债比例越小越好；否则反之。(　　)

四、实务操作题

1. 某企业年销售额为 500 000 元，毛利率为 20%，流动资产为 100 000 元，流动负债为 80 000 元，存货为 40 000 元，现金为 5 000 元(一年按 360 天算)。

要求：

(1) 计算该企业的流动比率、速动比率、现金比率。

(2) 如果该企业要求的存货年周转次数为 16 次，该企业平均存货量应为多少？

(3) 如果该期也要求应收账款平均持有量为 40 000 元的水平，应收账款回收期是多少？

2. 某企业 2019 年流动资产为 120 万元，年初存货为 60 万元，年初应收账款为 38 万元。2019 年年末有关资料为：流动负债为 70 万元，流动比率为 220%，速动比率为 120%，现金比率为 60%。全年应收账款周转次数为 5 次，全年销售成本为 156 万元，销售收入中赊销收入占的比重为 40%。假定该企业流动资产仅包括速动资产与存货。

要求：

(1) 计算该企业年末流动资产、年末存货、年末应收账款。

(2) 计算该企业流动资产周转率、存货周转率。

3. 光远公司 2019 年年末有关资料如下。

(1) 货币资产为 750 万元，固定资产净值为 6 100 万元，资产总额为 16 200 万元。

(2) 应交税金为 50 万元，实收资本为 7 500 万元。

(3) 存货周转率为 6 次，期初存货为 1 500 万元，本期销售成本为 14 700 万元。

(4) 流动比率为 2，产权比率为 0.7。

要求：计算表 10-7 中的未知项目。

表 10-7　光远公司资产负债表

2019 年 12 月 31 日　　　　单位：万元

项　目		金　额	项　目		金　额
货币资产	①		应付账款	⑥	
应收账款	②		应交税款	⑦	
存货	③		长期负债	⑧	
固定资产净值	④		实收资本	⑨	
			未分配利润	⑩	
资产合计	⑤		负债和所有者权益合计	⑪	

五、任务训练

承接本项目案例导入，结合本项目所学内容进行分析，并说明理由。

附表一　复利终值系数表

计算公式：$f(1+i)^n$

期数	1%	2%	3%	4%	5%	6%	7%	8%	9%	10%	11%	12%	13%	14%	15%
1	1.0100	1.0200	1.0300	1.0400	1.0500	1.0600	1.0700	1.0800	1.0900	1.1000	1.1100	1.1200	1.1300	1.1400	1.1500
2	1.0201	1.0404	1.0609	1.0816	1.1025	1.1236	1.1449	1.1664	1.1881	1.2100	1.2321	1.2544	1.2769	1.2996	1.3225
3	1.0303	1.0612	1.0927	1.1249	1.1576	1.1910	1.2250	1.2597	1.2950	1.3310	1.3676	1.4049	1.4429	1.4815	1.5209
4	1.0406	1.0824	1.1255	1.1699	1.2155	1.2625	1.3108	1.3605	1.4116	1.4641	1.5181	1.5735	1.6305	1.6890	1.7490
5	1.0510	1.1041	1.1593	1.2167	1.2763	1.3382	1.4026	1.4693	1.5386	1.6105	1.6851	1.7623	1.8424	1.9254	2.0114
6	1.0615	1.1262	1.1941	1.2653	1.3401	1.4185	1.5007	1.5869	1.6771	1.7716	1.8704	1.9738	2.0820	2.1950	2.3131
7	1.0721	1.1487	1.2299	1.3159	1.4071	1.5036	1.6058	1.7138	1.8280	1.9487	2.0762	2.2107	2.3526	2.5023	2.6600
8	1.0829	1.1717	1.2668	1.3686	1.4775	1.5938	1.7182	1.8509	1.9926	2.1436	2.3045	2.4760	2.6584	2.8526	3.0590
9	1.0937	1.1951	1.3048	1.4233	1.5513	1.6895	1.8385	1.9990	2.1719	2.3579	2.5580	2.7731	3.0040	3.2519	3.5179
10	1.1046	1.2190	1.3439	1.4802	1.6289	1.7908	1.9672	2.1589	2.3674	2.5937	2.8394	3.1058	3.3946	3.7072	4.0456
11	1.1157	1.2434	1.3842	1.5395	1.7103	1.8983	2.1049	2.3316	2.5804	2.8531	3.1518	3.4786	3.8359	4.2262	4.6524
12	1.1268	1.2682	1.4258	1.6010	1.7959	2.0122	2.2522	2.5182	2.8127	3.1384	3.4985	3.8960	4.3345	4.8179	5.3503
13	1.1381	1.2936	1.4685	1.6651	1.8856	2.1329	2.4098	2.7196	3.0658	3.4523	3.8833	4.3635	4.8980	5.4924	6.1528
14	1.1495	1.3195	1.5126	1.7317	1.9799	2.2609	2.5785	2.9372	3.3417	3.7975	4.3104	4.8871	5.5348	6.2613	7.0757
15	1.1610	1.3459	1.5580	1.8009	2.0789	2.3966	2.7590	3.1722	3.6425	4.1772	4.7846	5.4736	6.2543	7.1379	8.1371
16	1.1726	1.3728	1.6047	1.8730	2.1829	2.5404	2.9522	3.4259	3.9703	4.5950	5.3109	6.1304	7.0673	8.1372	9.3576
17	1.1843	1.4002	1.6528	1.9479	2.2920	2.6928	3.1588	3.7000	4.3276	5.0545	5.8951	6.8660	7.9861	9.2765	10.7613
18	1.1961	1.4282	1.7024	2.0258	2.4066	2.8543	3.3799	3.9960	4.7171	5.5599	6.5436	7.6900	9.0243	10.5752	12.3755
19	1.2081	1.4568	1.7535	2.1068	2.5270	3.0256	3.6165	4.3157	5.1417	6.1159	7.2633	8.6128	10.1974	12.0557	14.2318

续表

期数	1%	2%	3%	4%	5%	6%	7%	8%	9%	10%	11%	12%	13%	14%	15%
20	1.2202	1.4859	1.8061	2.1911	2.6533	3.2071	3.8697	4.6610	5.6044	6.7275	8.0623	9.6463	11.5231	13.7435	16.3665
21	1.2324	1.5157	1.8603	2.2788	2.7860	3.3996	4.1406	5.0338	6.1088	7.4002	8.9492	10.8038	13.0211	15.6676	18.8215
22	1.2447	1.5460	1.9161	2.3699	2.9253	3.6035	4.4304	5.4365	6.6586	8.1403	9.9336	12.1003	14.7138	17.8610	21.6447
23	1.2572	1.5769	1.9736	2.4647	3.0715	3.8197	4.7405	5.8715	7.2579	8.9543	11.0263	13.5523	16.6266	20.3616	24.8915
24	1.2697	1.6084	2.0328	2.5633	3.2251	4.0489	5.0724	6.3412	7.9111	9.8497	12.2392	15.1786	18.7881	23.2122	28.6252
25	1.2824	1.6406	2.0938	2.6658	3.3864	4.2919	5.4274	6.8485	8.6231	10.8347	13.5855	17.0001	21.2305	26.4619	32.9190
26	1.2953	1.6734	2.1566	2.7725	3.5557	4.5494	5.8074	7.3964	9.3992	11.9182	15.0799	19.0401	23.9905	30.1666	37.8568
27	1.3082	1.7069	2.2213	2.8834	3.7335	4.8223	6.2139	7.9881	10.2451	13.1100	16.7387	21.3249	27.1093	34.3899	43.5353
28	1.3213	1.7410	2.2879	2.9987	3.9201	5.1117	6.6488	8.6271	11.1671	14.4210	18.5799	23.8839	30.6335	39.2045	50.0656
29	1.3345	1.7758	2.3566	3.1187	4.1161	5.4184	7.1143	9.3173	12.1722	15.8631	20.6237	26.7499	34.6158	44.6931	57.5755
30	1.3478	1.8114	2.4273	3.2434	4.3219	5.7435	7.6123	10.0627	13.2677	17.4494	22.8923	29.9599	39.1159	50.9502	66.2118
期数	16%	17%	18%	19%	20%	21%	22%	23%	24%	25%	26%	27%	28%	29%	30%
1	1.1600	1.1700	1.1800	1.1900	1.2000	1.2100	1.2200	1.2300	1.2400	1.2500	1.2600	1.2700	1.2800	1.2900	1.3000
2	1.3456	1.3689	1.3924	1.4161	1.4400	1.4641	1.4884	1.5129	1.5376	1.5625	1.5876	1.6129	1.6384	1.6641	1.6900
3	1.5609	1.6016	1.6430	1.6852	1.7280	1.7716	1.8158	1.8609	1.9066	1.9531	2.0004	2.0484	2.0972	2.1467	2.1970
4	1.8106	1.8739	1.9388	2.0053	2.0736	2.1436	2.2153	2.2889	2.3642	2.4414	2.5205	2.6014	2.6844	2.7692	2.8561
5	2.1003	2.1924	2.2878	2.3864	2.4883	2.5937	2.7027	2.8153	2.9316	3.0518	3.1758	3.3038	3.4360	3.5723	3.7129
6	2.4364	2.5652	2.6996	2.8398	2.9860	3.1384	3.2973	3.4628	3.6352	3.8147	4.0015	4.1959	4.3980	4.6083	4.8268
7	2.8262	3.0012	3.1855	3.3793	3.5832	3.7975	4.0227	4.2593	4.5077	4.7684	5.0419	5.3288	5.6295	5.9447	6.2749
8	3.2784	3.5115	3.7589	4.0214	4.2998	4.5950	4.9077	5.2389	5.5895	5.9605	6.3528	6.7675	7.2058	7.6686	8.1573
9	3.8030	4.1084	4.4355	4.7854	5.1598	5.5599	5.9874	6.4439	6.9310	7.4506	8.0045	8.5948	9.2234	9.8925	10.6045
10	4.4114	4.8068	5.2338	5.6947	6.1917	6.7275	7.3046	7.9259	8.5944	9.3132	10.0857	10.9153	11.8059	12.7614	13.7858

续表

期数	16%	17%	18%	19%	20%	21%	22%	23%	24%	25%	26%	27%	28%	29%	30%
11	5.1173	5.6240	6.1759	6.7767	7.4301	8.1403	8.9117	9.7489	10.6571	11.6415	12.7080	13.8625	15.1116	16.4622	17.9216
12	5.9360	6.5801	7.2876	8.0642	8.9161	9.8497	10.8722	11.9912	13.2148	14.5519	16.0120	17.6053	19.3428	21.2362	23.2981
13	6.8858	7.6987	8.5994	9.5964	10.6993	11.9182	13.2641	14.7491	16.3863	18.1899	20.1752	22.3588	24.7588	27.3947	30.2875
14	7.9875	9.0075	10.1472	11.4198	12.8392	14.4210	16.1822	18.1414	20.3191	22.7374	25.4207	28.3957	31.6913	35.3391	39.3738
15	9.2655	10.5387	11.9737	13.5895	15.4070	17.4494	19.7423	22.3140	25.1956	28.4217	32.0301	36.0625	40.5648	45.5875	51.1859
16	10.7480	12.3303	14.1290	16.1715	18.4884	21.1138	24.0856	27.4462	31.2426	35.5271	40.3579	45.7994	51.9230	58.8079	66.5417
17	12.4677	14.4265	16.6722	19.2441	22.1861	25.5477	29.3844	33.7588	38.7408	44.4089	50.8510	58.1652	66.4614	75.8621	86.5042
18	14.4625	16.8790	19.6733	22.9005	26.6233	30.9127	35.8490	41.5233	48.0386	55.5112	64.0722	73.8698	85.0706	97.8622	112.4554
19	16.7765	19.7484	23.2144	27.2516	31.9480	37.4043	43.7358	51.0737	59.5679	69.3889	80.7310	93.8147	108.8904	126.2422	146.1920
20	19.4608	23.1056	27.3930	32.4294	38.3376	45.2593	53.3576	62.8206	73.8641	86.7362	101.7211	119.1446	139.3797	162.8524	190.0496
21	22.5745	27.0336	32.3238	38.5910	46.0051	54.7637	65.0963	77.2694	91.5915	108.4202	128.1685	151.3137	178.4060	210.0796	247.0645
22	26.1864	31.6293	38.1421	45.9233	55.2061	66.2641	79.4175	95.0413	113.5735	135.5253	161.4924	192.1683	228.3596	271.0027	321.1839
23	30.3762	37.0062	45.0076	54.6487	66.2474	80.1795	96.8894	116.9008	140.8312	169.4066	203.4804	244.0538	292.3003	349.5935	417.5391
24	35.2364	43.2973	53.1090	65.0320	79.4968	97.0172	118.2050	143.7880	174.6306	211.7582	256.3853	309.9483	374.1444	450.9756	542.8008
25	40.8742	50.6578	62.6686	77.3881	95.3962	117.3909	144.2101	176.8593	216.5420	264.6978	323.0454	393.6344	478.9049	581.7585	705.6410
26	47.4141	59.2697	73.9490	92.0918	114.4755	142.0429	175.9364	217.5369	268.5121	330.8722	407.0373	499.9157	612.9982	750.4685	917.3333
27	55.0004	69.3455	87.2598	109.5893	137.3706	171.8719	214.6424	267.5704	332.9550	413.5903	512.8670	634.8929	784.6377	968.1044	1192.5333
28	63.8004	81.1342	102.9666	130.4112	164.8447	207.9651	261.8637	329.1115	412.8642	516.9879	646.2124	806.3140	1004.3363	1248.8546	1550.2933
29	74.0085	94.9271	121.5005	155.1893	197.8136	251.6377	319.4737	404.8072	511.9516	646.2349	814.2276	1024.0187	1285.5504	1611.0225	2015.3813
30	85.8499	111.0647	143.3706	184.6753	237.3763	304.4816	389.7579	497.9129	634.8199	807.7936	1025.9267	1300.5038	1645.5046	2078.2190	2619.9956

附表二　复利现值系数表

计算公式：$p=(1+i)^{-n}$

期数	1%	2%	3%	4%	5%	6%	7%	8%	9%	10%	11%	12%	13%	14%	15%
1	0.9901	0.9804	0.9709	0.9615	0.9524	0.9434	0.9346	0.9259	0.9174	0.9091	0.9009	0.8929	0.8850	0.8772	0.8696
2	0.9803	0.9612	0.9426	0.9246	0.9070	0.8900	0.8734	0.8573	0.8417	0.8264	0.8116	0.7972	0.7831	0.7695	0.7561
3	0.9706	0.9423	0.9151	0.8890	0.8638	0.8396	0.8163	0.7938	0.7722	0.7513	0.7312	0.7118	0.6931	0.6750	0.6575
4	0.9610	0.9238	0.8885	0.8548	0.8227	0.7921	0.7629	0.7350	0.7084	0.6830	0.6587	0.6355	0.6133	0.5921	0.5718
5	0.9515	0.9057	0.8626	0.8219	0.7835	0.7473	0.7130	0.6806	0.6499	0.6209	0.5935	0.5674	0.5428	0.5194	0.4972
6	0.9420	0.8880	0.8375	0.7903	0.7462	0.7050	0.6663	0.6302	0.5963	0.5645	0.5346	0.5066	0.4803	0.4556	0.4323
7	0.9327	0.8706	0.8131	0.7599	0.7107	0.6651	0.6227	0.5835	0.5470	0.5132	0.4817	0.4523	0.4251	0.3996	0.3759
8	0.9235	0.8535	0.7894	0.7307	0.6768	0.6274	0.5820	0.5403	0.5019	0.4665	0.4339	0.4039	0.3762	0.3506	0.3269
9	0.9143	0.8368	0.7664	0.7026	0.6446	0.5919	0.5439	0.5002	0.4604	0.4241	0.3909	0.3606	0.3329	0.3075	0.2843
10	0.9053	0.8203	0.7441	0.6756	0.6139	0.5584	0.5083	0.4632	0.4224	0.3855	0.3522	0.3220	0.2946	0.2697	0.2472
11	0.8963	0.8043	0.7224	0.6496	0.5847	0.5268	0.4751	0.4289	0.3875	0.3505	0.3173	0.2875	0.2607	0.2366	0.2149
12	0.8874	0.7885	0.7014	0.6246	0.5568	0.4970	0.4440	0.3971	0.3555	0.3186	0.2858	0.2567	0.2307	0.2076	0.1869
13	0.8787	0.7730	0.6810	0.6006	0.5303	0.4688	0.4150	0.3677	0.3262	0.2897	0.2575	0.2292	0.2042	0.1821	0.1625
14	0.8700	0.7579	0.6611	0.5775	0.5051	0.4423	0.3878	0.3405	0.2992	0.2633	0.2320	0.2046	0.1807	0.1597	0.1413
15	0.8613	0.7430	0.6419	0.5553	0.4810	0.4173	0.3624	0.3152	0.2745	0.2394	0.2090	0.1827	0.1599	0.1401	0.1229
16	0.8528	0.7284	0.6232	0.5339	0.4581	0.3936	0.3387	0.2919	0.2519	0.2176	0.1883	0.1631	0.1415	0.1229	0.1069
17	0.8444	0.7142	0.6050	0.5134	0.4363	0.3714	0.3166	0.2703	0.2311	0.1978	0.1696	0.1456	0.1252	0.1078	0.0929
18	0.8360	0.7002	0.5874	0.4936	0.4155	0.3503	0.2959	0.2502	0.2120	0.1799	0.1528	0.1300	0.1108	0.0946	0.0808
19	0.8277	0.6864	0.5703	0.4746	0.3957	0.3305	0.2765	0.2317	0.1945	0.1635	0.1377	0.1161	0.0981	0.0829	0.0703
20	0.8195	0.6730	0.5537	0.4564	0.3769	0.3118	0.2584	0.2145	0.1784	0.1486	0.1240	0.1037	0.0868	0.0728	0.0611

续表

期数	1%	2%	3%	4%	5%	6%	7%	8%	9%	10%	11%	12%	13%	14%	15%
21	0.8114	0.6598	0.5375	0.4388	0.3589	0.2942	0.2415	0.1987	0.1637	0.1351	0.1117	0.0926	0.0768	0.0638	0.0531
22	0.8034	0.6468	0.5219	0.4220	0.3418	0.2775	0.2257	0.1839	0.1502	0.1228	0.1007	0.0826	0.0680	0.0560	0.0462
23	0.7954	0.6342	0.5067	0.4057	0.3256	0.2618	0.2109	0.1703	0.1378	0.1117	0.0907	0.0738	0.0601	0.0491	0.0402
24	0.7876	0.6217	0.4919	0.3901	0.3101	0.2470	0.1971	0.1577	0.1264	0.1015	0.0817	0.0659	0.0532	0.0431	0.0349
25	0.7798	0.6095	0.4776	0.3751	0.2953	0.2330	0.1842	0.1460	0.116	0.0923	0.0736	0.0588	0.0471	0.0378	0.0304
26	0.7720	0.5976	0.4637	0.3607	0.2812	0.2198	0.1722	0.1352	0.1064	0.0839	0.0663	0.0525	0.0417	0.0331	0.0264
27	0.7644	0.5859	0.4502	0.3468	0.2678	0.2074	0.1609	0.1252	0.0976	0.0763	0.0597	0.0469	0.0369	0.0291	0.0230
28	0.7568	0.5744	0.4371	0.3335	0.2551	0.1956	0.1504	0.1159	0.0895	0.0693	0.0538	0.0419	0.0326	0.0255	0.0200
29	0.7493	0.5631	0.4243	0.3207	0.2429	0.1846	0.1406	0.1073	0.0822	0.0630	0.0485	0.0374	0.0289	0.0224	0.0174
30	0.7419	0.5521	0.4120	0.3083	0.2314	0.1741	0.1314	0.0994	0.0754	0.0573	0.0437	0.0334	0.0256	0.0196	0.0151
期数	16%	17%	18%	19%	20%	21%	22%	23%	24%	25%	26%	27%	28%	29%	30%
1	0.8621	0.8547	0.8475	0.8403	0.8333	0.8264	0.8197	0.8130	0.8065	0.8000	0.7937	0.7874	0.7813	0.7752	0.7692
2	0.7432	0.7305	0.7182	0.7062	0.6944	0.6830	0.6719	0.6610	0.6504	0.6400	0.6299	0.6200	0.6104	0.6009	0.5917
3	0.6407	0.6244	0.6086	0.5934	0.5787	0.5645	0.5507	0.5374	0.5245	0.5120	0.4999	0.4882	0.4768	0.4658	0.4552
4	0.5523	0.5337	0.5158	0.4987	0.4823	0.4665	0.4514	0.4369	0.4230	0.4096	0.3968	0.3844	0.3725	0.3611	0.3501
5	0.4761	0.4561	0.4371	0.4190	0.4019	0.3855	0.3700	0.3552	0.3411	0.3277	0.3149	0.3027	0.2910	0.2799	0.2693
6	0.4104	0.3898	0.3704	0.3521	0.3349	0.3186	0.3033	0.2888	0.2751	0.2621	0.2499	0.2383	0.2274	0.2170	0.2072
7	0.3538	0.3332	0.3139	0.2959	0.2791	0.2633	0.2486	0.2348	0.2218	0.2097	0.1983	0.1877	0.1776	0.1682	0.1594
8	0.3050	0.2848	0.2660	0.2487	0.2326	0.2176	0.2038	0.1909	0.1789	0.1678	0.1574	0.1478	0.1388	0.1304	0.1226
9	0.2630	0.2434	0.2255	0.2090	0.1938	0.1799	0.1670	0.1552	0.1443	0.1342	0.1249	0.1164	0.1084	0.1011	0.0943
10	0.2267	0.2080	0.1911	0.1756	0.1615	0.1486	0.1369	0.1262	0.1164	0.1074	0.0992	0.0916	0.0847	0.0784	0.0725
11	0.1954	0.1778	0.1619	0.1476	0.1346	0.1228	0.1122	0.1026	0.0938	0.0859	0.0787	0.0721	0.0662	0.0607	0.0558

续表

期数	16%	17%	18%	19%	20%	21%	22%	23%	24%	25%	26%	27%	28%	29%	30%
12	0.1685	0.1520	0.1372	0.1240	0.1122	0.1015	0.0920	0.0834	0.0757	0.0687	0.0625	0.0568	0.0517	0.0471	0.0429
13	0.1452	0.1299	0.1163	0.1042	0.0935	0.0839	0.0754	0.0678	0.0610	0.0550	0.0496	0.0447	0.0404	0.0365	0.0330
14	0.1252	0.1110	0.0985	0.0876	0.0779	0.0693	0.0618	0.0551	0.0492	0.0440	0.0393	0.0352	0.0316	0.0283	0.0254
15	0.1079	0.0949	0.0835	0.0736	0.0649	0.0573	0.0507	0.0448	0.0397	0.0352	0.0312	0.0277	0.0247	0.0219	0.0195
16	0.0930	0.0811	0.0708	0.0618	0.0541	0.0474	0.0415	0.0364	0.0320	0.0281	0.0248	0.0218	0.0193	0.0170	0.0150
17	0.0802	0.0693	0.0600	0.0520	0.0451	0.0391	0.0340	0.0296	0.0258	0.0225	0.0197	0.0172	0.0150	0.0132	0.0116
18	0.0691	0.0592	0.0508	0.0437	0.0376	0.0323	0.0279	0.0241	0.0208	0.0180	0.0156	0.0135	0.0118	0.0102	0.0089
19	0.0596	0.0506	0.0431	0.0367	0.0313	0.0267	0.0229	0.0196	0.0168	0.0144	0.0124	0.0107	0.0092	0.0079	0.0068
20	0.0514	0.0433	0.0365	0.0308	0.0261	0.0221	0.0187	0.0159	0.0135	0.0115	0.0098	0.0084	0.0072	0.0061	0.0053
21	0.0443	0.0370	0.0309	0.0259	0.0217	0.0183	0.0154	0.0129	0.0109	0.0092	0.0078	0.0066	0.0056	0.0048	0.0040
22	0.0382	0.0316	0.0262	0.0218	0.0181	0.0151	0.0126	0.0105	0.0088	0.0074	0.0062	0.0052	0.0044	0.0037	0.0031
23	0.0329	0.0270	0.0222	0.0183	0.0151	0.0125	0.0103	0.0086	0.0071	0.0059	0.0049	0.0041	0.0034	0.0029	0.0024
24	0.0284	0.0231	0.0188	0.0154	0.0126	0.0103	0.0085	0.0070	0.0057	0.0047	0.0039	0.0032	0.0027	0.0022	0.0018
25	0.0245	0.0197	0.0160	0.0129	0.0105	0.0085	0.0069	0.0057	0.0046	0.0038	0.0031	0.0025	0.0021	0.0017	0.0014
26	0.0211	0.0169	0.0135	0.0109	0.0087	0.0070	0.0057	0.0046	0.0037	0.0030	0.0025	0.0020	0.0016	0.0013	0.0011
27	0.0182	0.0144	0.0115	0.0091	0.0073	0.0058	0.0047	0.0037	0.0030	0.0024	0.0019	0.0016	0.0013	0.0010	0.0008
28	0.0157	0.0123	0.0097	0.0077	0.0061	0.0048	0.0038	0.0030	0.0024	0.0019	0.0015	0.0012	0.0010	0.0008	0.0006
29	0.0135	0.0105	0.0082	0.0064	0.0051	0.0040	0.0031	0.0025	0.0020	0.0015	0.0012	0.0010	0.0008	0.0006	0.0005
30	0.0116	0.0090	0.0070	0.0054	0.0042	0.0033	0.0026	0.0020	0.0016	0.0012	0.0010	0.0008	0.0006	0.0005	0.0004

附表三　年金终值系数表

计算公式：$f=\frac{(1+i)^n-1}{i}$

期数	1%	2%	3%	4%	5%	6%	7%	8%	9%	10%	11%	12%	13%	14%	15%
1	1.0000	1.0000	1.0000	1.0000	1.0000	1.0000	1.0000	1.0000	1.0000	1.0000	1.0000	1.0000	1.0000	1.0000	1.0000
2	2.0100	2.0200	2.0300	2.0400	2.0500	2.0600	2.0700	2.0800	2.0900	2.1000	2.1100	2.1200	2.1300	2.1400	2.1500
3	3.0301	3.0604	3.0909	3.1216	3.1525	3.1836	3.2149	3.2464	3.2781	3.3100	3.3421	3.3744	3.4069	3.4396	3.4725
4	4.0604	4.1216	4.1836	4.2465	4.3101	4.3746	4.4399	4.5061	4.5731	4.6410	4.7097	4.7793	4.8498	4.9211	4.9934
5	5.1010	5.2040	5.3091	5.4163	5.5256	5.6371	5.7507	5.8666	5.9847	6.1051	6.2278	6.3528	6.4803	6.6101	6.7424
6	6.1520	6.3081	6.4684	6.6330	6.8019	6.9753	7.1533	7.3359	7.5233	7.7156	7.9129	8.1152	8.3227	8.5355	8.7537
7	7.2135	7.4343	7.6625	7.8983	8.1420	8.3938	8.6540	8.9228	9.2004	9.4872	9.7833	10.0890	10.4047	10.7305	11.0668
8	8.2857	8.5830	8.8923	9.2142	9.5491	9.8975	10.2598	10.6366	11.0285	11.4359	11.8594	12.2997	12.7573	13.2328	13.7268
9	9.3685	9.7546	10.1591	10.5828	11.0266	11.4913	11.9780	12.4876	13.0210	13.5795	14.1640	14.7757	15.4157	16.0853	16.7858
10	10.4622	10.9497	11.4639	12.0061	12.5779	13.1808	13.8164	14.4866	15.1929	15.9374	16.7220	17.5487	18.4197	19.3373	20.3037
11	11.5668	12.1687	12.8078	13.4864	14.2068	14.9716	15.7836	16.6455	17.5603	18.5312	19.5614	20.6546	21.8143	23.0445	24.3493
12	12.6825	13.4121	14.1920	15.0258	15.9171	16.8699	17.8885	18.9771	20.1407	21.3843	22.7132	24.1331	25.6502	27.2707	29.0017
13	13.8093	14.6803	15.6178	16.6268	17.7130	18.8821	20.1406	21.4953	22.9534	24.5227	26.2116	28.0291	29.9847	32.0887	34.3519
14	14.9474	15.9739	17.0863	18.2919	19.5986	21.0151	22.5505	24.2149	26.0192	27.9750	30.0949	32.3926	34.8827	37.5811	40.5047
15	16.0969	17.2934	18.5989	20.0236	21.5786	23.2760	25.1290	27.1521	29.3609	31.7725	34.4054	37.2797	40.4175	43.8424	47.5804
16	17.2579	18.6393	20.1569	21.8245	23.6575	25.6725	27.8881	30.3243	33.0034	35.9497	39.1899	42.7533	46.6717	50.9804	55.7175
17	18.4304	20.0121	21.7616	23.6975	25.8404	28.2129	30.8402	33.7502	36.9737	40.5447	44.5008	48.8837	53.7391	59.1176	65.0751
18	19.6147	21.4123	23.4144	25.6454	28.1324	30.9057	33.9990	37.4502	41.3013	45.5992	50.3959	55.7497	61.7251	68.3941	75.8364
19	20.8109	22.8406	25.1169	27.6712	30.5390	33.7600	37.3790	41.4463	46.0185	51.1591	56.9395	63.4397	70.7494	78.9692	88.2118

续表

期数	1%	2%	3%	4%	5%	6%	7%	8%	9%	10%	11%	12%	13%	14%	15%
20	22.0190	24.2974	26.8704	29.7781	33.0660	36.7856	40.9955	45.7620	51.1601	57.2750	64.2028	72.0524	80.9468	91.0249	102.4436
21	23.2392	25.7833	28.6765	31.9692	35.7193	39.9927	44.8652	50.4229	56.7645	64.0025	72.2651	81.6987	92.4699	104.7684	118.8101
22	24.4716	27.2990	30.5368	34.2480	38.5052	43.3923	49.0057	55.4568	62.8733	71.4027	81.2143	92.5026	105.4910	120.4360	137.6316
23	25.7163	28.8450	32.4529	36.6179	41.4305	46.9958	53.4361	60.8933	69.5319	79.5430	91.1479	104.6029	120.2048	138.2970	159.2764
24	26.9735	30.4219	34.4265	39.0826	44.5020	50.8156	58.1767	66.7648	76.7898	88.4973	102.1742	118.1552	136.8315	158.6586	184.1678
25	28.2432	32.0303	36.4593	41.6459	47.7271	54.8645	63.2490	73.1059	84.7009	98.3471	114.4133	133.3339	155.6196	181.8708	212.7930
26	29.5256	33.6709	38.5530	44.3117	51.1135	59.1564	68.6765	79.9544	93.3240	109.1818	127.9988	150.3339	176.8501	208.3327	245.7120
27	30.8209	35.3443	40.7096	47.0842	54.6691	63.7058	74.4838	87.3508	102.7231	121.0999	143.0786	169.3740	200.8406	238.4993	283.5688
28	32.1291	37.0512	42.9309	49.9676	58.4026	68.5281	80.6977	95.3388	112.9682	134.2099	159.8173	190.6989	227.9499	272.8892	327.1041
29	33.4504	38.7922	45.2189	52.9663	62.3227	73.6398	87.3465	103.9659	124.1354	148.6309	178.3972	214.5828	258.5834	312.0937	377.1697
30	34.7849	40.5681	47.5754	56.0849	66.4388	79.0582	94.4608	113.2832	136.3075	164.4940	199.0209	241.3327	293.1992	356.7868	434.7451
期数	16%	17%	18%	19%	20%	21%	22%	23%	24%	25%	26%	27%	28%	29%	30%
1	1.0000	1.0000	1.0000	1.0000	1.0000	1.0000	1.0000	1.0000	1.0000	1.0000	1.0000	1.0000	1.0000	1.0000	1.0000
2	2.1600	2.1700	2.1800	2.1900	2.2000	2.2100	2.2200	2.2300	2.2400	2.2500	2.2600	2.2700	2.2800	2.2900	2.3000
3	3.5056	3.5389	3.5724	3.6061	3.6400	3.6741	3.7084	3.7429	3.7776	3.8125	3.8476	3.8829	3.9184	3.9541	3.9900
4	5.0665	5.1405	5.2154	5.2913	5.3680	5.4457	5.5242	5.6038	5.6842	5.7656	5.8480	5.9313	6.0156	6.1008	6.1870
5	6.8771	7.0144	7.1542	7.2966	7.4416	7.5892	7.7396	7.8926	8.0484	8.2070	8.3684	8.5327	8.6999	8.8700	9.0431
6	8.9775	9.2068	9.4420	9.6830	9.9299	10.1830	10.4423	10.7079	10.9801	11.2588	11.5442	11.8366	12.1359	12.4423	12.7560
7	11.4139	11.7720	12.1415	12.5227	12.9159	13.3214	13.7396	14.1708	14.6153	15.0735	15.5458	16.0324	16.5339	17.0506	17.5828
8	14.2401	14.7733	15.3270	15.9020	16.4991	17.1189	17.7623	18.4300	19.1229	19.8419	20.5876	21.3612	22.1634	22.9953	23.8577
9	17.5185	18.2847	19.0859	19.9234	20.7989	21.7139	22.6700	23.6690	24.7125	25.8023	26.9404	28.1287	29.3692	30.6639	32.0150
10	21.3215	22.3931	23.5213	24.7089	25.9587	27.2738	28.6574	30.1128	31.6434	33.2529	34.9449	36.7235	38.5926	40.5564	42.6195

续表

期数	16%	17%	18%	19%	20%	21%	22%	23%	24%	25%	26%	27%	28%	29%	30%
11	25.7329	27.1999	28.7551	30.4035	32.1504	34.0013	35.9620	38.0388	40.2379	42.5661	45.0306	47.6388	50.3985	53.3178	56.4053
12	30.8502	32.8239	34.9311	37.1802	39.5805	42.1416	44.8737	47.7877	50.8950	54.2077	57.7386	61.5013	65.5100	69.7800	74.3270
13	36.7862	39.4040	42.2187	45.2445	48.4966	51.9913	55.7459	59.7788	64.1097	68.7596	73.7506	79.1066	84.8529	91.0161	97.6250
14	43.6720	47.1027	50.8180	54.8409	59.1959	63.9095	69.0100	74.5280	80.4961	86.9495	93.9258	101.4654	109.6117	118.4108	127.9125
15	51.6595	56.1101	60.9653	66.2607	72.0351	78.3305	85.1922	92.6694	100.8151	109.6868	119.3465	129.8611	141.3029	153.7500	167.2863
16	60.9250	66.6488	72.9390	79.8502	87.4421	95.7799	104.9345	114.9834	126.0108	138.1085	151.3766	165.9236	181.8677	199.3374	218.4722
17	71.6730	78.9792	87.0680	96.0218	105.9306	116.8937	129.0201	142.4295	157.2534	173.6357	191.7345	211.7230	233.7907	258.1453	285.0139
18	84.1407	93.4056	103.7403	115.2659	128.1167	142.4413	158.4045	176.1883	195.9942	218.0446	242.5855	269.8882	300.2521	334.0074	371.5180
19	98.6032	110.2846	123.4135	138.1664	154.7400	173.3540	194.2535	217.7116	244.0328	273.5558	306.6577	343.7580	385.3227	431.8696	483.9734
20	115.3797	130.0329	146.6280	165.4180	186.6880	210.7584	237.9893	268.7853	303.6006	342.9447	387.3887	437.5726	494.2131	558.1118	630.1655
21	134.8405	153.1385	174.0210	197.8474	225.0256	256.0176	291.3469	331.6059	377.4648	429.6809	489.1098	556.7173	633.5927	720.9642	820.2151
22	157.4150	180.1721	206.3448	236.4385	271.0307	310.7813	356.4432	408.8753	469.0563	538.1011	617.2783	708.0309	811.9987	931.0438	1067.2796
23	183.6014	211.8013	244.4868	282.3618	326.2369	377.0454	435.8607	503.9166	582.6298	673.6264	778.7707	900.1993	1040.3583	1202.0465	1388.4635
24	213.9776	248.8076	289.4945	337.0105	392.4842	457.2249	532.7501	620.8174	723.4610	843.0329	982.2511	1144.2531	1332.6586	1551.6400	1806.0026
25	249.2140	292.1049	342.6035	402.0425	471.9811	554.2422	650.9551	764.6054	898.0916	1054.7912	1238.6363	1454.2014	1706.8031	2002.6156	2348.8033
26	290.0883	342.7627	405.2721	479.4306	567.3773	671.6330	795.1653	941.4647	1114.6336	1319.4890	1561.6818	1847.8358	2185.7079	2584.3741	3054.4443
27	337.5024	402.0323	479.2211	571.5224	681.8528	813.6759	971.1016	1159.0016	1383.1457	1650.3612	1968.7191	2347.7515	2798.7061	3334.8426	3971.7776
28	392.5028	471.3778	566.4809	681.1116	819.2233	985.5479	1185.7440	1426.5719	1716.1007	2063.9515	2481.5860	2982.6444	3583.3438	4302.9470	5164.3109
29	456.3032	552.5121	669.4475	811.5228	984.0680	1193.5129	1447.6077	1755.6835	2128.9648	2580.9394	3127.7984	3788.9583	4587.6801	5551.8016	6714.6042
30	530.3117	647.4391	790.9480	966.7122	1181.8816	1445.1507	1767.0813	2160.4907	2640.9164	3227.1743	3942.0260	4812.9771	5873.2306	7162.8241	8729.9855

附表四　年金现值系数表

计算公式：$p=\frac{1-(1+i)^{-n}}{i}$

期数	1%	2%	3%	4%	5%	6%	7%	8%	9%	10%	11%	12%	13%	14%	15%
1	0.9901	0.9804	0.9709	0.9615	0.9524	0.9434	0.9346	0.9259	0.9174	0.9091	0.9009	0.8929	0.885	0.8772	0.8696
2	1.9704	1.9416	1.9135	1.8861	1.8594	1.8334	1.8080	1.7833	1.7591	1.7355	1.7125	1.6901	1.6681	1.6467	1.6257
3	2.941	2.8839	2.8286	2.7751	2.7232	2.673	2.6243	2.5771	2.5313	2.4869	2.4437	2.4018	2.3612	2.3216	2.2832
4	3.902	3.8077	3.7171	3.6299	3.5460	3.4651	3.3872	3.3121	3.2397	3.1699	3.1024	3.0373	2.9745	2.9137	2.8550
5	4.8534	4.7135	4.5797	4.4518	4.3295	4.2124	4.1002	3.9927	3.8897	3.7908	3.6959	3.6048	3.5172	3.4331	3.3522
6	5.7955	5.6014	5.4172	5.2421	5.0757	4.9173	4.7665	4.6229	4.4859	4.3553	4.2305	4.1114	3.9975	3.8887	3.7845
7	6.7282	6.4720	6.2303	6.0021	5.7864	5.5824	5.3893	5.2064	5.0330	4.8684	4.7122	4.5638	4.4226	4.2883	4.1604
8	7.6517	7.3255	7.0197	6.7327	6.4632	6.2098	5.9713	5.7466	5.5348	5.3349	5.1461	4.9676	4.7988	4.6389	4.4873
9	8.5660	8.1622	7.7861	7.4353	7.1078	6.8017	6.5152	6.2469	5.9952	5.7590	5.5370	5.3282	5.1317	4.9464	4.7716
10	9.4713	8.9826	8.5302	8.1109	7.7217	7.3601	7.0236	6.7101	6.4177	6.1446	5.8892	5.6502	5.4262	5.2161	5.0188
11	10.3676	9.7868	9.2526	8.7605	8.3064	7.8869	7.4987	7.1390	6.8052	6.4951	6.2065	5.9377	5.6869	5.4527	5.2337
12	11.2551	10.5753	9.9540	9.3851	8.8633	8.3838	7.9427	7.5361	7.1607	6.8137	6.4924	6.1944	5.9176	5.6603	5.4206
13	12.1337	11.3484	10.6350	9.9856	9.3936	8.8527	8.3577	7.9038	7.4869	7.1034	6.7499	6.4235	6.1218	5.8424	5.5831
14	13.0037	12.1062	11.2961	10.5631	9.8986	9.2950	8.7455	8.2442	7.7862	7.3667	6.9819	6.6282	6.3025	6.0021	5.7245
15	13.8651	12.8493	11.9379	11.1184	10.3797	9.7122	9.1079	8.5595	8.0607	7.6061	7.1909	6.8109	6.4624	6.1422	5.8474
16	14.7179	13.5777	12.5611	11.6523	10.8378	10.1059	9.4466	8.8514	8.3126	7.8237	7.3792	6.9740	6.6039	6.2651	5.9542
17	15.5623	14.2919	13.1661	12.1657	11.2741	10.4773	9.7632	9.1216	8.5436	8.0216	7.5488	7.1196	6.7291	6.3729	6.0472
18	16.3983	14.992	13.7535	12.6593	11.6896	10.8276	10.0591	9.3719	8.7556	8.2014	7.7016	7.2497	6.8399	6.4674	6.1280
19	17.226	15.6785	14.3238	13.1339	12.0853	11.1581	10.3356	9.6036	8.9501	8.3649	7.8393	7.3658	6.9380	6.5504	6.1982
20	18.0456	16.3514	14.8775	13.5903	12.4622	11.4699	10.5940	9.8181	9.1285	8.5136	7.9633	7.4694	7.0248	6.6231	6.2593

续表

期数	1%	2%	3%	4%	5%	6%	7%	8%	9%	10%	11%	12%	13%	14%	15%
21	18.8570	17.0112	15.4150	14.0292	12.8212	11.7641	10.8355	10.0168	9.2922	8.6487	8.0751	7.5620	7.1016	6.6870	6.3125
22	19.6604	17.658	15.9369	14.4511	13.1630	12.0416	11.0612	10.2007	9.4424	8.7715	8.1757	7.6446	7.1695	6.7429	6.3587
23	20.4558	18.2922	16.4436	14.8568	13.4886	12.3034	11.2722	10.3711	9.5802	8.8832	8.2664	7.7184	7.2297	6.7921	6.3988
24	21.2434	18.9139	16.9355	15.2470	13.7986	12.5504	11.4693	10.5288	9.7066	8.9847	8.3481	7.7843	7.2829	6.8351	6.4338
25	22.0232	19.5235	17.4131	15.6221	14.0939	12.7834	11.6536	10.6748	9.8226	9.0770	8.4217	7.8431	7.3300	6.8729	6.4641
26	22.7952	20.1210	17.8768	15.9828	14.3752	13.0032	11.8258	10.8100	9.9290	9.1609	8.4881	7.8957	7.3717	6.9061	6.4906
27	23.5596	20.7069	18.3270	16.3296	14.6430	13.2105	11.9867	10.9352	10.0266	9.2372	8.5478	7.9426	7.4086	6.9352	6.5135
28	24.3164	21.2813	18.7641	16.6631	14.8981	13.4062	12.1371	11.0511	10.1161	9.3066	8.6016	7.9844	7.4412	6.9607	6.5335
29	25.0658	21.8444	19.1885	16.9837	15.1411	13.5907	12.2777	11.1584	10.1983	9.3696	8.6501	8.0218	7.4701	6.9830	6.5509
30	25.8077	22.3965	19.6004	17.2920	15.3725	13.7648	12.4090	11.2578	10.2737	9.4269	8.6938	8.0552	7.4957	7.0027	6.5660
期数	16%	17%	18%	19%	20%	21%	22%	23%	24%	25%	26%	27%	28%	29%	30%
1	0.8621	0.8547	0.8475	0.8403	0.8333	0.8264	0.8197	0.8130	0.8065	0.8000	0.7937	0.7874	0.7813	0.7752	0.7692
2	1.6052	1.5852	1.5656	1.5465	1.5278	1.5095	1.4915	1.4740	1.4568	1.4400	1.4235	1.4074	1.3916	1.3761	1.3609
3	2.2459	2.2096	2.1743	2.1399	2.1065	2.0739	2.0422	2.0114	1.9813	1.9520	1.9234	1.8956	1.8684	1.8420	1.8161
4	2.7982	2.7432	2.6901	2.6386	2.5887	2.5404	2.4936	2.4483	2.4043	2.3616	2.3202	2.2800	2.2410	2.2031	2.1662
5	3.2743	3.1993	3.1272	3.0576	2.9906	2.9260	2.8636	2.8035	2.7454	2.6893	2.6351	2.5827	2.5320	2.4830	2.4356
6	3.6847	3.5892	3.4976	3.4098	3.3255	3.2446	3.1669	3.0923	3.0205	2.9514	2.8850	2.8210	2.7594	2.7000	2.6427
7	4.0386	3.9224	3.8115	3.7057	3.6046	3.5079	3.4155	3.3270	3.2423	3.1611	3.0833	3.0087	2.9370	2.8682	2.8021
8	4.3436	4.2072	4.0776	3.9544	3.8372	3.7256	3.6193	3.5179	3.4212	3.3289	3.2407	3.1564	3.0758	2.9986	2.9247
9	4.6065	4.4506	4.3030	4.1633	4.0310	3.9054	3.7863	3.6731	3.5655	3.4631	3.3657	3.2728	3.1842	3.0997	3.0190
10	4.8332	4.6586	4.4941	4.3389	4.1925	4.0541	3.9232	3.7993	3.6819	3.5705	3.4648	3.3644	3.2689	3.1781	3.0915
11	5.0286	4.8364	4.6560	4.4865	4.3271	4.1769	4.0354	3.9018	3.7757	3.6564	3.5435	3.4365	3.3351	3.2388	3.1473

续表

期数	16%	17%	18%	19%	20%	21%	22%	23%	24%	25%	26%	27%	28%	29%	30%
12	5.1971	4.9884	4.7932	4.6105	4.4392	4.2784	4.1274	3.9852	3.8514	3.7251	3.6059	3.4933	3.3868	3.2859	3.1903
13	5.3423	5.1183	4.9095	4.7147	4.5327	4.3624	4.2028	4.0530	3.9124	3.7801	3.6555	3.5381	3.4272	3.3224	3.2233
14	5.4675	5.2293	5.0081	4.8023	4.6106	4.4317	4.2646	4.1082	3.9616	3.8241	3.6949	3.5733	3.4587	3.3507	3.2487
15	5.5755	5.3242	5.0916	4.8759	4.6755	4.4890	4.3152	4.1530	4.0013	3.8593	3.7261	3.6010	3.4834	3.3726	3.2682
16	5.6685	5.4053	5.1624	4.9377	4.7296	4.5364	4.3567	4.1894	4.0333	3.8874	3.7509	3.6228	3.5026	3.3896	3.2832
17	5.7487	5.4746	5.2223	4.9897	4.7746	4.5755	4.3908	4.2190	4.0591	3.9099	3.7705	3.6400	3.5177	3.4028	3.2948
18	5.8178	5.5339	5.2732	5.0333	4.8122	4.6079	4.4187	4.2431	4.0799	3.9279	3.7861	3.6536	3.5294	3.4130	3.3037
19	5.8775	5.5845	5.3162	5.0700	4.8435	4.6346	4.4415	4.2627	4.0967	3.9424	3.7985	3.6642	3.5386	3.4210	3.3105
20	5.9288	5.6278	5.3527	5.1009	4.8696	4.6567	4.4603	4.2786	4.1103	3.9539	3.8083	3.6726	3.5458	3.4271	3.3158
21	5.9731	5.6648	5.3837	5.1268	4.8913	4.6750	4.4756	4.2916	4.1212	3.9631	3.8161	3.6792	3.5514	3.4319	3.3198
22	6.0113	5.6964	5.4099	5.1486	4.9094	4.6900	4.4882	4.3021	4.1300	3.9705	3.8223	3.6844	3.5558	3.4356	3.3230
23	6.0442	5.7234	5.4321	5.1668	4.9245	4.7025	4.4985	4.3106	4.1371	3.9764	3.8273	3.6885	3.5592	3.4384	3.3254
24	6.0726	5.7465	5.4509	5.1822	4.9371	4.7128	4.5070	4.3176	4.1428	3.9811	3.8312	3.6918	3.5619	3.4406	3.3272
25	6.0971	5.7662	5.4669	5.1951	4.9476	4.7213	4.5139	4.3232	4.1474	3.9849	3.8342	3.6943	3.5640	3.4423	3.3286
26	6.1182	5.7831	5.4804	5.2060	4.9563	4.7284	4.5196	4.3278	4.1511	3.9879	3.8367	3.6963	3.5656	3.4437	3.3297
27	6.1364	5.7975	5.4919	5.2151	4.9636	4.7342	4.5243	4.3316	4.1542	3.9903	3.8387	3.6979	3.5669	3.4447	3.3305
28	6.1520	5.8099	5.5016	5.2228	4.9697	4.7390	4.5281	4.3346	4.1566	3.9923	3.8402	3.6991	3.5679	3.4455	3.3312
29	6.1656	5.8204	5.5098	5.2292	4.9747	4.7430	4.5312	4.3371	4.1585	3.9938	3.8414	3.7001	3.5687	3.4461	3.3317
30	6.1772	5.8294	5.5168	5.2347	4.9789	4.7463	4.5338	4.3391	4.1601	3.9950	3.8424	3.7009	3.5693	3.4466	3.3321

参 考 文 献

[1] 刘淑莲. 财务管理[M]. 大连：东北财经大学出版社，2019.

[2] 林一斌. 财务管理[M]. 北京：金城出版社，2019.

[3] 陈运平，颜晓燕，王丽芳，等. 财务管理案例[M]. 大连：东北财经大学出版社，2019.

[4] 荆新，王化成，刘俊彦. 财务管理[M]. 北京：中国人民大学出版社，2018.

[5] 陆正飞，朱凯，童盼. 高级财务管理[M]. 北京：北京大学出版社，2018.

[6] 董皓. 智能时代财务管理[M]. 北京：电子工业出版社，2018.

[7] 李忠宝，肖峰. 财务管理概论[M]. 大连：东北财经大学出版社，2018.

[8] 汤谷良，韩慧博，祝继高. 财务管理案例[M]. 北京：北京大学出版社，2017.

[9] 刘春华，刘静中. 财务管理[M]. 4 版. 大连：大连出版社，2017.

[10] [美]希金斯. 财务管理分析[M]. 沈艺峰，等，译. 北京：北京大学出版社，2015.